# 西部地区经济发展的政策和法律促进研究

田洪昌 著

甘肃人民出版社

图书在版编目（CIP）数据

西部地区经济发展的政策和法律促进研究 / 田洪昌著. -- 兰州：甘肃人民出版社，2022.10
ISBN 978-7-226-05875-6

Ⅰ．①西… Ⅱ．①田… Ⅲ．①西部经济－经济政策－研究②西部经济－经济法－研究 Ⅳ．①F127②D927.022.9

中国版本图书馆CIP数据核字（2022）第178071号

责任编辑：肖林霞
封面设计：牟煜堃

## 西部地区经济发展的政策和法律促进研究

田洪昌 著

甘肃人民出版社出版发行

（730030 兰州市读者大道568号）

甘肃同济彩色制版印刷有限责任公司印刷

开本710毫米×1020毫米 1/16 印张14.5 插页2 字数240千
2022年10月第1版 2022年10月第1次印刷
印数：1~2000

ISBN 978-7-226-05875-6 定价：50.00元

# 前　言

本书是基于作者的博士论文经补充修改而成，主要立足我国目前西部地区大开发的广阔背景，以历史唯物主义为指导原则，运用经济学、法学、社会学、民族学、政治学的理论新成果，以历史考察、比较分析和综合归纳等方法，比较深入系统地研究了我国西部地区经济发展落后的现状、原因、历史及与我国东部沿海地区经济发展水平差距进一步拉大的客观事实，分析了与我国西部大开发战略中改革法律结构与实践的情势与成效，进而探讨了我国西部地区经济发展与法律政策法律促进等相关问题。在此基础上，增加了2007—2019年我国西部经济社会发展的新内容与研究成果，进一步拓展了本书所研究的历史背景的广度和深度，也增加了本书的理论研究和调研成果的厚度。

全书共十章内容。第一章阐述了西部与东部沿海地区差距拉大的现状、历史成因，在此基础上提出了西部经济发展的政策与法律促进的必要性和紧迫性。第二章分析了我国加入WTO后开发西部的国际背景。第三章指出了东西部开发的经济环境差异，提出了西部经济向市场经济转型的思路和政策选择。第四章揭示了我国西部开发中应吸取的经验教训。第五章综合分析了西部经济发展的基本特征及政策与法律参入的必要性。第六章提出了营造西部经济发展的政策与法律环境的条件、原因和操作方法。第七章主要运用比较方法得出了西部地区产业结构调整的政策选择，并分析探讨了其构成要素的具体内容。第八章主要对西部经济发展的法律与政策支持做出了具体的评价。第九章提出了西部经济发展与法律促进的总体方略和具体措施。第十章是对新形势下西部地区经济发展的展望，提出了新时期加快西部经济社会发展的路径及建议。

本书的主要观点为：西部开发是我国跨世纪的重大战略布局；深入认识东西部地区经济的巨大差距和成因，是我们制定促进西部地区经济发展政策与法律的基础；西部经济的发展既是我国经济发展的重点，也是我国经济协调发展的重大布局。本研究将有助于提高我们对西部地区社会经济、文化教育、法律制度和资源生态等方面价值回归、发掘的再认识，对拓展西部地区的经济发展和正确处理民族关系等方面具有重要的理论和现实意义。国家西部大开发战略已推进20多年，在我国全面建成小康社会的整体战略推进的形势下取得了巨大的成效，创造了令全世界刮目相看的经济社会发展奇迹。2022年是国家西部大开发战略推进的第22个年头，是"十四五"规划的发力之年，也是新一轮国家东中西部协调发展，继续深化西部大开发的一年。承上启下，继往开来，新形势下西部地区经济社会的发展，需要再梳理、再思考、再定位，运筹帷幄，方能决胜千里。

西部大开发和区域协调发展，目前已经进入了一个新的阶段，历史跨度广，全景式反映我国西部大开发、西部地区经济社会发展及我国区域协调发展，并嵌入大量的案例数据分析和创新性总结的学术作品相对较少。本书不仅在一定程度上填补了这一空白，同时也具有相应的前瞻性和可操作性，本书交叉运用了经济学、法学、民族学等学科前沿理论与成果，力求逻辑结构严谨和通俗易懂，希冀能为中国西部地区的经济社会发展和新形势下西部大开发形成新格局，推动构建更加有效的区域协同发展新机制，提供有益的借鉴和参考。

# Preface

Based on the large-scale development policy of the western region of China and taking historical materialism as the guiding principle, this book systematically and thoroughly studies the status quo of and the reasons behind the backward economic development of Chinese western region and the objective facts of further widening of the gap between Chinese eastern coastal region and western region in respect of economic level, and discusses the issues concerning the improvement of policies and laws on Chinese western region by applying the new theoretical results of sociology, ethnology, economics, politics and science of law and with the methods including historic investigation, comparative analysis, generalization and induction.

This book includes ten chapters. Chapter One expounds the status quo of and historic reasons for the widening gap between the western region and eastern coastal region, and proposes the necessity and urgency of the improvement of the policies and laws on the economic development of the western region. Chapter Two analyzes the international background of western region development after China's accession to WTO. Chapter Three indicates the difference between the economic environment of the western region and eastern region and proposes the strategies and policies on the transformation of western region economy to market economy. Chapter Four reveals the experience and lessons to be learned in the course of western development. Chapter Five comprehensively analyzes the basic characteristics of the economic development of the west and the necessity of relevant policies and laws. Chapter Six proposes the conditions and reasons for creating policies and legal environment for the economic development of the west and relevant operation methods. Chapter Seven analyzes the adjustment of industrial structure of the western region and discusses the details of its elements. Chapter Eight mainly gives concrete evaluation of policy functions, laws and systems in respect of the economic development of the west. Chapter Nine summarizes the whole book and puts forward the overall strategy and concrete measures in respect of the economic development of the west and advancement of laws. Chapter Ten mainly focus on the strategical methods and pollical advices on the economic development of the western areas of China based on the former analysis.

The main concluding points of this book: Large-scale western development is part of the significant strategy of China in this century. In-depth understanding of the great gaps between eastern and western regional economy and the logics behind is the foundation of our formulation of policies and laws on promoting the economic development of the west. The economic development of the west involves deep-level reform and the innovation of the practices and theories. The research in this aspect will contribute to furthering our understanding of the value rediscovery concerning society, economy, culture, education, legal system and resource ecology of the western region. It is of great theoretical and practical significance to broadening the horizon in respect of the economic development of western region and coordinated development between regions.

# 目 录

**第一章 西部地区经济发展的社会背景**

 第一节 西部地区经济发展的历史回顾……………………………001

 第二节 西部地区经济开发指导思想的继承和发展………………010

 第三节 西部地区生产力布局的转换………………………………013

 第四节 西部地区经济发展的社会经济意义………………………018

**第二章 西部地区经济发展的国际环境**

 第一节 世界经济全球化与西部经济发展…………………………024

 第二节 WTO与中国经济社会发展的态势…………………………027

 第三节 知识经济与西部经济发展的新机遇………………………032

**第三章 西部地区发展的经济基础与政策导向**

 第一节 西部地区发展的经济基础…………………………………035

 第二节 西部地区经济发展的政策导向……………………………040

**第四章 西部地区经济发展的经验教训**

 第一节 开发西部的历史经验教训…………………………………059

第二节　小城镇经济建设及其特殊作用⋯⋯⋯⋯⋯⋯⋯⋯⋯⋯⋯ 066

### 第五章　西部地区经济发展中政策法律参与的意义
第一节　国民经济的平衡协调与西部经济发展⋯⋯⋯⋯⋯⋯⋯⋯ 073
第二节　西部经济发展中的主要政策法律问题⋯⋯⋯⋯⋯⋯⋯⋯ 079
第三节　西部地区发展的关键和力量源泉⋯⋯⋯⋯⋯⋯⋯⋯⋯⋯ 090

### 第六章　西部地区经济发展的政策环境营建
第一节　创造西部地区经济发展政策支持的良好环境⋯⋯⋯⋯⋯ 096
第二节　西部地区发展要实施政策倾斜⋯⋯⋯⋯⋯⋯⋯⋯⋯⋯⋯ 100
第三节　建立和完善西部发展的配套政策⋯⋯⋯⋯⋯⋯⋯⋯⋯⋯ 105
第四节　优化市场经济基础上的东西部关系⋯⋯⋯⋯⋯⋯⋯⋯⋯ 111

### 第七章　西部地区产业结构的调整与政策选择
第一节　投资结构调整与产业升级⋯⋯⋯⋯⋯⋯⋯⋯⋯⋯⋯⋯⋯ 119
第二节　区域和产业壁垒的消除与西部资源输出效率的提升⋯⋯ 124
第三节　重视生态经济建设⋯⋯⋯⋯⋯⋯⋯⋯⋯⋯⋯⋯⋯⋯⋯⋯ 128
第四节　全面发展西部地区的特色经济⋯⋯⋯⋯⋯⋯⋯⋯⋯⋯⋯ 132

### 第八章　西部地区经济发展的政策评价
第一节　西部经济发展政策法律促进的意义⋯⋯⋯⋯⋯⋯⋯⋯⋯ 136
第二节　国家的法律与政策支持⋯⋯⋯⋯⋯⋯⋯⋯⋯⋯⋯⋯⋯⋯ 139
第三节　西部经济发展与地方政府的政策支持⋯⋯⋯⋯⋯⋯⋯⋯ 159

## 第九章 西部经济发展与法律促进的总体方略和基本制度
- 第一节 西部经济发展与法律促进的总体目标 … 168
- 第二节 西部经济发展与区域法制建设 … 170
- 第三节 西部地区经济发展与法律促进的重要法律制度 … 178

## 第十章 新形势下西部地区经济发展的展望
- 第一节 构建农业农村经济发展新思路 … 194
- 第二节 加快推动西部地区金融体制机制改革 … 200
- 第三节 调整西部地区经济发展的政策思路 … 206
- 第四节 以信息化助推西部地区农业农村经济现代化 … 215

**后 记** … 223

# 第一章　西部地区经济发展的社会背景

自 20 世纪 80 年代以来，中国经济社会发展中面临的主要问题之一，就是区域发展失衡，东南沿海的高速发展与西部地区的缓慢增长形成了强烈反差。到本世纪初，这种东西部地区之间的差距不仅未见缩小，反而呈现出继续扩大的趋势。客观地看，一方面，发展过程中的区域差距同个人差距一样是不可避免的，因为这种差距本身就是发展不可或缺的一种"势能"；但另一方面，当这发展着的"势能"积累到一定限度时，就会形成一种必须加以释放的"张力"，否则它就会喷发而造成巨大破坏。

以东南沿海地区与西部地区的经济社会发展来说，其间的差距在本世纪之初已愈发明显。因为西部的贫困落后，不独自身禀赋使然，长期以来的非均衡发展战略的政策效应亦为一个关键因素。基于整个国家的经济安全是和全民族的"共同富裕"要求，也不允许这种差距继续存在并呈加速度发展的态势。实施西部发展，促进西部地区社会经济的发展，是国家面对这种现状而做出的政策创新和制度创新，是对西部地区社会经济快速发展进行政策和法律促进的根本目的。

## 第一节　西部地区经济发展的历史回顾

总体看，中国区域发展中的东西部差距，在 20 世纪 80 年代改革开放之前是微小的。因为在计划经济体制下，国家长期推行的是"均衡"发展战略，发展的政策环境无论在沿海还是在内地几乎没有什么差异；国家和中央政府凭借高度集中统一的行政规划和计划安排，以具有法律约束力的制度形式在全国范围内配置资源，促使各区域经济的发展尽可能地达至"均衡"。因此，中国东西部间的发展差距，在中华人民共和国历史上的前 30 年间是不明显的。

到了20世纪80年代随着改革开放基本国策的确立，一方面，国家在总体上开始实施"非均衡"发展战略。市场机制开始逐步成为资源要素配置的机制；另一方面，西部地区的社会经济发展则依然滞留在计划经济体制内。于是，东西部差距开始显现且逐步拉大，并进一步衍化为当代中国最为突出的宏观经济问题之一。在此我们有必要对中华人民共和国成立以来我国地区间社会经济发展，尤其是西部地区的经济发展状况进行一个简单的梳理和对比分析。

**一、改革开放之前的西部地区经济开发**

回顾改革开放之前西部经济开发的历程，大体上可分为两个阶段。第一阶段自"一五"计划开始，包括了整个20世纪50年代。这一时期，一方面为改变旧中国遗留下来的"烂摊子"，另一方面为打破美国等西方国家对新中国的经济封锁和政治孤立，国家连续通过"一五""二五"两个五年计划，在区域经济和生产力布局上进行了重大调整。第二阶段是20世纪60至70年代的"三线"建设时期。这一时期，出于"备战备荒为人民"的国家总体战略方针，国家在西部地区突击建设了一批当时急需的国防军事工业，整体搬迁、西移了一大批东部的工业企业。

1."一五"计划至"二五"计划时期

中华人民共和国成立之初，不仅生产力水平低下，而且格局极不平衡：占国土面积约11.8%的东部沿海地带，其工业和交通运输设施却占全国的70%以上；辽宁、山东、河北、江苏、浙江、福建、广东和北京、上海、天津10省市，国土面积占比不足30%，但其工业产值却占全国的75%以上；西部的国土面积占比约68%，其工业产值占比只有全国的9%（其中：青海、新疆、甘肃、内蒙古、宁夏国土面积占比45%，工业产值占比3%；四川、云南、贵州、西藏国土面积占比23%，工业产值占比6%）；至于西部广大地区的近现代工业则几乎是空白。此外，这一时期中国经济社会的发展还呈现出如下状况：各区域隔绝、城乡分离，区域经济结构单一、封闭。[1] 尽管经过1950-1952年的国民经济恢复时期，国家进行大规模工业建设的前提已经基本具备，但整个国民经济仍存在不少问题，如基础薄弱、水平低下、结构

---

[1]《经济日报》2001年4月8日。

扭曲、布局畸形。从工业布局方面看，1952年，在全国343亿元的工业总产值中，国土面积为12%的沿海占比仍然高达69.4%，而国土面积达80%的中西部的比重却只有30.6%，且主要集中在长江沿岸的重庆、武汉等地，其他地方尤其西部大部地区，还没有近现代工业和工业城市，即使是"天府之国"的成都，也仍然是一个"消费城市"；在工业固定资产原值方面，沿海占比72%，中西部占比28%；发电量，沿海占比63.6%，中西部占比36.4%；钢产量，沿海占比85.8%，中西部占比14.2%，机棉纱，沿海占比82%，中西部占比18%；机械工业产值，沿海占比75.9%，中西部占比24.1%；轻工业产值，沿海占比71.5%，中西部占比28.5%。[①] 上述局面，对国民经济的进一步协调发展是极为不利的。针对全国区域经济格局严重的失衡和脆弱的国民经济体系，在国民经济恢复时期结束后，中央政府决定迅速推进国家工业化进程，以建立独立、自主、完整的工业体系和国民经济体系。为此，国家采取了高度集中的计划经济模式，开始实施重工业优先的发展战略，中国西部地区由于其重工业资源禀赋的自然优势，得以成为这次国家工业化进程的重要载体。从历史发展的角度看，这是中国西部地区有史以来第一次具有现代意义的经济社会发展机遇。

这次机遇主要表现在两个方面：一是中华人民共和国发展之初"均衡布局"思想的形成；二是国家工业化进程"均衡发展"战略的实施。"一五"计划更是把这种机遇变成了现实。"一五"计划具有两个鲜明的特点：一是在其12项主要内容中，明确地列入了"加强国内各民族之间的经济和文化的互助和合作，促进各少数民族的经济事业和文化事业的发展"；二是基本建设投资分配的重点大幅度倾向工业特别是重工业。"一五"计划的基本建设投资额为427.4亿元，工业基本建设投资占比58.2%，达248.5亿元，其中重工业投资比重特别大，占比88.8%。[②]"一五"计划期间，国家在加强上海、武汉和东北等老工业基地建设的同时，从全国集中了一批技术队伍、资金、物资，投入到西部和中部的资源开发和经济建设。陕西的关中地区、四川的成渝地区和甘肃的兰银地区成为重点。在基本建设投资方面，中西部合计占

---

① 周兴维：《战略重心的西移》，民族出版社，2001年版，第53页。
② 祝宝江：《对西部发展中科技创新要素的分析》，载《甘肃社会科学》2003年第5期，第24页。

比超过了50%，其中机械、煤炭工业占比70%；全国800个限额以上新项目，有508个分布在中西部，其中384个分布在西部少数民族地区。兰州、乌鲁木齐、包头、成都这些新兴工业城市，就是在这次工业化进程中迅速崛起的。①

这样，在"均衡布局"思想和"均衡发展"战略的指导下，中央政府通过行政注入的方式，大大地促进了西部的经济发展，为改变西部长期积贫积弱的面貌打下了最为必要的基础。从"一五"计划到"二五"计划，国家集中了国民收入中的较大部分，投入到中西部地区的重工业和机械工业建设中，西部的矿产资源优势得到了初步开发利用，西部工业得以年均增长20.2%，初步建立起了近代工业的基本框架和生产体系，在解决西部地区贫困问题和初步实现工业化方面也取得了重大进展。

在国家工业和生产力布局得到改善的同时，东西部发展差距有所缩小。以人均国民收入衡量，从1952年到1965年间，东西部相对差距缩小了12.6个百分点。这一成就也成为以后改革开放时期西部地区得以支撑东部地区快速增长的一个基础。这一时期，西部经济开发在国家发展政策的支持下，呈现出明显的"跨越"式特点，一举踏上了工业化的跳板。

2. "三线"建设时期

20世纪60年代中期，出于对国际政治环境和战争过于严重的估计，国家提出了"备战备荒为人民"的总体战略方针，"三五"计划和"四五"计划也作了大的调整，以"备战"为指导思想的大规模"三线"建设，成为20世纪60至70年代基本建设的重点。西部地区再次成为重点开发地区，国家建设重点又一次西移。

为了加强"三线"建设，国家的工业投资比重从47%提高到52.4%，其中国防工业从9%提高到10.2%；交通运输投资比重从11.5%提高到56.6%；"三线"地区投资安排占国家总投资的42.4%，1400多个大中型项目"三线"地区占55.8%。"三线"地区的国防工业、原材料工业、燃料动力工业、机械制造业和铁路运输业，占该地区投资总额的70%以上。

在此期间，国家还在组织、人力、技术等等方面采取了一系列措施。

---

① 冯之浚：《区域经济发展战略研究》，经济科学出版社，2002年版，第67页；祝宝江：《对西部发展中科技创新要素的分析》，载《甘肃社会科学》2003年第5期，第25页。

1964年,成立"国务院三线建设办公室",1965年成立"西南三线建设委员会",1966年成立"西北三线建设委员会","三线"建设全面拉开。1965年,国家从山东、河北、辽宁、北京等10省市调集了11个建筑公司24万职工参加西北西南的"三线"建设;"三线"建设期间,还大量地使用了数以百万计的民工。与此同时,国家还将沿海地区的一批企业近400个项目、14.5万职工、近4万台设备搬迁到"三线"地区。

经过十多年的"三线"建设,"三线"地区所在的11个省区,到1975年,全民所有制工业固定资产原值在全国的占比已达35.3%,工业总产值占比25%,主要工业品生产能力占比超过30%;其中,煤炭开采能力和水电装机容量占比50%以上,炼钢、炼铁和轧钢材能力占比30%以上,有色金属开采及冶炼占比超过75%,军工生产能力占比50%以上;电子工业系统67%的企业和职工集中在这里;全国1500家大型企业中,分布于"三线"地区的超过了600家。

从西部地区来说,川黔铁路、成昆铁路、贵昆铁路、湘黔铁路,攀枝花、包头、酒泉钢铁基地,成都无缝钢管厂、西北铝加工厂、西南铝加工厂、中国第二重型机器厂、刘家峡水电站以及其他一大批军工、仪器仪表、电子、航空航天、化工和核工业等重要企业,都是在"三线"建设时期成长起来的。显然,如此大规模的"三线"建设,不论其负面效果和经验教训有多么深刻,多么值得总结、汲取,但在客观上毕竟还是促进了西部的发展,为21世纪进一步开发祖国的西北西南地区打下了重要基础。[1]可以说,"三线"建设,是促进西部地区经济社会超常规发展的特殊历史阶段,具有重要的历史作用,对改革开放、西部大开发、实现中国梦战略的实施具有现实借鉴意义。

**二、改革开放以来西部地区的经济开发**

20世纪70年代末期,一方面,理论界、国家决策层在总结我国前30年区域经济发展的经验教训的基础上,根据中国与美国等国家之间关系的新动向,反思了均衡发展的效率和效益得失,一致认为有必要把效率原则和效率目标置于优先地位;另一方面,由于我国各区域的自然禀赋、区位优势、生

---

[1]《兰州日报》2003年6月19日,国内新闻版。

产力水平、经济技术条件和社会发展基础客观上存在较大差别，从而也就客观地存在经济社会发展的"梯度推移"。这样，以经济体制改革和对外开放为表征的非均衡发展战略，得以率先在东部地区开始实施。国家经济社会发展战略的这一划时代变化，拉开了东西部发展差距逐步扩大的序幕。

大体上，这一发展时期可分为如下两个阶段：

1. 有计划的商品经济阶段（1982—1989年）

随着计划经济体制向有计划的商品经济体制的转变，"六五"计划（1981—1985年）首次列出了"地区经济发展计划篇"，提出了沿海地区、内陆地区、少数民族及不发达地区三类地区的发展方针。在这个方针的指导下，国家的发展战略开始向东部倾斜，中央对经济特区、经济开发区、沿海开放城市和经济开放区进行了重点的资金投资和政策投资。国家发展资源配置重心第一次东移，见表1-1。

表1-1　1982、1987、2017年全社会固定资产投资的区域比较（%）[①]

| 年份 | 东部 | 西部 |
| --- | --- | --- |
| 1982 | 45.06 | 14.61 |
| 1987 | 56.12 | 14.22 |
| 2017 | 46.82 | 26.47 |

比较1953—1980年间东部地区占比40.6%的投资水平，7年间东部就提高了16.06个百分点。紧接着，"七五计划"（1986—1990年）又根据中国区域生产力布局的总体态势，进一步划分出东部、中部、西部三大经济地带，1987年末明确提出沿海地区经济发展战略，正式确定"东部—中部—西部"的顺序发展安排，对东部地区在人事、财政、信贷、税收、外汇、贸易、工商等等方面进一步提供优惠政策支持，一时间，"孔雀东南飞"成为要素资源急剧向东部倾斜配置的代名词。仅1985—1988年的4年间，全民所有制固定资产的地区投资比重，东部就提高了5.1个百分点，而同期中部和西部

---

① 根据《中国统计年鉴》相关年份数据整理。

则分别下降了 1.9 和 1.1 个百分点。[①] 到 2017 年,东部地区的全社会固定资产投资仍是西部地区的 1.77 倍。

"东移"的倾斜效果是明显的:一方面,在整个 20 世纪 80 年代,我国国民经济之所以能以超过 12% 的速率增长,主要就是得益于东部地区的更高的增长水平;另一方面,西部的发展势头削弱,东西部事实上的不平等经济关系初露端倪,东西部差距开始成为中国经济社会发展中的重点、热点、焦点问题,见表 1-2。

表 1-2 1978—2019 年间东部与西部几项经济指标的比较[②]

| 地区<br>指标 | 工业技术<br>水平比率 | 工农业总产值年<br>均增长率(%) | 社会总产值增长额:<br>亿元(1987-1979) | 人均国民收入:<br>元(1987) | 人均居民<br>消费比率 |
|---|---|---|---|---|---|
| 东部 | 1.59 | 10.57 | 8849.3 | 1084.0 | 1.41 |
| 西部 | 1.00 | 7.81 | 2006.0 | 570.0 | 1.00 |

其他几项主要经济指标也鲜明地刻画出了东西部之间日益扩大的经济社会发展差距:

1978—1987 年,工农业总产值年均增长率,东部为 10.57%,中部为 8.15%,西部为 7.81%;

1978 年,东部地区的国民收入总额比中西部之和高出 176.1 亿元,而 1987 年这个差额就达到了 750 亿元。

这一时期东西部差距急速扩大的原因,基本上可归结为"资源计划配置重心东移"和"市场机制发挥调节作用"两条。所谓"有计划的商品经济"在此得到了具体且生动的体现。

2. 社会主义市场经济的确立和完善阶段(1992—2011 年)

1992 年春天,邓小平同志发表了著名的"南方谈话",以此为契机,中国的改革开放得以进一步深化。在西部地区进入其历史上最好的发展阶段的同时,东部更是突飞猛进。本来,三大经济区域的划分,意在发挥区域比较

---

① 陈烽:《试论西部发展与民族关系问题》,载《西北第二民族学院学报》2002 年第 3 期,第 34 页。
② 根据《中国统计年鉴》相关年份数据整理。

优势，以期不同区域的互相促进、协调发展、共同富裕，但一方面由于中央的开放政策和投资政策、金融政策对沿海的过度"倾斜"，另一方面因为东部自然的区位优势和各种其他社会经济因素的综合作用，西部与东部的差距更加扩大：以人均GDP这个指标来衡量统筹区域发展是科学发展观的主要内容。我国东西部地区发展差异的历史存在和过分扩大，是长期以来围绕我国经济和社会发展的全面性问题。自2000年10月国家在第10个五年计划中提出西部大开发战略三个阶段，第一个10年已经结束，2011年，全国GDP总量达到495778.82亿元，东中西GDP比重分别为56.09%、24.59%、19.32%。东西部农村消费水平之比也与此大体相当；结合具体省份来看，2011年，贵州的人均GDP只及广东省的1/10。①

表1-3 2010年我国的贫困县及"百强"县、乡的区域分布②

|  | 贫困县（个） | 2010年农村贫困人口（万人） | 2010年百强县（个） | 2010年百强乡、镇（个） |
| --- | --- | --- | --- | --- |
| 东部 | 77 | 2587 | 94 | 100 |
| 中部 | 163 | 5551 | 3 | 0 |
| 西部 | 376 | 8430 | 3 | 0 |
| 全国合计 | 616 | 16568 | 100 | 100 |

表1-3给出了这一时期东西部经济社会发展巨大差距的主要表现。

对上述差距，西部地区每年一度的"民工潮"（"春运"）也从"无工不富"这个侧面对"东工西农"给出了一个生动的注解。从区域经济关系看，这种差距在本质上既是东西部之间"垂直分工"体系的结果，又同时是形成"垂直分工"体系的原因。通过人力资源、要素的配置到"价值转移"，由于资源价格的扭曲和不合理的分工，东西部之间形成了事实上的不平等的经济关系：西部地区的人均收入仅为全国平均水平的60%~70%，只及东部地区的1/3；在东部沿海地区已经进入"自我积累，自我发展"的良性循环阶段时，西部地区却被某种"循环累退"所困扰。

---

① 根据2011年《中国统计年鉴》相关数据整理。
② 根据2011年《中国统计年鉴》和《中国农村贫困监测报告》中的相关数据整理。

**3. 新时代社会主义市场经济的发展阶段（2012年至今）**

十八大以来，在新发展理念的指导下，我国区域发展战略逐步完善，东中西发展格局进一步均衡，尤其是西部基础设施建设进一步完善。从宏观层面来看，东中西地区经济发展水平的相对差异在逐渐缩小，但是，随着互联网、新能源等产业的开发，东部和中部地区所占有的资源要素远远大于西部地区，因此，新兴产业带来的发展势能促使东部地区和中部地区的发展速度远高于西部地区。所以，东中西地区经济发展水平的绝对差异是逐步扩大的。

以2019年为例，我国实现国内生产总值990865亿元。西部地区12个省（区）GDP值合计205185.15亿元，约占全国总量的20.7%；东部地区11个省（市）国内生产总值合计511161.43亿元，约占全国总量的52%；西部地区GDP占全国总量的比重不到东部地区的一半。西部地区GDP仅为东部地区的40.14%。由此可见东西部地区国内生产总值在总量上的差距仍然巨大。①

从具体省份来看，东部地区排名第一的是广东省，其2019年GDP达到了107671.07亿元，而整个西部地区GDP总值为205185.15亿元，超过了西部地区的50%。东部地区中，广东、江苏、山东和浙江四个省份的国内生产总值占全国的比重都超过了5%，广东和江苏更是超过了10%。西部地区GDP排名最前的省份是四川省，其GDP为46615.82亿元，占全国总量的4.7%。远低于广东省和江苏省。西部地区GDP最低的省份是西藏自治区，仅为1697.82亿元，约占全国的比重是0.17%，以东部GDP最低的省份海南省为例，其2019年GDP为5308.94亿元，约占全国的比重为0.53%，是西藏自治区国内生产总值的3.13倍。通过以上比较可以看出东西部国内生产总值无论从总量来看还是从各个具体省份来看都相差较大，国内生产总值较高的省份主要集中在东部地区。

人均GDP也能从另一个角度更加详实地说明东西部地区的差距，2019年全国人均GDP为70892元，突破了人均1万美元大关。其中东部地区11个省市平均人均GDP为14207.46元，西部地区12个省（市、自治区）人均GDP为7816.33元，西部地区人均GDP低于全国平均水平，西部地区人均

---

① 根据《2020年中国统计年鉴》有关数据整理。

GDP 仅为东部地区的 55.01%。① 由此可见东西部地区人均 GDP 差距之巨大。

总之，中国当前的东西部差距（集中表现为区域的城乡差距、工农差距、人均 GDP 绝对差距、西部地区与"内地"的差距）在迅速扩大，西部地区日益强烈的"被剥削感"也随之攀升；并且短期内，我们还看不出这种差距有可能缩小的迹象，因为导致这一差距的各种自然、经济、社会、人文因素差异不可能短期就得到改变。从这个意义上讲，旨在弥合东西部差距的西部发展战略，无疑是一项"百年大计"。所以，强调区域间的"反贫困"和整个中国的社会、经济、生态的"可持续发展"，将是我国经济与社会发展战略的核心。

## 第二节　西部地区经济开发指导思想的继承和发展

纵观新中国 70 年来经济社会的发展理路，从 20 世纪 50 年代毛泽东同志的《论十大关系》，到 20 世纪 80 年代邓小平同志的"顾全两个大局"，以江泽民同志为核心的第三代领导集体的"西部发展"②，我们可以看到，人们关于发展战略的认识是如何与经济社会发展本身的客观逻辑相契合的。2012 年以后以习近平同志为核心的党中央，高瞻远瞩，相继擘画了"一带一路"、全面建成小康社会、乡村振兴、西部陆海新通道建设等战略。

### 一、西部发展的均衡与非均衡的动态演进

尽管对于中国经济社会的进步和改革开放的成果，东部、中部、西部各个区域的城乡居民都能享受且有目共睹，但各区域的种种差距毕竟是一个客观存在。人们永远也不可能完全消除这些差距，关键在于这些差距是否保持在一个合理的、社会经济安全所许可的程度和范围内。计划经济时期国家发展战略重心的两次"西移"和市场经济时期国家资源配置计划重心的一次"东移"，其实都是为了一方面修正、弥合过大的区域差距，一方面，在全国范围内力求更高更好的发展效率和效益。由于自然的、历史的、经济的、人文的种种因素，我国的区域发展很不平衡，东西部差距明显。面对这个基本国情，

---

① 根据《2020 年中国统计年鉴》有关数据整理。
② 李竹青：《党的三代领导人与西部发展》，载《甘肃民族研究》2002 年第 4 期，第 3 页。

我们可选择的路径无非两条：一是继续"大锅饭"的平均主义发展战略即均衡发展战略以谋求"同步富裕"；二是顺应经济社会发展的内在逻辑，通过"先富——后富"的路径即非均衡发展战略达到共同富裕。

实践证明，所谓均衡发展战略，无论是就全国看还是就各区域内部看，其客观效果都是不好的。"贫穷不是社会主义"，多年来，中国社会主义制度的优越性之所以得不到充分体现，基本原因就是经济社会的均衡发展战略。从认识论的角度讲，由于均衡战略的出发点既忽视了中国各区域极为殊异的自然历史条件，又违背了经济社会发展客观历史的自然规律，因此在严格意义上甚至不能称为"战略"[①]。

邓小平同志总揽全局，高瞻远瞩，明确提出要允许一部分地区、一部分人先富起来，再通过先富帮后富达至共同富裕的发展思路；为此，邓小平同志又进一步提出了要"顾全两个大局"的战略思想，从而为20世纪末中国社会达到"小康"水平开辟出了一条通衢大道，为21世纪的西部发展，促进西部经济的快速发展，实现全体人民共同富裕，奠定了坚实的物质基础和社会经济条件。

从我国社会经济发展的进程来看，邓小平同志的这一非均衡发展战略，使我们走出了长期均衡发展战略的泥沼，奠定了西部发展的基础。以江泽民同志为代表的第三代领导集体，继承和发展了邓小平"顾全两个大局"的战略思想，根据中国国情和世界政治经济的变化，及时提出了"西部发展战略"，郑重宣告："加快中西部发展的条件已经基本具备，时机已经成熟。书写西部地区高质量发展新格局，区域协调发展新篇章。党的十八大以来，习近平同志高度重视西部地区经济社会发展。赴西部省份考察20余次，为经略西部、破解区域发展不平衡不充分问题，把脉定向，擘画了推动区域协调发展、协同发展、等同发展的一系列重大决策。

从国家经济社会发展战略重心转移的历史轨迹看，一方面，促进西部地区的大开发，作为对均衡发展战略思想的否定之否定，是非均衡发展战略思想的继承和发展；另一方面，作为中国特色社会主义市场经济的一个组成部分，这将进一步发展和完善中国的市场经济制度，从而成为整个中华民族复

---

[①] 茶洪旺：《不发达地区开发的国际比较和启示》，载《开发研究》2002年第6期，第29页。

兴和共同富裕的新起点,其社会经济价值和历史价值无论怎么高估也不过分。

历史的经验值得注意。经济社会发展客观态势的这种非均衡——均衡——非均衡的动态演进过程,国家经济社会发展战略的整体布局调整,要求我们必须对西部发展的政策与法律促进进行类似的思考。

**二、西部地区经济协同发展的非均衡战略布局**

自中央提出西部开发战略以来,西部各地上上下下纷纷提出要抓住机遇、超常发展。2000—2004年期间,一个向中央要项目、要资金、要政策的西部发展热潮更是在神州大地涌动。其情也通,其理也达,其积极性更该肯定和保护,但在西部的发展战略上,我们却绝不能为这种情理和积极性迷惑或左右。一方面,均衡与非均衡的动态演进,仍然是我们在西部发展中必须清醒认识和牢固把握的战略原则,否则,西部发展战略的诉求将无法实现;另一方面,现在的西部发展,无论是制度环境还是运行机制,都与以往大不相同,不可不察。

首先,在总体上来说,"一五"计划和"三线"建设时期国家对西北、西南的投入,是一种均衡发展,20世纪80年代以来东部沿海地区的"先富"是一种非均衡发展,现在实施西部发展又是一种均衡发展,国家推动共同富裕的主要体现。回顾、审视这一段历史,一个不争的事实是,真正增强了我们的综合国力、在全国范围内明显提高了人民群众物质文化生活水平的发展阶段,主要是在非均衡发展阶段,是国家阶段性非均衡发展的体现,非均衡战略是国家将有限的资源首先投入到效益较好的区域产业,以获得区域经济的高速增长,并带动其他区域、其他产业的发展战略。其基本原因有三:一是非均衡发展战略更多依据的是经济社会发展的自然规律,而均衡发展战略则更多依据的是主观见之于客观的意志和愿望;二是非均衡发展的主要动力更多的是来自社会机制和市场利益,而均衡发展的主要动力则更多的是来自行政安排和地区利益;三是只有把握了均衡与非均衡动态演进的发展战略,才是全局战略、全程战略,而非局部战略、阶段战略。

非均衡发展具有示范、辐射、带动作用,用以促进共同发展,当然也有"马太效应",均衡发展具有抚慰、平抑、齐整作用,以保持和谐安定,当然也有"僵滞效应"。因此,两者功能上的差异就为发展战略的选择和制定提供了"相机抉择"的可能,但发展战略的诉求却只能定位在"发展",即非均衡上,这就是经济社会发展内在的自然规律。这并不是一个人们愿意与否或可"自由选择"的问题。

实现西部经济快速发展,提升整个西部地区的社会发展水平,虽然总体上是一种均衡战略——以平抑、弥合东西部之间过大的差距,从而保持整个国家经济社会发展的和谐、安定,对保障国民经济区域协同、各部门之间的有机联系以及由此产生的经济效益,具有积极意义。但就整个国家的经济社会发展态势而言,却仍然是非均衡的。也只有如此,西部发展才是可持续的。如果在西部发展中大家都想"齐步走",结果很可能是谁也走不了、无法走。

其次,当前的西部地区的开发,与前两次相比,其制度环境和运行机制已不可同日而语。作为国家经济社会发展的一项大战略,实施西部发展,国家当然要进行大规模的投入,并且事实上也已经进行了大量投入。但我们必须清醒地看到,比较西部的所需,国家的投入毕竟是有限的,即使考虑到国家投入的"带动"效应可以吸引一部分区外投入,我们也不能对此寄予过高的期望。一方面,传统的大规模的行政注入方式,随着新经济机制的形成和政府的作用、职能的转变已经不再适用并且也不可能;另一方面,市场机制的发育使得资源要素的配置愈加趋利,这一点对西部发展来说尤其具有现实的制约性。[①] 就此而言,西部发展能否取得预期的实效,西部各省区市的体制改革能否进一步深化、市场化,可能是一个更为关键的因素。

总之,促进西部地区的大发展,思考其战略布局,无论是中央政府或是西部省市区政府,都必须正确把握均衡与非均衡之间动态演进的非均衡原则,突出具有比较优势和经济技术可行性的战略重点,从而制定出协调的、相宜的战略措施和战略步骤,以在全社会范围内最大限度地获取发展的效率和效益。

## 第三节 西部地区生产力布局的转换

推进区域协调发展四十多年来,我国高度集中的计划管理体制,造就了国家财政投资成为各产业投资主要来源的投资体制。至今,不同区域产

---

① 冯之浚:《区域经济发展战略研究》,经济科学出版社,2002年版,第67页。

业结构的形成及其发展变化，仍深深地折射着计划投资体制的印痕。需要指出的是，无论是偏向"公平"的均衡战略或是偏向"效率"的非均衡战略，国民经济资源的计划配置方式都直接影响着地区的生产力布局。

随着经济体制改革的深化和市场经济的发展，国民经济资源配置机制开始转换，而作为"弱势地区"的中国西部地区，20世纪80年代以来却不期而至地遭遇双重挑战：既得益于计划投资体制又受困于这种体制。西部地区至今仍存有计划经济影响的诸多痕迹。西部的快速发展必然要以市场机制为基础，但无论从哪个方面看，西部的市场机制都最为稚嫩、薄弱。

可以说，今日中国经济社会发展中巨大的东西部差距和差异，在某种意义上就是国民经济资源两种配置方式叠加的结果。因此，为了平抑和弥合我国东西部之间日益扩大区域差距，就迫切需要资源要素配置机制的"创新"，以实现生产力布局和国民经济的优化发展。

### 一、我国生产力区域布局与资源要素配置的新格局

据统计，1950—1979年，以国民生产总值现价计，东西部年均增长速度之比为6.81∶7.25，西部略高。这是因为"一五计划"和"三线"建设时期，增长为6.7%，中央对西部投资较多。而到1980—1994年，这一比例则变为19.88∶35.78。导致西部地区在20世纪80年代以来大大落后的一个重要原因，就是资源配置计划中心的东移。不仅如此，伴随着这次东移，资源配置机制还逐步从计划分配转向市场调节转化。到了2019年东部生产总值为511161亿元比上年度增长6.2%。2019年西部地区生产总值为205185亿元，中国的生产力区域布局和国民经济资源配置的新格局，实际上就是这个转化的具体体现。详见表1-4。

表1-4　1996—2001年"九五"期间东西部工业经济比较（%）[①]

|  | 工业年均增长率 | 工业总产值全国占比 | 国有、集体、三资占比 |
| --- | --- | --- | --- |
| 东部 | 23.4 | 66.0 | 27.3∶39.5∶19.6 |
| 西部 | 10.9 | 10.2 | 46.9∶30.9∶4.4 |

---

① 根据1996—2001年全国工业普查结果整理相关资料计算所得。

同时，西部地区的非国有经济部门发育不良，尤其在西北地区，这一差距更是明显。表1-5给出了甘肃、青海和全国十多年间这方面的变化情况。

表1-5　甘肃、青海1978年、2001年不同经济成分工业产值占比（%）[①]

| 年份 | 甘肃 | | 青海 | | 全国 | |
|---|---|---|---|---|---|---|
| | 1978年 | 2001年 | 1978年 | 2001年 | 1978年 | 2001年 |
| 国有部门 | 77.4 | 78.0 | 81.7 | 87.86 | 77.63 | 53.44 |
| 非国有部门 | 22.6 | 22.0 | 18.3 | 12.14 | 22.37 | 46.56 |

由上我们不难看出，中国经济的高速增长，实际上是非国有部门尤其民营经济迅速扩张的结果。而在西部，一则因为非国有部门自身先天不足而难以发展，二则因为国有部门几乎垄断了资源要素而使其得不到发展，因而总体上就与东部形成了极大的反差。目前，若以东部地区的私人企业基数为100进行比较，则中部地区为33，西部地区仅为15.4。所有这些都足以说明，除个别中心城市外，西部地区的资金积累和吸收能力还相当薄弱，社会经济基础设施和资源要素运行的市场机制还极为短缺，与东部沿海相比就更加相形见绌。1979年至1991年，全国批准设立外资项目41998个，沿海12省区占89.7%；内地仅占9.5%（其中四川、湖北、陕西三省分别占1.2%、1.2%和0.5%）。西部其他省区更少。据统计，1996—2001年，西部12省区所得外资投入，仅占全国的8%；而外资项目涉及上游产业的，仅占25%左右，75%左右集中在下游制造业，反映出受到价格管制的资源、原材料工业，阻碍了按市场机制运作的外资的进入。[②]

可见，欲有效实施西部发展，实现少数地区的质的发展，就需要切实进行机制转换——打破既有预期，创造新的均衡，从发展战略的高度实现非均衡到均衡的良性转换，在国家区域协调发展的战略支撑推进下，西部地区的战略发展是可期可预的。

虽然2019年是中国区域经济发展史上的一个重要的分水岭，但在中国

---

① 根据《工人日报》2002年3月25日整理相关资料计算所得。
② 甘肃民族事务委员会：《经济资料汇编（1991-2000）》，第87-91页。

城镇化进程发展最快的过去 20 年间，我们发现中国东西区域发展节奏基本同拍，从 1978 年到 2012 年，东部地区发展速度是领先于全国，但现在变化极大，区域经济早已从过去的粗犷式阶段进入了细分化阶段，就拿东部地区十省市 2019 年经济表现来看，就有四省市的经济增速低于同期全国增速，分别是山东、上海、天津、海南。除此之外，广东、江苏、北京 2019 年经济增速表现也仅仅是同期全国均速持平或略高一点，经济发展进入平缓期表现十分突出。

综上数据来看。中国整体经济最为发达的东部地区经济平均增速已完全回落到同期全国经济平均增速持平的阶段，进一步延伸来看，未来增速进一步回落，长期低位运行是可以预计的，这符合目前的阶段，中国东部地区所处的城镇化发展阶段。

**二、生产力区域布局和资源要素配置机制的创新**

改革当前畸形的生产力区域布局和资源要素配置机制，既不能沿用计划经济的行政手段，又不能完全依靠市场经济的自发作用。也就是说，西部发展必须要在这方面有所创新。2002 年以来，中国经济基于国际原材料上涨及一系列新的改革措施出台，公众的不确定性预期趋强趋多，需求不足，增长趋缓，城乡居民收入水平增长低下，市场相对过剩等，使国民经济运行处于艰难中。

很显然，比较东部而言，国民经济的这种整体态势，无疑对西部的发展更为不利，西部的困难比东部更多更大：不仅发展滞后，而且改革也滞后；两者互为因果，彼此拖累。这意味着，即使可以假设在不继续深化改革的前提下，中央政府和西部地方政府能够大大增加对西部的投入，但西部的发展速度还是不会明显加快。事实上，在党的十八大以后，中央进一步强调加大对西部地区的投资，虽然西部西藏、宁夏等省自治区发展的步伐进一步加快，但受到区位因素的影响，发展速度仍然难以超越东部地区，整体呈现出缓慢发展的态势。

但是，若因经济转型或以市场经济名义而拒绝国家干预，全面认可资源要素配置的完全市场化，则必使欠发达地区的处境更加困难，西部发展战略也就必然无法实施。可以预言，在整个国民经济出现通货收缩、增长趋缓或面临金融危机的特殊时期（在我们看来，中国经济增长趋缓可能将是一个较长的结构调整期），如果不能采取新的政策措施来妥善解决西部的困境，中国经济社会的发展和稳定，将会受到很大影响[①]。为此，我们有必要在这里重新审视某些理论导向和政策导向。美国学者西蒙·库兹涅茨曾根据对美国历史统计资料的研究，推导出了一个关于区域发展差距的"倒U字"原理：一国之内的区域发展，差距先呈扩大，继后随时间推移逐渐缩小。

20世纪90年代以来，在关于"效率"与"公平"的争论中，我国理论界和决策界偏向"效率"的学者、官员根据库兹涅茨的"倒U字"原理而导出一个结论：应当继续加快东部沿海地区的发展，然后再"拉"西部一把，从而达到缩小差距、共同富裕的目的。由于这个结论颇具现实性和可行性，因而在政策实践上就发生了过于偏向"效率"，而对"公平"重视不够的问题。

然而，在我们看来，即使撇开现实的东西部差距不谈，仅就这个结论的"操作"而言，对处于"转轨"时期的中国来说也是不现实的。

第一，"无所不包，无所不能"的计划经济已经不复存在。虽然传统的资源计划配置机制可以平调发达地区的资金、技术、人员，但在市场经济制度已经初步确立的今天，这种可能性无论如何都是越来越小了。除非市场经济取向的改革终止或倒退，否则国家或中央政府不能做到这一点。

第二，在确立了"公共财政"、中央政府和地方政府"分权"后，非受中央政府指令，地方政府不会注入资金去做只对西部有利的利他主义的事情。况且，即使在东部沿海，也开始面临出口下降、企业负债率提高、成本偏高、亏损面大、失业下岗人员增多等问题，帮助西部贫困地区的能力下降。[②]

第三，中国农村的数千万贫困人口，主要集中在西部，至少两倍于此的农村低收入人口也主要集中在西部地区。西部资源开发不足，市场规模和容量有限，已成为中国宏观经济的瓶颈。事实上，东部与西部的差距越大，西部相对愈益落后，东部受到的约束也就越大。

总之，中国的生产力发展水平和市场结构还远远没有达到可以采取"自由放任"态度的程度。再说，市场也不是万能的，如果以市场经济为由而采

---

① 高新才：《区域经济与区域发展》，人民出版社，2001年版，第66页。
② 郑长德、朱方明：《论西部民族地区资本形成的制约因素》，载《四川大学学报》（社哲版）2004年第4期，第126页。

取自由放任的态度,听任市场力量自发产生作用,中国的区域差距绝不可能逐渐有所弥合,"倒 U 字型"也绝不可能出现。

概括说来,为了改善中国的生产力区域布局和国民经济资源配置机制,就需要摸着石头过河与顶层设计相结合,在理论上创新,在政策上创新,在制度上创新,国家和中央政府,当然还有西部省区市地方政府,都需要为实施西部发展提供理论创新、政策创新和制度创新的支持。

## 第四节 西部地区经济发展的社会经济意义

2013 年,西部地区的社会消费总额仅占全国的 12.44%。2019 年全国社会消费零售总额为 411689 亿元,而东部地区占据半壁江山,社会消费品零售总额为 206182.2 亿元,中国有消费能力的人群主要集中在东中部,西部地区社会消费品零售总额占全国比重的 20.7%。[①] 换言之,中国的没有消费能力的人口群,大多数都在西部。从这个意义上说,西部如果发展起来了,中国消费能力将大大增加,东部所遭遇的困难也就大大减少减轻。进行西部地区的开发,实际上也为东部开拓了新的投资和市场空间,有利于整个国民经济的协调发展。

### 一、西部发展滞缓对东部以及全国发展的制约

西部地区的工业化进程缓慢,第一产业占比很高,城市化水平很低,基本以农村人口为主,市场容量自然就很有限。据国家税务总局 2003 年的一项调查,全国 9 亿农村人口占全国零售市场的份额,1984 年为 52.8%,2002 年为 42.6%;全国 7 万多亿元的储蓄存款,农村仅占其中的 18.7%;几十种新兴耐用消费品综合普及率,城市居民在 70% 以上,而以传统农业为主的农村仅为 10%。[②] 占全国人口的 1/3 的西部发展缓慢,人均收入低下,对整个国内市场容量的扩大有重要制约。同时,西部市场有效需求不足,对我国资本市场也产生了消极影响。可以说,多年来中国经济面临的需求不足的困难,

---

[①] 根据 2010 年《中国统计年鉴》的有关数据整理得出。
[②] 国家《社会发展水平综合评价》课题组:《我国社会发展水平综合评价结果揭晓》,载《数据中国》2003 年第 6 期,第 12 页。

与西部的发展缓慢有直接关系。

中国的东中西部经济是相互依存的，西部的过度滞后，对整个国民经济造成了明显的有害结果：

1. 西部资源的供给弹性无法及时改善，难以满足东部沿海地区及西部自身日益扩张的经济需求。其中最突出表现是，20世纪80年代后期至90年代中期原材料价格的持续上涨。1997年，中国企业的燃料动力和原材料的购入价上升30%，农副产品收购价上调12%。当年粮食、煤炭、铁路运输、原油、航空、烟草等行业的价格管制均有不同程度的放松，价格均有不同上涨。

2. 西部市场容量因人均收入低而扩大较慢，不利于国民经济的持续稳定发展。西部农业部门比重高，非国有经济和非公有制经济比重低，工农业产品剪刀差本已使农村居民处在不利地位，再加上原材料与制成品相比所蒙受的不利贸易条件，西部市场容量的扩大更受到进一步限制。

3. 西部的人才、资金大量流向沿海地区和高回报产业，进一步削弱了西部的发展能力。

4. 西部大量劳动力因缺乏发展就业机会而流往沿海。一方面使西部发展更受影响，另一方面又使沿海社会基础设施承受了巨大压力（当然，劳动力这种近乎无限的供给，对沿海抑制劳动力成本的迅速上升和提高效率有积极意义；同时西部因输出劳务而获得在本地难以得到的现金收入）。

为改变西部长期的缓慢发展，一方面需要推进体制改革，加大对西部的要素投入；另一方面需要立足于市场关系，重建东西部关系。只要西部在明确自身优势的基础上，实行全方位的开放，就能做到这一点。"十二五"期间，随着国际、国内经济形势的新变化，东西部经济技术合作已经出现了某些良好的势头。

截至2010年年底，西部地区累计批准设立的外商投资企业和实际利用外资金额，分别占全国的6.0%和5.4%，而东部地区占比分别为83.3%和86.5%[①]，西部地区仍远远落后于东部地区；同时，依托西部资源开发的厂商，类似于在新疆的港资羊毛和纺织厂、在青海柴达木盆地的以色列参股的钾肥厂等，尽管相对还较少，但毕竟有了良好的开端。比如，1997年新加坡投资

---

① 根据2010年《中国统计年鉴》的有关数据整理得出。

的淀粉加工企业就在中国最贫困的地区之一——宁夏的西吉设立,以开发当地优质土豆的淀粉。随着中国国内企业进入西部投资的数量增加,已经与中国企业合资的外资也就自然延伸到了西部。如青岛红星化工集团与日本蝶理株式会社在四川省建立合资企业生产碳酸坝。1995年,该公司到贵州安顺的镇宁县蕴建镇宁红蝶实业公司,因为当地富有重晶矿和煤炭、石灰石等重品矿产品加工的配料。与港合资的乌鲁木齐新疆天山毛纺厂,到边境线上的塔城地区额敏县投资建立了金塔毛纺公司,加工当地的羊毛资源。1998年,由德国 AEG 公司投资建立的兰州好威尔乳品有限公司等。[1] 可以看出,到西部投资的外商,主要是着眼于资源。如果没有资源,进入西部的外资数量会更少。商务部数据显示,2018年甘肃外商直接投资实际使用金额为5041万美元,而福建泉州一个地级市实际利用外资就近6亿美元。[2]

**二、西部是东部沿海地区企业再发展的肥沃土壤**

区域差距所造成的势差,给区域间经济合作创造了条件。由于在工资、租金、原材料价格、公用事业费用等方面存在着很大的区域差,生产要素将主动或被动向低成本地区流动。这将成为一个主要趋势。虽然西部地区为数不多的发展态势很好的企业,可以向市场机会多、投资环境更好的东部沿海扩张、扩大自己的生存空间,但主要还是从东向西的要素流动。2006年左右,深圳市的宝安、龙岗区已开始实施腾笼换鸟优化产业结构的战略,通过转换发展思维推进自主创新,发展循环经济续写新的辉煌。

企业成本偏高,在东部沿海地区表现得很突出。深圳的三来一补企业一度大量迁出深圳,流向附近的东莞、惠州、河源等地,对深圳经济的健康稳定发展大有裨益。北京和上海则将市中心的制造业迁往郊区或外地。又如沿海粗纺业,几乎全行业亏损,不得不向西部甚至新疆迁移。广东的甘蔗种植和蔗糖加工业企业因成本上升而萎缩,蔗糖业向广西和云南转移。因而沿海的低赢利、高物耗和高能耗、劳动密集产业,自20世纪90年代初便有了向低成本的西部地区转移。东部沿海企业陷入成本高涨的困境,有两个基

---

[1]《甘肃日报》1998年7月14日。
[2]《中西部10城吸引外资比拼:谁是吸金王》,第一财经网,2019年5月23日。

本原因。从资源分布来说，20世纪80年代后期，原材料等资源产品价格暴涨，一个很重要的原因，就是东部沿海地区经长期开发，资源已近耗竭。有数据表明，1985—2003年，产业中能源和原材料工业所占比重，东部沿海在10%~30%，而西部地区则多在50%以上。[1]另一个原因是资源计划配置的约束，西部投资不振，资源供给弹性小。

可以预见，要素的区域间流动将逐渐成为趋势，根据区域经济学、产业经济学，关于产业集群、产业转移等理论分析，产业发展过程中既有溢出趋势也有集聚和异化的效应尤其是制造业和科技型产业。以此背景来认识东部某些产业的西进和区域经济的互动关系，无疑对调整区域产业结构和布局，对于东部与欠发达的西部互利合作、共同发展有重要意义。举例说来，中国的纺织业大多远离主要棉产区，东部沿海的棉纺织业一度占全国的60%，京津沪等城市棉纺业的棉花80%依靠调入；而新疆、陕西、河南、山东、河北等棉产区的纺织业皆不如沿海大中城市纺织业的水准。由于沿海自改革开放以来发展较快，人均收入增长也快，工资性支出水平日渐上升，成为沿海纺织业成本上升的最重要因素。

以北京的纺织业为例。随着北京的城市化进程加快，纺织业所受的压力也越来越大。2004年北京纺织工业人均年收入为1700元，是新疆同行业的2倍。而当年新疆棉花价格为10400元/吨，在北京达15000元/吨，高出近50%；职工的住房成本悬殊。北京的建筑成本在3900元/平方米以上，而新疆仅为1060元/平方米。由此估算，一个10万纱锭、2000台布机、8000人的棉纺织厂，仅工资成本一项，东部沿海每年就要比西部新疆多支出3100万元[2]，如果再考虑到燃料、动力、配件、纺织器材等等涨价的因素，就注定了东部沿海的棉纺业要么消退，要么内迁西移。

一般来说，作为实业的产业，其区位配置有两个基本原则：靠近市场，靠近原材料基地。由此可以断言，东部沿海的高能耗、高物耗、劳动密集型产业，一方面随着其地区的产业升级需要开辟新的生存空间，一方面又因为西部地区本身既缺少这些产业，又能为这些产业的进一步发展提供必要的支

---

[1]《经济日报》2005年4月17日。
[2]《经济日报》2005年4月17日。

撑，东西部之间新一轮的、建立在"交相互利"基础上的经济合作，必将形成气候。

当然，东西部的经济合作一则并不局限于劳动密集型产业，二则需要西部自身做好开放和引资工作。以新疆为例，2001年以来，新疆维族自治区加大了对东部的开放"力度"，效果明显。广东深圳中兴公司在乌鲁木齐投资了1.6亿元的机电设备项目；[①] 浙江娃哈哈与石河子市合资的饮料厂，销售额已经突破5千万元，实现利税800万元；上海紫江企业公司在昌吉市投资640万美元的可口可乐包装厂已经投产，当年实现利税390万元。2019年乌鲁木齐实际利用外资665万美元，比上年度增长1.8倍。[②]

**三、西部发展与实现国家生态环境的良性转变**

当前，改革开放四十年来，中国的经济社会取得了快速的发展，但物质文明的提升却造成了一些地区自然生态环境的严重破坏，初级阶段的"市场失灵表现得淋漓尽致。残酷的现实，迫使我们去反省中国工业的种种不足和缺陷：布局严重不合理，工艺技术落后，管理水平低下，到处是粗放的外延发展和高投入高消耗的产业，在相当长的一段时间，曾使中国目前的自然生态环境形势十分严峻。面对这一国计民生的大课题，当前西部地区的开发，或许将是中国经济社会发展的基础——生态环境实现良性转变的一个新起点。

人口爆炸，资源匮乏，环境恶化，生态失衡，全球气候变暖已成为21世纪初全球范围内人类共同遭遇的四大显性危机。就中国来说"经济起飞，公害泛滥"已不新鲜：空气污染，水源污染，植被破坏严重，洪涝频繁，旱魔肆虐，水土流失加剧，国土的盐碱化、荒漠化、沙化面积不断扩大，沙漠的边缘一度距北京市只有90公里，气候日益恶劣，黄河断流，长江一度在追赶黄河，生物群落灭绝，城市污染，乡村污染，河流污染各种威胁人民群众生命和健康的疾患层出不穷。

不难发现，生态破坏和环境污染的原因，首先是决策者缺乏可持续发展

---

① 《深圳特区报》2002年9月24日。
② 新疆维吾尔自治区政府网站，政务动态《2019年乌鲁木齐国民经济和社会发展统计报告》乌鲁木齐市统计局，2020年6月8日。

意识，特别是缺乏人口与生态环境的可持续发展意识，《甘肃祁连山国家自然保护区生态环境问题的通报》指出，存在违法违规开矿，水电设施违建，偷排偷放，整改不到位行为，忽视了生态环境对经济社会发展的基础作用和支撑作用，片面追求产值和增长，导致产业结构和工业布局严重不合理，再加上其他种种人所共知的原因，所以长期不能走出"先污染，后治理，无治理"的覆辙。①

可以说，作为人类社会行为中居于主导地位的政府行为及其政策选择，在改善国家生态环境的过程中，其行为也同样居于主导地位。在一切可持续发展中，人口与生态环境的可持续发展始终居于基础性和决定性的地位；②作为中华民族生态屏障的西部地区，走可持续发展的道路，或许将为缓解中国的生态危机求得一解。这也是西部发展战略的核心，即以生态产业、旅游产业、高新技术产业为重点的战略命题。西部地区一旦走上了这一条可持续发展的道路，就将对全国生态环境的改善作出巨大的无可替代的贡献。

生态环境是一个动态演化的有机系统。撇开全球性生态问题不谈，从中国的生态环境来说，西部地区因其自然禀赋、地理条件而处于一个特殊的关键地位。21世纪的中国西部，正以其历史上最为脆弱的生态环境，支撑着其历史上最为强劲的经济增长。这是一个"两难"——走传统的发展道路，这又不是一个"两难"——走可持续发展道路。所以，不仅仅是为着西部的可持续发展，同时更是为着整个中国的可持续发展，为了整个国家的经济安全，为了中华民族复兴的长远利益，在目前的西部开发中实施"经济生态化"的西部发展，已经是迫在眉睫了。③

---

① 中共中央办公厅、国务院办公厅：《甘肃祁连山国家级生态环境问题的通报》2017年7月20日。
② 韩振峰：《邓小平的经济社会可持续发展新论》，载《天中学刊》2006年第3期，第30页。
③ 宋才发：《实施西部民族地区退耕还林还草措施的法律思考》，载《西北第二民族学院学报》2003年第1期，第52页。

# 第二章 西部地区经济发展的国际环境

当前,一场以新材料、微电子、信息技术、生物工程、精密机械、人工智能、网络技术、空间科学、海洋科学等为代表的新技术革命,正在全球兴起,昭示着知识经济和信息时代的来临;与此同时,中国也因改革开放而进入了向新时代社会主义市场经济全面"转轨"时期;世界经济的"全球化"渐成潮流,和谐发展成为当今时代的"主旋律",所有这一切,都标志着一个新时代的开始。我国将愈来愈深地加入到国际分工体系中,愈来愈多地参与国际社会事务,我们所提出并逐步实践的"和谐社会"与"人类命运共同体"的理念,将使我国愈来愈好地发挥作为一个负有责任大国的国际作用。在这种背景下,西部地区的大开发无疑具有重大的国内和国际意义。

## 第一节 世界经济全球化与西部经济发展

中国加入了 WTO 后,已逐步参与到经济全球化进程中来。世界"500强"企业中的 490 家已进驻中国并进一步拓展业务。面对这股来势汹涌的经济大潮,根据我国区域协调发展的新形势我们应不失时机地进一步加大西部的开发力度。

### 一、世界经济全球化的基本态势

1. 跨国生产成为世界经济全球化的核心

经济全球化,包括生产的全球化、贸易的全球化、金融的全球化,核心是生产的全球化。随着科技技术的进步、经营组织的创新、市场制度的变革,生产的全球化即跨国生产已经成为世界经济发展的现实。如今,几乎所有重大的生产,从飞机、汽车、计算机到集成电路、通信设备以及其他大型机器设备装备和芯片,都成了跨国生产。有如福特汽车,其零部件来自十几个国家;波音飞机的零部件分别在全球的七十多个国家生产,仅在西雅图组装;全球在航的三千多架波音飞机,机尾都是在中国生产的;全球计算机,中央处理器基本是美国生产的,硬盘是印度尼西亚生产的,主板是中国台湾生产的,光盘和软盘驱动器是中国大陆生产的,内存条是韩国生产的……生产全球化的内在动因,是各国不同的比较优势,各国的禀赋不同,优势就不同。比如,德国、瑞士长于精密仪器,中国长于机械设备,印度目前长于劳动密集型,如果都能长于什么就生产什么,就能够发挥各自的比较优势,从而提高效率降低成本。放大来看,这就是国际分工。此外,生产的全球化还有助于防范和分散风险,如汇率风险、政治风险和自然风险。

然而,要使生产的全球化发展起来,就需要各国不断扩大对外开放,降低关税,降低贸易壁垒。也就是说,生产的全球化进程,同时也是市场制度变革的过程。这一变革的总趋势是,在国际分工体系中,各国和各地区都必须按照一致的标准和规则办事,争端、矛盾、纠纷、分歧由当事各方协商解决,或提交统一的国际机构裁决。世界贸易组织(WTO)就是这样的国际机构。显然,对以劳动密集型为主、尚处在国际分工底层的中国经济尤其是西部经济来说,加入经济全球化的进程无疑是一个巨大挑战。

2.跨国公司已成为经济全球化的动力源

2000年国际货币基金组织确定了全球化的四个基本方面,即:贸易、投资、人口的迁徙与流动及知识的传播。而跨国公司与全球化的四个方面都有密切的关系,或者说,跨国公司是推进经济全球化的主要力量,根据联合国2018年有关方面的统计,跨国公司组织的生产总值和总产量占全球的40%,承担着全球80%左右的国际贸易,80%的世界工业研究,90%的专有生产技术,海外直接投资的90%,世界科研开发的90%;经济全球化造就了跨国公司并促使其不断购并,产生了一艘艘"经济航母",创造了一个个"经济神话"[1]:跨国公司"你中有我,我中有你",国家似乎正在"消失"。经济全球化还给发展中国家和地区带来了机会,创造了"亚洲四小龙""四小虎"这样的经济奇迹。从《乌拉圭回合》到《哥本哈根宣言》,从《信息技术协议》到《金

---

[1]《南方日报》2004年11月6日,社会版。

融服务协议》和《区域全面经济伙伴关系协定》(RCEP),广大发展中国家都希冀着在经济全球化的"神话"中实现"摆脱贫困,发展经济"的梦想。然而,现实却布满了"陷阱",发展中国家和地区对此无不怨声载道。

3. 发达国家成为经济全球化的主导者

经济全球化加快了全球的经济发展,但又在全球范围内极大地扩大了贫富差距。世界上最富国与最穷国人均真实收入的比例,19世纪初叶为3∶1,1990年为10∶1,到2002年已达60∶1。现在,占全球20%人口的发达国家拥有全球生产总值的89%,全球出口市场的83%,而占全球人口75%的发展中国家仅占11%和17%。[1]第十三届世界贸发会议的一份报告指出:从1995年至2005年10年间,对于最不发达国家而言,是不平等、贫困的十年,也是越来越被边缘化和被排挤在国际社会之外的十年,它们普遍未能在经济全球化中获益。亚非拉最不发达国家的GDP已连续三年下降,债务不断增加,技术落后,管理人才匮乏,出口产品滞销现象日益严重。至2005年,所有发展中国家在前10年的平均贸易逆差比20世纪80年代高出3个百分点,经济增长率下降2个百分点。大多数发展中国家并没有在经济全球化的浪潮中实现腾飞。2019年世界上最富的20个国家的平均收入是世界上最穷的20个国家的37倍,这个差距在过去的40年扩大了一倍,发达国家没有履行对发展中国家开放市场的承诺,农业和纺织业故意被排除在全球自由贸易体系之外;为了维护自己的既得利益,发达国家又提出诸如人权、劳工标准和环保标准等对发展中国家极为不公的议题。2004年,高收入国家的10亿人口人均收入为26000美元,而与此同时,全球却还有13亿人口生活在每天不足1美元的生活标准之下。[2]

经济全球化带来的另外一个重大问题,是各国间和国际经济活动的协调问题。跨国公司不断将工厂或车间转移到发展中国家,导致移出国失业率上升,而作为移入国的不发达国家由于本国产业被跨国公司挤垮也在短时期内失去了大量的工作岗位。于是,全球经济萎缩,竞争更趋激烈,不少国家和地区的经济走上了依赖美国数以十万亿美元计的公私债务来维持增长的道路。

---

[1] 联合国贸发会《World Dinvestment Report2017》,第13页。
[2] 德国大使馆:Deutschland 杂志,2004年第3期,第26页。

### 二、西部开发与应对经济全球化

加入 WTO 后几年的经济及贸易实践证明，经济全球化对于我国这样的发展中大国来说，既非"神话"亦非"陷阱"。

首先，作为技术进步的结果、经济发展的历史趋势，经济全球化不是"陷阱"。技术进步是不可逆转的，闭关自守的国家无一成功。任何无视经济全球化浪潮的言行无异于作茧自缚。

其次，作为发达国家主导的一种"多边的争端解决机制"，经济全球化也不是"神话"。对发展中国家来说，经济全球化虽然使得一国可以有新的发展机遇，却也容易使其成为受害者。经济全球化使各国相互依赖的程度提高，风险层出不穷且易于传播，国际游资的冲击可以将发展中国家花费几十年心血建立的经济成果化为乌有。跨国公司虽然使全球经济融为一体，但对发展中国家而言，"天上不会掉下馅饼"；发达国家也各有算盘，并拒绝加快有利于发展中国家出口的贸易自由化。1997 年的亚洲金融危机再次证明，在国际金融联系日益紧密、活跃、复杂的新形势下，经济全球化的"全球"还缺乏一套可靠的国际管理机制，各国在贸易、现金支付、资金流动和强化国际金融结构等方面缺少多边合作机制。

所以，中国必须通过积极参加国际分工才能获取更大利益，中国的经济建设也需要国际经济提供的压力和动力。只有融入全球经济大潮，中国才能熟悉并逐步影响国际游戏规则。当然，我们必须牢牢把握发展经济的主动权，建立既能抵御风险又符合国际惯例的金融、经济和贸易体制，以免受"全球化"拖累。从这个意义上说，中国开发西部的战略显得尤为明智。

## 第二节　WTO 与中国经济社会发展的态势

"闭关锁国就要落后"的根本原因，是一个深刻的经济法则在起作用：经济增长有赖于分工的细密、专业化水平的提高和市场交易范围的扩大。一国特别是一个大国的经济活力，只有在这种合作秩序和合作机制不断扩张的前提下才有可能。一旦这种秩序和机制在某一点上停滞了僵化了，民贫国弱便是必然的结果。[①] 我们正在向市场经济学习并融入其中，因为市场制度能够生产和提供中国人所欲的对象。正是在这个意义上，中国才加 WTO，为西部的可持续发展奠定了基础。

### 一、"内发外促"的交互作用

中国加入了 WTO，结束了 13 年马拉松式的谈判，中国做出了两项最重要的承诺：遵守 WTO 规则；逐步开放市场。之所以做出这两项承诺，因为只有"搞"市场经济才能遵守 WTO 规则，也只有遵守 WTO 规则，才能走市场经济之路。

20 世纪 80 年代末期至 20 世纪 90 年代中期，中国的改革开放几经曲折反复，最终明确了市场经济目标。不改革，就不可能扩大开放；不开放，就不能深化改革。中国之所以能够走上市场经济的发展道路，就得益于既改革又开放这种"内发外促"的交互作用。加入 WTO 后，我国的对外开放与国际惯例进一步"接轨"，具有明显的改革效应。改革是一种制度变迁，一个社会与其他社会的交往越多，其实施制度变迁的可能性就越大，制度变迁的成本也就越低。改革之初，我们只知道传统的体制不行，而究竟该怎样改并不是很清楚，所以要"摸着石头过河"。但我们从对外交往中知道了企业制度、股份制、期货、知识产权、财富管理等规则和理念。1992 年提出社会主义市场经济，到 2012 年进入中国特色社会主义市场经济中国的经济面貌也随之一新，对外开放显然功不可没。

改革是有成本的，需要改革付费。对外开放是重要一着。外资虽然没有直接用于支付改革成本，但它们用于了投资，用于了经济增长。从这个意义上说，实行对外开放是我国改革得以平稳推进的首要条件。40 年来，我国对外开放沿着构建开放型经济体制，形成全面开放的格局展开。在进程中经历了稳步推进、全面融入、主动引领三个阶段。第一，稳步推进阶段（1978—2000 年）。主要特征是由自我封闭转向单向开放，从沿海到内陆逐渐形成全方面开放局面。其二，全面融入阶段。（2001—2011 年）中国加入 WTO 由单

---

① 陈文通：《科学理解邓小平的经济理论》，载《中国特色社会主义研究》2006 年第 5 期，第 37 页。

向开放转向世贸成员的全面开放，改革开放的重点就是接轨世界，规划，以大开放，促进大改革。第三是主动引领阶段。由参与式开放到主动性引领性开放，加快推进自贸区建设和"一带一路"建设。提出构建人类命运共同体，推动形成全面开放新格局，从而引领全球化进程。

对外开放还形成了改革压力。对外开放让国人看到了自己与发达国家之间的差距，意味着我国再也不能关起门来，而必须融入世界经济"大家庭"中去。但这个大家庭有它的游戏规则，你要加入，就必须遵守这些规则。由于世界通行的是市场经济规则，因此，我国加入世界贸易组织的过程，也就是与市场经济规则不断接轨的过程。

就西部发展而言，"一五"计划和"三线"建设时期的方式方法显然不适用了，单纯的"以资源换资金"或"以市场换技术"也难行得通，现实唯一的出路就是先主动去熟悉、适应规则，时机成熟了再去影响甚至修订规则。可以看出，中国加入WTO后，对曾作为计划经济重灾区的西部来说，则明显是挑战多于机遇。反过来，西部发展只要成功地应对了这些挑战，就能比较彻底地从传统束缚中解放出来，一展"后发优势"而实现起飞。

概括地说，在世界经济全球化、中国加入WTO后的背景下实施西部发展战略，要求我们必须顺应经济社会发展的自然法则，进一步深化市场取向的改革，荡涤传统体制，全面扩大开放，不仅要对外开放，而且必须老老实实对内开放，加快东中西部区域协调发展。对民间社会开放。这既是全国、中央政府面临的课题，更是西部省区市面临的课题。

## 二、西部地区"比较优势"的变迁

开放是国家繁荣发展的必由路径，对外开放必将伴随着中国现代化进程始终，中华民族的复兴之路，必然是开放之路。中国加入WTO后，意味着在享有权利的同时还必须承担相应的义务，这也对西部经济发展提出了两个新问题：一是该如何去借鉴东部对外开放的历史经验，简单类比肯定是不行的；二是该如何去学习、熟悉和适应国际规则，找准自己的比较优势。

从整体上说，由于世界经济全球化、区域化和集团化进程的加快，中国根据自己的长期战略部署、体制改革、经济转型和国内科学技术发展状况，积极稳步地投身到这一历史潮流中去，进一步提升综合国力和国际竞争力。

但是，我们也清醒地意识到，当前这个由跨国公司和发达国家为主角的经济全球化，在可预见的将来，它们仍将继续担当主要角色，因为在今后相当长的一段时期内，中国在包括经济技术在内的许多领域还不会短期明显地取得竞争的优势地位。①

从西部来看，一个最大的现实挑战就是其比较优势的改变或变迁，这一变迁，将使西部在许多领域处于竞争的劣势地位，不可不察。因为生产的全球化，意味着市场"界限"已经越来越模糊。国际市场与国内市场的重叠、交叉、覆盖，加剧了原本就已经很激烈的市场竞争；而西部地区又因为基础差、底子薄、改革晚，对外开放相对滞后，因而无论是竞争机制还是风险意识，无论是发展环境还是运作技能，都明显不如东部沿海地区。同时，"国民待遇"的普适，还意味着以往优惠政策的效力已经日渐式微。因此，如何重新审视西部的优势，尤其是"西部的资源优势"，就成了西部发展必须详细斟酌的大事。

西部发展中资金短缺是众所周知的，因而"以资源换资金"似乎便成了一个必然选择。诚然，以传统眼光观之，西部地区的自然资源确实很丰富，但现实却是，一方面，随着科技进步，产品和产业结构中的"物质比重"呈下降趋势；另一方面，随着经济全球化不断推进各国各地区的市场开放，成本—效率的竞争加剧，资源的相对经济价值也在变化，随着自然资源的深度开发，西部地区的低成本优势正逐渐消失。②尽管从表面上静态地看，西部资源丰富，在不依赖政府投资的条件下，用资源换取资金不失为见效最快的良方。然而，深析起来，事情并非如此简单。客观地讲，就是"资源换资金"的思路极不可取。因为根据我国的中国特色社会主义的本质特征和现行的经济运行机制，矿产资源均为国有，为开发资源的投资都由国家支付，形成各种国有独资的资源型产业，而国家的投资在一定阶段总是有限的，这就使得整个西部虽拥有大量的资源而又长期处于经济落后状态。

另外，统计数据给了人这种感觉：西部自然资源丰富，但深入分析不难发现，从总体上看，西部矿产资源储量较丰的只是一般性矿种，且品位不高，

---

① 陆德生、纪荣荣：《经济全球化对中国立法的影响及对策》，载《江海学刊》，2000年第5期，第46页。
② 王一鸣：《不失时机地实施西部开发战略》，载《宏观经济管理》，2000年第2期，第15页。

以难选矿、共生矿、小型矿和"鸡窝矿"居多，而关键性矿种和战略性矿种则远不是那么丰富；煤、石油、天然气、水等资源的地域分布极不平衡，开发环境恶劣，加之受资金和技术瓶颈的制约，开发的机会成本也很大。如果考虑到人口因素，资源"丰富"的西部甚至可以说是资源"匮乏"。

第一，从国际市场看，全球性的经济结构调整，使得西部地区原来的资源"优势"在明显下降，比较而言，从其他国家获得资源更加便宜。例如铁矿石从澳大利亚、尼日利亚等进口；从国内市场看，相当多数的资源产品供大于求，西部的煤炭、电力、化工等的原材料价格和产量大幅度下降，而且成为结构调整的主要对象。另外，随着对外开放步伐的加大，东部地区利用国际资源的比重在加大（目前，国际市场上矿产资源产品的价格低廉，对东部沿海地区来说，许多产品比如石油、铁矿砂等等的到岸价都比从西部的进货价低，加入WTO后，东部利用国际资源则更加划算）。

退一步说，即使能够做到"资源换资金"，也是弊大于利。首先，这会像过去一样给西部造成"价值转移"。所不同的是，过去是"计划性"的转移，而这次是"市场性"的转移。撇开目前的市场价格对资源产品的不利不谈，[①]一般来说，附加值低的资源产品在市场交易往往处于不利地位，比如，以往我国以低廉的价格出口原油，然后以较高的价格进口石油制成品，这种双重的价格流失早就应该让我们警醒了。计划经济时期西部地区就以类似的方式作出过巨大"贡献"，使西部的发展受到抑制。至于"可可王国""橡胶王国"以初级产品出口，更是备受掠夺，这些国家并没有在世界贸易中获得"起飞"，一些石油输出国的经济确实获得了增长，但那是以其石油资源的绝对丰富为基础、以国内经济结构的畸形化为代价的。

第二，从可持续发展的角度看，西部尚处在工业化的中级阶段，一方面它本身的发展就需要大量资源的支撑，另一方面限于当前的经济技术水平，资源开发的经济效益和社会效益都难如人意。"以资源换资金"，势必要进行大规模的资源开发，实际上就意味着西部资源的双重流失，可持续发展的基

---

① 这些不利主要是指由于经济、技术的进步，对资源产品和资源产地形成了两个"挤压"：一是"净消耗"减少，二是全球范围内资源产品的价格水平趋于下降。除了2003年下半年以来石油价格和2004年铁矿石原料的暴涨外，其他资源产品的价格，短期内我们还看不到明显的上涨趋势。

础受到进一步的破坏。

第三,从国家经济安全角度讲,经济发展和经济安全需要储备一定的资源(1999—2006 的国际市场石油价格的暴涨,对美国经济影响不大而对中国经济影响较大,也敲响了中国经济安全、能源安全的警钟。而且随着经济的发展,人民生活水平的提高和人口的增加,自然资源需求将增长。为预防不测,应付各种事变,保证经济发展和人民的需要,国家应有所储备。不然,经济安全就有很大的问题。

由此看来,在"需求约束"的经济条件下,西部发展如何定位其"比较优势",不仅是西部的问题,也是一个全国性的问题,需要放在整个国家的发展战略和国际经济环境中予以通盘考虑。

## 第三节　知识经济与西部经济发展的新机遇

以科技进步为代表的知识创新在当代经济发展和社会生活中作用越来越大。1998 年初,联合国科技发展委员会出版了《知识社会——实现可持续发展所需要的信息技术》;经济合作与发展组织推出《以知识为基础的经济》的报告;继后,中国科学院也向中央递交了《国家科技创新能力》的报告。所有这一切,都意味着一个新时代的来临,同时也是西部经济快速发展机遇的来临。

### 一、"知识经济"的基本特征和要求

21 世纪被称为"知识经济时代",知识经济亦称智能经济,是指建立在知识和信息的生产、分配和使用基础的经济,它是和农业经济、工业经济相对一个概念,是新的信息革命导致知识共享产生的知识时代产物。其主要特征是信息产业的兴起。信息产业的发展主要依靠信息技术的进步和使获得信息的代价愈益便宜的制度。开放竞争,建立一个高效的、愈益廉价的信息生产和信息获得制度,将是我们成功进入知识经济时代的基本条件。

在数千年的农业经济时代,经济发展的主要因素是土地,知识因素的力量微乎其微;在数百年的工业经济时代,知识、技术开始成为经济增长的重要资源,但经济发展的主要力量是资本和劳动力;只是到了近几十年,随着

科学技术进步在经济增长中的作用越来越大，知识对社会经济发展的作用发生了翻天覆地的变化，成为推动经济增长的主要力量。知识经济的广泛应用打开了计算机应用的大门，例如2016年微软公司的产值已超过美国三大汽车公司产值的总和。

放眼世界，这就是邓小平讲的："科学技术是第一生产力"。[①] 中国西部，有可观的科技人才，但还没有真正成长为领先世界、作为中国经济社会发展"第一生产力"的科技优势。中国要强盛，要复兴，就一定要大力发展科学技术，努力成为世界主要科技中心和创新高地。西部大开发要把人民对美好生活的向往作为科技创新的落脚点，把利民、富民、改善民生作为科技创新的方向。

**二、西部发展与中华民族的复兴**

历史上，中国曾多次触及工业革命的大门，却一次又一次地失之交臂。古代中国不仅有四大发明，而且在水利、能源、航海、冶炼、纺织、瓷器、丝绸等方面，也长期领先世界，但中国最终却未能叩开工业革命之门。

从我国明朝中后期资本主义工商业发展的萌芽和历史来看，这主要是因为工商业发展滞缓，无从形成科技的需求和供给，这反过来又进一步制约了工商业的发展；而工商业之所以发展滞缓，又是因为封建国家机器对工商业的压迫和压抑。但国家机器之所以要压迫压抑工商业，这是一个极其复杂的经济问题和政治问题。

马克思曾深刻地指出："田园风味的农村公社不管起初看起来怎样无害于人，却始终是东方专制制度的牢固基础；它们使人的头脑局限在极小的范围内，成为迷信的驯服工具，成为传统规则的奴隶，表现不出任何伟大和历史首创精神。……它们使人屈服于环境，而不是把人提升为环境的主宰；它们把自动发展的社会状况变成了一成不变的由自然预定的命运……这就是已然千年的"农耕文化"施予中国社会对科技的压迫。"[②] 随着社会不断进步，生产关系、生产方式的不断改善，市场的作用不断扩大。加强管理，政府出台制度，规范交易行为，使交易更加合理，使交易双方都能接受。

---

[①]《邓小平文选》第3卷，人民出版社第89页；《习近平谈治国理政》第三卷，外文出版社，2020年4月版，第246页。
[②]《马克思恩格斯选集》第2卷，人民出版社，1972年版，第65页。

因此，如果说科学技术是第一生产力，知识是财富，那么这也只有通过工商业的市场运作才能实现，所以从根本上讲，市场社会也就是企业社会，人们不可能想象没有发达的企业而会有发达的市场社会。事实上，一国或一地的贫弱或富强，决定性的经济因素就是一国或一地的企业状况。

可是在中国历史上，仅一个"强本抑末"就几乎把整个社会的工商供给抹煞殆尽，这样，不仅需求被压抑，供给也被压抑，经济不发展，科教就无从发展，更遑论工业革命。

纵观自鸦片战争以来中国180年的发展历史，可以概括为"洋务运动—改良思潮—资本主义—社会主义—改革开放"这几个先后兴起的大阶段。应该说，这既是中国历史发展的内在逻辑使然，也是中国顺应外部世界"冲击"的结果。一方面，近现代科技是以"资本主义"形式发展并兴盛起来的，到20世纪末已呈"全球化"趋势；另一方面，历史上帝国列强对中国的侵略，在带给中华民族灾难和屈辱的同时，也在某种意义上把中国推进了现代世界的漩涡和潮流。如果说中国的东部已经步入了工业文明，那么西部的开发和区域协同发展战略就标志着中国将从整体上逐步彻底地告别传统的"个体小农业"文明。现实的问题是：中国的改革开放和西部发展需要奉迎企业社会，更需要讲求如何奉迎企业社会。以我们中国这个最大的发展中国家来说，为什么要定义"社会主义初级阶段"，为什么要肯定"非公有制经济是社会主义市场经济的重要组成部分"，在西部发展中就是一个特别值得深入思考的问题。可以预言，在21世纪"改革开放"大势的"知识经济"时代，对中华民族伟大复兴的长远利益和"科教兴国"的整体战略利益来说，西部发展无论如何都将成为这一发展之路的"里程碑"。

# 第三章　西部地区发展的经济基础与政策导向

西部的开发，西部地区经济的发展，既会遭遇东部地区发展中曾经有过的问题，也会遭遇一系列不同问题，而且这类问题更多更主要。东西部发展的经济环境比较分析，对把握西部的情态，保障对西部发展提供有效的政策支持，促成西部发展战略的成功，提高西部发展的效率、效益，推动我国东西部区域协调发展，进一步增强整个国民经济的实力，都是至关重要的。

## 第一节　西部地区发展的经济基础

### 一、市场供给关系发生巨变

中华人民共和国成立以后我国长期推行计划经济，"短缺"一直是中国国民经济的一大困扰：如物资短缺、技术短缺、资金短缺、设备短缺、人才短缺、管理短缺、市场短缺等，计划经济实际上成了"短缺经济"。在这种情况下，经济增长就主要是依靠扩大供给。随着我国国民经济向市场经济的转轨，短缺状况逐步得到克服。"九五"期间，更准确地说是自1996—1997年始，我国开始从总体上告别了短缺经济，市场供求关系基本上实现了从卖方市场到买市场的历史性转变。经济增长也由此转为需求约束型的增长。[①]据国家商务部和国家统计局2004年的一项调查，605项货物中有484项供过于求，包括纺织品、消费商品、金属与化学制品；供不应求的只有棕榈油一种；其余的供求持平。这样的宏观环境，无论对东部还是对西部，其作用和意义

---

① 胡鞍钢、郑京海：《中国全要素生产率为何明显下降》，载《中国经济时报》，2004年3月26日。

都非同寻常。在 2017 年 10 月 18 日，习近平同志在党的十九大报告中指出，我国社会的主要矛盾已经转化为人民日益增长的美好生活需要和不平衡不充分的发展之间的矛盾，一改过去提出的同落后的社会生产力之间的矛盾。

### 1. 东部经济增长的新台阶

从技术上说，当前东部已经有了一个比较好的发展基础，买方市场的出现实际上意味着其产业结构的升级。由观察可知，四十多来年的改革开放，东部沿海地区的产业在总体上经历了"日用轻纺工业——重化工业——汽车、航空、家电工业——计算机、新材料（新技术、新工艺、新产品）、信息产业、生物工程、人工智能、大数据"等依次递进的产业提升过程。从经济上说，东部沿海地区的市场发育水平已经比较成熟，市场的交易和竞争规则也已经比较完善，政府的行政管理体制转型比较成功，营商环境相对较好，企业具有清醒的自主意识和强烈的发展意识。概括起来，就是东部沿海的发展环境在"硬件"和"软件"方面都已经基本步入了市场经济。其实，"过剩经济"或买方市场的出现，一方面是经济、技术进步的结果，另一方面也是经济增长机制由政策驱动转为市场驱动的结果。显然，东部沿海在这两个方面都占据了先机。因此，全国范围内"短缺经济"的不复存在，实际上是东部沿海的产业升级换代、经济增长还上了新台阶。但对西部地区而言，买方市场却是一个极其严峻的挑战。

### 2. 西部经济的艰难抉择

撇开西部地区在我国加入 WTO 后切实探索对外开放的新路子这一重要课题不谈，仅就国内市场供求关系变化的格局而言，西部发展就面临着艰难的抉择。一方面，尽管市场经济的理论已经深入人心，但全国范围的统一市场尚未真正形成，条块分割、部门垄断、地方壁垒仍然处处可见，而西部地区则更甚；另一方面，如同对"通货收缩"我们还不熟悉一样，对复杂多变、市场需求约束的经济增长我们也是陌生的，特别是对于西部地区来说，指望主要依靠扩大资源产品的供给来促进经济开发，无论是在发展思维、管理体制，还是在经营观念、生产模式上，都面临着一次艰难的"转轨"考验。

即使把"市场换技术""资源换资金"的问题存而不论，在买方市场的背景下，西部发展首先不可避免地就要回答"什么是生产能力"这个问题。多年来，在计划经济和"短缺经济"的作用下，人们形成了一种"上项目就能发展"的生产能力观；在供给约束的推动下，单纯的生产规模的扩张，自然会有相当空间，因而极易为人们接受。现在经济环境变了，似乎到处都在"过剩"：一投资就成包袱，一开工就是亏损。因此，西部发展必须改变过去沿用的争取资金、争取项目的观念和做法——先把资金项目拿到，资源开发出来再说。如果沿用这个思路，意味着西部发展仍然走的是外延型、粗放型的路子，势必继续造成巨大的浪费和损失。反过来，西部人即使明确了市场导向，依据自身条件和供求关系有选择地去发展有市场效益的产品、产业——这意味着主动与几乎在各方面都占优势的东部或中部去进行市场竞争，也不可能短期就获得预想的效果。可见，一方面是自身的观念变革，一方面是与高手的"过招"，定位西部的"生产能力"，对西部人来说在两方面都是棘手的问题。

**二、西部资源产品与科技含量此消彼长**

市场供给相对过剩，不独是"总量"问题，更重要的是"结构"问题。撇开宏观的投资政策、税收政策、分配政策、消费政策、利率及汇率、政府和国际经济环境的变化等等因素不谈，我国的工业生产能力比较强，工业品的供应能力比较充足，从供给与需求的结构关系看，截至 2017 年第三季度，我国 220 多种主要工业产品，有一半左右的生产能力利用在 74.4%，褐色金属冶炼和压延加工业产能利用率为 76.7%，同比和环比分别提高 4.4 个百分点和 1.0 个百分点。而同时期美国的工业利用率超过了 76%。[①] 这说明我国实行供给侧结构改革后的突出成就。从企业生产的总量上来看是没有问题的，但是具体来看，产品在结构上存在品种、规格、安全性等方面仍旧满足不了消费需求，同时，总体上的供给体系体现出低端产品过剩，高端产品供给不足的状态，企业生产经营成本过高，这些都深刻影响着企业盈利率以及产品利用率。同时也客观上制约了中国的经济发展。这些都说明中国经济的结构调整需要进一步深化，意味着经济生活中的资源产品与科技含量在发生着此消彼长的深刻变化。

1. 西部经济发展的政策驱动效应与经济粗放增长

应该承认，中国过去十多年的经济高速增长，主要是得益于大量地追加

---

① 《经济日报》，2017 年 11 月 14 日，社会版。

人力、财力、物力的投入，依靠"松绑、放权、让利"来达到的，作为一种线性的或平面的增长，它在很大的程度上并没有依靠科学技术这个第一生产力。时间一长，这种政策驱动效应与经济粗放增长的动力就会减小甚至会消失。现代经济在实践上和理论上都揭示出：长久的、持续的、强劲的增长，关键因素是科技技术的进步和人力资本的提高，而科技技术的进步和人力资本的提高之关键，又是以注重教育、明晰产权、保护知识产权、开放竞争等社会经济制度条件作为基础的。因此，中国经济的结构调整，不仅是一个技术经济问题，而且更是一个制度经济问题。

一段时期，中国经济的增长因素72%依赖资金和人力的投入，技术进步的作用只有28%。对比中国与发达国家的劳动生产率，可以发现一些新特征：

表3-1 中、英、美、日、德劳动生产率比较[①]

| 年份 | 世界 | 美国 | 欧洲区 | 日本 | 印度 | 中国 |
| --- | --- | --- | --- | --- | --- | --- |
| 1996—2007年 | 1.7 | 2.0 | 1.0 | 1.2 | 4.8 | 8.9 |
| 2008—2010年 | 0.3 | 1.2 | −0.2 | −0.2 | 7.2 | 9.6 |
| 2010—2015年 | 1.2 | 0.8 | 0.5 | 0.7 | 5.4 | 7.3 |

从现象上看，2015年，我国单位劳动产出提高至7318美元，比1996年增长了将近4倍；而印度单位劳动产出提高至3559美元，增长了近2倍。我国与世界平均水平及发达国家的差距不断缩小，1996年我国单位劳动产出只相当于世界平均水平的10.6%，2015年已达到40%，相当于美国的比重也从2.1%提升到7.4%。但同样是2015年，我国单位劳动产出只有7318美元，明显低于世界平均水平18487美元。与美国的98990美元相比，差距更大。这无疑反映了中国与发达国家在科学技术上的差距，但这种差距也折射出了我们在经济制度上还存在许多问题。首先是市场化程度需要进一步提高，经过以市场为导向的改革后，中国经济的总体市场化程度大致在50%~60%之间，市场开放的程度不够高；其次是仍然没有解决好政府对经济活动干预过多的问题，尤其没有从根本上改变对国有企业的既定政策，从而一方面导致

---

[①] 根据2015年《中国统计年鉴》数据整理。

国有经济盲目投资和低水平重复建设,一方面又抑制了民间投资,"生产能力"于是过剩。

值得指出的是,比较东部而言,这种"结构"性问题及其矛盾,无论是在技术经济方面还是在制度经济方面,西部都更为突出。2002年,工业企业全员劳动生产率全国平均为 34345.86 元;上海最高,为 58525.30 元(云南以其独具优势的专营烟草超过上海,可视为特例),江西最低,为 17490.95 元;总体上是东高西低。也因此,制度创新必须是西部发展的政策主线,舍此,西部发展不能成功。

表 3-2　东中西部工业企业全员劳动生产率比较(元/人·年)[①]

|  | 东部 | 中部 | 西部 |
| --- | --- | --- | --- |
| 最高 | 上海 58525.30 | 湖北 32732.40 | 云南 57645.32 |
| 最低 | 辽宁 24154.85 | 江西 17490.95 | 重庆 18016.96 |
| 其余 | 25732.75~44451.24 | 19221.37~30726.48 | 20031.02~35594.52 |

### 三、西部地区经济发展思路的反思

我国实施西部发展前几年的历程证明,西部不少的地区仍在以一种传统的政治热潮式的姿态对待中央精神,从而使西部发展面临着一个不容忽视的风险:如果避实就虚,过分渲染形式,西部发展的势头就很可能会在"舆论"的泡沫中逐渐衰竭。比如"以市场换技术""以资源换资金"之类,就明显是与市场规律相悖的。且不说西部的市场容量究竟有多大,也不说西部的可用资源究竟有多少,单就这类提法或号召的本质来说,就彻底暴露了"地方保护""市场割据"的弊端。这里我们有必要明晰"市场"的属性,"资源"的属性,弄清这两个属性的含义,我们就会明白,"以市场换技术"明显是在推行"市场割据";"以资源换资金"也明显是在推行资源垄断。归根结底,还是在推行要素资源的行政配置。这可能是西部发展最为隐蔽且危害最大的危险。

再如"搞活国有企业"的举措,也存在"攻其一点,不及其余"的问题。

---

① 根据 2003 年《中国统计年鉴》数据整理。

一方面，由于"先天"原因，一些政府部门生来就不具备为非公有企业服务的职能，相关工作人员视野里根本就没有非公有企业的踪影；从计划部门的项目审批到统计部门的数字分析，从科技、发展与改革、商务等部门的发展规划来看，为非公有企业服务的职责和配套政策亟待完善和加强；另一方面，在"企业市场结构"上，又不能"忍痛割爱"，致使一批浪费资源、再生无望的国有企业不能"死"下去，尚有潜力的公有企业和非公有企业不能"活"起来。看来，西部地区的政府机构改革，务必要强化这样一项内容：在政府各部门的职能链条上，要依法加装"非公有企业"这一环，从骨子里打破公有与非公有差异；强化政府职能部门为非公有企业配套服务的职能。

总之，当前中国，尤其是西部地区经济的结构调整、资源产品与科技含量此消彼长的现状提醒我们，西部发展最终要靠内在能量的驱动，内部要素问题不解决好，外因的效果就会打折扣。

## 第二节　西部地区经济发展的政策导向

### 一、产业竞争与西部地区经济的角色定位

毋庸置疑，中国经济市场的快速发展得益于两大重要因素：一是外因，即加入了WTO，二是内因，即扩大需求。市场的日益开放，意味着国家间、地区间的产业竞争也日益激烈。一般地讲，产业竞争包含有两个层次：新兴产业或朝阳产业的兴起和发展；传统产业或夕阳产业的换代和转移。加入WTO后，中国的资本和技术密集的部门直接遭遇到了工业化国家的正面竞争；劳动密集的部门因为发达国家正在退出这些部门而不会遭到剧烈国际竞争。结合中国国内的产业竞争态势，西部地区面临的挑战和机遇基本上是五五开。

1. 东部沿海将成为中国经济产业结构升级换代的重点地区

东部沿海是中国的经济最发达地区，自然也会成为中国经济产业结构升级换代的"先锋"。东部沿海经济产业结构的升级换代在实践中有一石二鸟的效果：既能提升整个国民经济的科技含量和附加值，又可以加快传统产业向西部的转移，促进西部的发展。

自20世纪80年代中期以来，我国东部沿海地区的产业结构升级步伐一

直比较滞后，主要原因是投资者在获取高新技术成果和筹集巨额投资方面存在障碍，具体原因有三：一是受短期利润吸引，导致盲目投资和重复建设，相当一些产业过度竞争，通货收缩又使市场提前人为饱和，出现结构性过剩；二是因为种种原因，产品质量一般很难长期稳定，国有企业产权改革未到位，职业经理没有出现，知识产权保护不力；三是某些政策不合理，"两头在外"的规定，即原材料采购和产品销售在外，使加工贸易与我国的工业体系不能产生有机联系。

但是，随着改革的深化和中国加入WTO，特别是市场结构的变化，以及传统产业成本的偏高，东部地区的产业结构升级步伐已经明显加快。截至2004年底，上海已有2000多家企业迁往中西部地区，深圳也向中西部地区投资了1400多个项目；① 到2003年，东部地区包含着科技、信息和服务企业在内的第三产业比重，平均超过中西部10个~25个百分点，也反映出了东部产业结构升级和传统产业西移的趋势。②

2. 西部地区是中国经济产业转移的重点地区

改革开放以来，中国经济与国际经济的交往日趋密切，通过贸易投资而形成的这种格局，有三个值得关注的特征：一是发达国家资本、技术密集产业对中国同类产业的压力非常大；二是发达国家劳动密集产业因为利润低、成本高而基本消失，中国的同类产业没有形成很强大的外来竞争；三是外国产业向中国转移加工贸易产业，以及国际市场对其产品的稳定需求，使相当一部分传统产业③得到了飞速发展。

从国内看，东部沿海的纺织业和北回归线以南的甘蔗种植业等之所以向西转移，就是因为产业成本太高。东部沿海传统产业在20世纪90年代中期开始向中西部转移，都是因为成本原因。与发达国家的不同之处在于，我国区域经济发展很不平衡，西部地区产业成本普遍低于东部沿海，因此产业转移基本不需跨国界。

---

① 《深圳商报》，2005年3月17日，国内新闻版。
② 2004年《中国统计年鉴》，第45页。
③ 传统产业，指的是劳动密集、技术含量低、附加值低的工业，包括食品、饮料、纺织、服装、皮革羽绒、木材及竹藤、棕草、家具、造纸、印刷、文体用品、普通机械、工具、电力器材、电气设备、小型采掘等。

在西部大开发和区域协同发展战略启动后，有一种"权威"看法需引起重视：美国的产业结构调整在世界范围内进行，它把一些夕阳产业或朝阳产业中的夕阳环节转移到其他国家，自己集中力量搞高技术。中国也应当走这条道路，即把自行车、电视的生产线从中国转移到非洲去，而不是从东部沿海转移到中西部去。

笔者认为，理论上，中国应当也只能在经济全球化的背景中进行产业结构调整，但现实是，一些中国劳动密集产业转移到国外去的时机并未成熟。仅就劳动力构成比较中美国两国传统产业，中国与美国最大的不同是，中国的劳动力有一半是农民，且大多集中在经济发展落后的中西部。如果东部沿海的劳动密集产业能够有意识地向中西部转移（或者东部沿海的城市大门能够有意识地对中西部的各族农牧"兄弟"开放，做到"双管齐下"当然更好），则中西部内陆的亿万农牧民就有希望赶上中国工业化的"末班车"；相反，如果真的"有意识"地把劳动密集产业从东部沿海转移到了国外，西部地区就很可能会跟不上工业文明发展步伐。目前，西部地区只有在认真抓紧抓好发展高新技术产业的同时，做好准备，迎接东部沿海传统产业的西移。目前来看，新中国成立后尤其是改革开放后几十年的建设，已使西部地区本身具备这个基础，东部沿海地区的长期发展也有这个需要。

**二、市场机制是西部经济开发的主要依托**

改革的深化和开放的扩大，标志着中国已从计划经济向市场经济全面转轨；在全国范围内，宏观调控体系也由过去的计划手段为主转变为市场机制为主。但必须看到，我国过渡时期即"社会主义初级阶段"的市场经济，有一个明显的特征：越是发达的地区，计划要素相对越少，市场要素相对越多；越是落后的地区，计划要素相对越多。在西部，这一特征主要表现为不重视市场法则，长官意志和行政干预突出，地方保护、行政垄断和市场割据严重等等。面对这种落差，在经济转型、结构调整时期，西部地区必须要能够下真功夫革除这处积弊。因为没有较好的"人文"环境，就不可能有较好的"自然"环境。

1. 资源要素计划配置的再认识

1953—1988 年，中央政府通过资源要素的计划配置，向西部地区基本建设投资 3500 多亿元，形成固定资产 2500 亿元，大幅度提高了工业在西部社会总产值中的比重，也提高了西部工业在全国工业中的比重；同期国家对少数民族自治地方基本建设投资累计 1400 多亿元，西部地区的经济也得到了迅速发展。[①] 至此，旧中国西部没有现代工业和新中国初期工业布局过于集中在东部沿海的格局成为历史，为日后的西部发展奠定了必要的基础。

但受历史的局限，这种计划配置在主观上蕴含着明显的政治取向，因而未能以结构现代化、空间合理化、经济效益化为宗旨。其局限的后果，一是独立的"嵌入"式开发，未能有效带动西部的经济社会发育；二是在东西部间强化了"垂直分工"，导致区域利益格局的扭曲。实际上，为什么时至今日在西部的不少地方仍习惯于计划经济，这也是一个主要原因。

2. 资源要素配置机制的转换

针对高度集中的计划机制弊端，以"放权让利"为标志的体制改革，1980 年首先在中央与地方间实行"分灶吃饭"的新型预算体制，地方利益凸现，国民经济的投资来源构成发生巨大变化，市场机制开始进入运行流程。整个 20 世纪 80 年代，资源要素配置呈计划调节加市场调节的"双轨制"状态，国民经济进入"高涨"，但也产生了"投资饥渴""重复建设""结构扭曲""效益下滑""中央虚弱""通货膨胀"等等消极后果。

1992 年以来，随着体制改革对市场经济目标取向的确立，市场机制开始逐步在资源要素配置中发挥基础作用，但另一种意义上的"双轨制"仍然存在：一是东部沿海的市场机制要素相对多，西部内陆的市场机构要素相对少；二是政府主要是中央政府的调控，在主要采用经济手段进行间接调控的同时，仍在大量使用行政手段进行直接调控。

概括地说，当前宏观调控体系在总体上呈如下态势：

国家在总量如货币、财税等调控中是计划机制与市场机制并重；中央部门在信息、交通、能源、粮棉等的调控中以计划机制为主；地方政府的调控，东部基本是市场机制，中西部则更多计划机制。

国民经济调控体系的这种变化，至少传达了这样几个重要信息：

第一，在今后二三十后，东部沿海地区会有比西部内陆地区更快的增长，

---

① 冯之浚：《区域经济发展战略研究》，经济科学出版社，2002 年版，第 67 页。

弥合东西部差距将是一个较长期的过程；

第二，计划经济无偿投资时代已经不复存在，国家对西部的"倾斜"将是很有限的，西部对此必须要有充分认识；

第三，西部各省区市必须进一步深化市场经济取向的改革，在国家政策优惠时更要敞开胸怀，迎接市场经济洗礼。

3."双轨制"与对东部实施优惠政策的经济分析

"小有政策支持就小有发展，大有政策支持就大可发展，特有政策支持就特能发展"，是我们观察多年改革开放政策客观效果得出的一个认识。广义上讲，"双轨制"不仅体现在"计划+市场"的宏观调控上，而且也体现在不同的区域发展政策上——对东部沿海的政策倾斜。1980年以来，中央政府在投资、税收、外汇、开放等等方面均给予了东部沿海明确的政策倾斜：

价格政策——对西部低出高进的"剪刀差"造成了西部财富的双重流失。

财税政策——20世纪70年代末20世纪80年代初，西部未能享受国家给予东部的财政投入和税收优惠。

金融政策——两个证券交易所分设于上海、深圳，均在东部，东部在信贷投放、企业上市、资本融通方面都享有优惠，导致西部资本外流。

人才制度——东部有所谓"三不要"，这事实上是东部在户口、人才、职称、薪酬等方面享有更多更大的自主。"孔雀南飞"意味着东部的人力资本优势包含有西部的预付成本。

市场制度——得改革开放风气之先的政策优惠，东部的市场准入"门槛"很低，不少部门、行业甚至没有门槛。反观西部，非公有制、非国有制经济发展则明显滞后。

从体制改革的角度讲，这种政策支持就是制度创新，东部的快速发展就是制度创新的结果；这种发展结果具有双重意义：既增强了综合国力又凸现了区域差距，特别是东西部差距。

在"双轨制"作用下，为了减少地区价值流失，西部地区大多采取了"资源就地转换"的策略，东部沿海因此不得不上马一些资源项目，结果是资源省区加工工业比重上升、加工省区资源开发项目比重上升，产业结构调整与地区封锁并存，成为20世纪80年代末期出现大面积"短缺"的一个主要原因。以后，随着西部比较优势的变迁，西部的发展就更显困难，直至1999年末，国家出于固边富民、区域协同、均衡的发展战略考虑,西部发展才有了新机遇。

纵观中国四十余年的改革开放,实际上就一方面既是制度创新的过程,另一方面同时也是政策创新的过程(例如:1979年的"特区政策"所产生的"特区效应",20世纪90年代上海浦东新区政策的辐射长三角发展的"龙头效应",及天津滨海综合改革实验区的崛起的示范效应),到近几年的上海自贸区,深圳前海自贸区,横琴自贸区建设。多年来,在东部的发展经验中,所谓"争取政策,用足政策,用好政策,用活政策""政策出效益,政策促发展"等等,就是一个非常深刻的最新最近的例证。

概括说来,西部地区迄今为止仍然是有计划经济深深地烙印。这个事实表明,实施西部发展,无论从国家还是从西部来讲,都面临着一个如何继续深化体制改革的问题;在这个意义上,西部争取国家的政策支持固然重要,但更重要的是自身的改革问题。要改变过去长期由计划经济体制政策影响而导致的东西部之间经济上的不平等,唯有通过政策创新、制度创新的体制改革方可得到平抑。[①]

### 三、西部经济发展的核心问题

新世纪的西部发展正在进行,一些具体的开发思路、倾斜政策和举措也在实施,有的已完成,如青藏铁路、西气东输等工程的建设。但西部人必须明确一点:西部发展,不是大施舍,在项目、资金上,对中央的期望值不能也不应过高。目前,西部各省市区政府都抱有这样一些想法:借大开发东风,争取一批开发资金,争取一批骨干项目,争取一些政策支持。这些想法本身都没有错,但如果只报有这些想法,而没有其他想法,没有对国内外经济形势的深刻认识和把握,没有对自身思想观念、思维模式、工作方式、政府作用的反思和改革,则西部发展就会"雷声大,雨点小",名至实不归。具体而言,西部开发中的一些现实问题还需要认真的理论研究和实践探索。

1.重视和加强宏观经济的调控

从目前我国的宏观经济形势及经济基础状况来看,社会经济的发展既充

---

① 尹翔硕:《中国进出口贸易的不平衡与不对称》,载《国际贸易》2004年第3期,第23页。

满机遇又面临严峻挑战：地方政府债务问题突出，对房地产推动经济的情况较为倚重，三期叠加下的经济增长缓慢。通货收缩抑制着经济活力，积极的财政政策短期内市场效应不明显，特别是对产业领域的直接促动作用不大；国有企业亏损面仍较大，国家财政赤字，面临的压力越来越大，供给受到冲击，市场需求乏力；从加入WTO后十多年的社会情势的发展来看，政府职能、金融体系建设距离按市场要素有效变革的要求还相当大，服务实体经济、防控金融风险、深化金融改革的三大任务任重道远，[①] 金融有秩序开放的力度仍需进一步加大。而解决东西部经济发展的不平衡问题又不得不兼顾。总之，相对平静的宏观经济环境背后还隐蔽着不少不容轻视的问题和困难。无论从财力还是从时局角度看，开发西部地区，中央已不可能像过去那样大量注入政府财政资金，并施以行政手段"引导"东部地区的资本流向西部。在国民经济生活中市场要素不断增加、完善的情况下，中央只能以政策引导为主、计划投资为辅地对西部发展给予有限的倾斜。

事实上，国家和中央政府之所以要大力倡导、积极部署西部发展，固然是因为这一问题已到了不正视不行的时候，但另一个重要原因就在于营造出开发西部的氛围，鼓励国内外方面搞好统筹战略举措的同时，会在国家财力许可范围内对重点项目、重点企业、重点设施作导向性投资——主要是采取转移支付等间接方式，逐步加大对西部地区的支持力度，有计划地建设一批对西部发展有关键意义的工程。但对此我们一定要有长远的思想准备：国家把21世纪的西部发展定位在相当的高度，并不意味着东西部差距短期就可弥合、解决；大量艰苦卓绝的开发工作需要几代人的不懈努力。因此，西部地区不宜过分地渲染气氛，"运动"式地把着力点放在向中央争资金、要项目、讨政策上。

总之，西部各省区市对中央的难处和客观困难，以及自身的实力和能力，要有清醒的估计。就目前综合国力及时局特征而言，中央向西部倾斜的力度虽在逐步加大，但只能是量力而行，西部地区对中央的期望值不宜过高。

2. 理性评估并定位

在西部发展热潮涌动之际，西部各省区市必须对本地区的自然历史和社

---

① 习近平：《在第五次全国金融工作会议上的讲话》，2017年7月14日–7月15日。

会状况有一个综合认识、评判,只有这样,才能使西部各地区的实施策略与国家的宏观战略协调一致,有效对接。

西部发展有两大制约因素:一是"基础条件差",具体表现为生态环境恶劣,交通不发达,基础设施陈旧,资金严重不足;二是"发育水平低",比如社区运行的体制不顺机制不畅,人口综合素质、人文环境、知识结构、思想观念、生活习惯等等相对落后。表3-3-1、3-3-2和表3-4-1、3-4-2从不同角度描述了这两大制约因素。

表 3-3-1　全国内陆内河交通运输营业里程(公里)地区比较[①](2002年)

| 占比类别 | 国家铁路 | | 公路: | | 其中:高速公路 | | 内河航运 | |
|---|---|---|---|---|---|---|---|---|
| | 57584 | | 1278474 | | 8733 | | 110623 | |
| 东部 | 13820 | 24% | 741515 | 58% | 4541 | 52% | 66374 | 60% |
| 中部 | 29935 | 52% | 498605 | 39% | 3057 | 35% | 32081 | 29% |
| 西部 | 13820 | 24% | 38354 | 3% | 1175 | 13% | 12168 | 11% |

表 3-3-2　全国内陆内河交通运输营业里程(公里)地区比较[②](2018年)

| 占比类别 | 国家铁路 | | 公路: | | 其中:高速公路 | | 内河航运 | |
|---|---|---|---|---|---|---|---|---|
| | 131651 | | 4846532 | | 142593 | | 127126 | |
| 东部 | 38052 | 29% | 1066802 | 22% | 45155 | 31% | 53732 | 42% |
| 中部 | 40891 | 31% | 1570269 | 32% | 43874 | 31% | 39489 | 31% |
| 西部 | 52708 | 40% | 2209461 | 46% | 53564 | 38% | 33905 | 27% |

---

① 根据2003年《中国统计年鉴》相关数据整理。
② 根据2019年《中国统计年鉴》相关数据整理。

表 3-4-1　全国大中小城市地区分布比较[1]（2002 年）

| 城市个数＼人口规模 | 200 万以上 | 100–200 万 | 50–100 万 | 20–50 万 | 20 万以下 |
|---|---|---|---|---|---|
| 全国 | 668 | 13 | 24 | 48 | 205 | 378 |
| 东部 | 258 | 7 | 8 | 22 | 85 | 134 |
| 中部 | 291 | 3 | 12 | 24 | 85 | 167 |
| 西部 | 121 | 3 | 4 | 2 | 35 | 77 |

表 3-4-2　全国大中小城市地区分布比较[2]（2018 年）

| 城市个数＼人口规模 | 200 万以上 | 100–200 万 | 50–100 万 | 20–50 万 | 20 万以下 |
|---|---|---|---|---|---|
| 全国 | 673 | 71 | 159 | 258 | 128 | 57 |
| 东部 | 243 | 42 | 68 | 108 | 23 | 2 |
| 中部 | 233 | 16 | 57 | 99 | 47 | 14 |
| 西部 | 197 | 13 | 34 | 51 | 58 | 41 |

也许，基础条件差在一定时期内可因外部"注入"而得到明显改善，但发育水平低却不是单靠"注入"就能够解决的问题。我们不妨反思一下"一五"计划至"三线"建设时期，反思一下多年来西部地区的扶贫工作，就有不少经验教训值得我们汲取。客观地说，正是这两大制约因素的交互作用，导致了西部地区生产力水平低下、经济落后。也因此，我们在谈及西部发展时，就不能只强调基础条件差而忽视了发育水平低。不然，就很有可能在改善基础条件上过多地"注入"，而对提升发育水平重视不够，从而造成各种资源新的浪费。

现在，中央已把西部发展放到了国家的经济、政治、社会发展的战略高度，西部各省区市最需要的就是冷静下来，认真调查、分析、研究，对本地的生产力水平有一个合乎实际的认识；客观评估本世纪的企业、产业、资金、资源、市场、行政、区域等各方面的要素状况及其组合状况；把本地区的开发和发

---

[1] 根据 2003 年《中国统计年鉴》相关数据整理。
[2] 根据 2019 年《中国城市建设统计年鉴》相关数据整理。

展放在西部、全国和国际背景中去审视。这样，就能从经济基础到上层建筑、从资源分布到区位特色等方面，对本地的开发和发展就会有一个科学合理的市场定位。

3. 机制差异与西部经济结构的改革问题

资金投入，是经济增长的"第一推动力建设发展所需资金，可以分为国内资金和国外资金两大来源。1992年是我国改革开放进程的一个分水岭，2019年又是中国区域经济发展史上的又一个重要的分水岭，东西部差距的拉大也是在这一年开始出现"加速度"态势的，表3-5通过2004年东西部经济运行的两个主要指标的对比，凸显了这种内在机制差异。

表3-5 东西部经济运行两项主要指标比较（亿元、元、%）①

| 地区<br>指标 | 全社会固定资产投资 | | | 国民收入和积累能力 | | | | |
|---|---|---|---|---|---|---|---|---|
| | 总额 | 人均 | 占全国比重 | 使用额 | 人均 | 积累额 | 人均 | 积累率 |
| 东部 | 268911 | 59581 | 41.9 | 81524 | 2346 | 21605 | 713 | 42.5 |
| 西部 | 169715 | 103485 | 26.5 | 28450 | 1352 | 3421 | 436 | 33.2 |

全社会固定资产投资额是形成新增生产力的基本条件。由于目前中国的经济增长总体上还是以外延为主，因而区域经济增长也依赖于投资额的增长。东西部全社会固定资产投资的巨大差异，必须转化为巨大的经济增长差异，进一步导致两大地区经济社会发展水平差距不断扩大。国务院发展研究中心张风波用"乘数效应"对此进行了分析：20世纪80年代中期至90年代中期，投资对国民收入增长的乘数效应，短期（1年）为1.322；长期（持续5~7年）为7.196。以1986年全社会固定资产投资增加额为例，东部是292亿元，西部是38亿元，若都以此"乘数"发生作用，则短期东西部国民收入差距为386-50=336亿元；长期（1986-1996年）则为1715-223=1492亿元。事实上，这种机制是客观存在的；例如，根据2004年《中国统计年鉴》统计，在2003年我国GDP116603.2亿元总量中，东部就占比65%，西部仅占比14%。

---

① 根据2004年《中国统计年鉴》数据整理。

到 2019 年东部地区总产值 511161 亿元，占全国 GDP 总量的 51.5%。①

此外，分析还表明，东西部国民收入和积累能力的差距，实际上也反映出了两大地区在吸引利用外资和民间资本方面的差距：2003 年，全国地方财政收入中的外商投资企业和外国企业所得税，有 93% 来源于东部沿海地区。

西部发展，首先面临资金短缺的大问题。比较经济环境和东西部经济运行质量的机制差异，可以得出一个结论，即：无论是金融信贷、资本积累还是招商引资（包括吸引海外华人资金），西部都不可能简单类比或沿用东部沿海地区过去实行的优惠政策。西部人将不得不正面迎接以下挑战。

（1）金融投资问题

显而易见，随着我国金融体制和投资体制的改革，将加大西部筹集、使用各类资金的难度。

一方面，我国的金融体系改革，已经有了关键性的突破：作为中央银行的中国人民银行，不再按省区市行政区划设置分支机构，四大国有专业银行业务日益商业化、金融化、市场化；政府、企业、社会中介的作用开始有了新的定位，"指令贷款""首长项目""条子工程"将越来越少。简言之，在 2017 年全国金融工作会议上提出服务实体经济，防范金融风险，深化金融政策三大任务后，金融系统日益增强的"风险意识"与西部地区大开发的"投资饥渴"，是一对很难"协调"的矛盾。

另一方面，随着中央政府与地方政府在财权事权上的界定、划分逐步明确和规范化，东部沿海地区在资金的筹集、使用方面将更具优势。由于东部的投融资环境、渠道、政府职能、企业机制等等都比西部强，不仅有利于从国内外筹措各类商业性资金，而且也有利于甚至从西部地区"吸收"各种商业性资金，甚至对西部地区争取政策性资金的努力成果也会是一个"威胁"：东部通过地方积极性与国家宏观调控目标的"对接"，可能这意味着，对西部各省市区政府而言，通过改善发展环境和规范体制条件，来引导银行、企业和个人根据成本——收益的对比做出选择，将是其主要职能。而至少从目前看，这还是西部的"弱项"。

争取更多的各类政策性资金——中央政府掌握的政策性资金总量毕竟是

---

① 根据《中华人民共和国 2019 年国民经济发展统计公报》相关数据整理。

一个常量，东中部多争取走了一点，西部能争取到的份额就会相对少一点。

此外，东部地区的深圳、温州等城市民营经济发展迅速，民营经济发达，成为区域经济发展的主要原因。受"趋利"原则支配，各类外资和民间资金会竞相追逐高利润高回报的地区、行业、企业，总体上西部在这方面也不具优势——在资金的筹集、使用上，对西部来说，要想把企望中的"大金娃娃"变成现实，千方百计降低交易费用和组织成本，将是最为关键的一环。

（2）资金积累问题

西部地区的资本积累能力薄弱，粗略分析，主要的原因有三条：一是市场因素决定的回流效应大于扩散效应；二是西部的资源转换能力低；三是西部的区域开放程度低。

第一，"扩散"与"回流"的双重困惑。瑞典经济学家冈纳·缪尔达尔发现，在发达区域与不发达区域之间存在着一种"累积性因果关系"，使不发达地区的发展受到阻碍：发达地区对不发达地区的投资活动有助于区域差异的缩小，这是"扩散效应"；资源要素为获取、追逐更高的报酬而流出不发达区域，这是"回流效应,"[①] 经济发展的实践效果表明，回流效应总是大于扩散效应的，并且使一些可以促进增长的要素在不发达区域失效，两项比较，发达区域因此而愈是发达，不发达区域因此而愈是不发达。

对比我国西部地区的发展中的种种遭遇，如资源要素流失严重、资金匮乏、技术落后、乡镇企业成长艰难等等，不仅实际上存在这种回流效应大于扩散效应的"累积性因果关系"，而且资源要素配置的进一步市场化还可能进一步强化这种效应。因为市场中不同区域的资源要素流入或流出，主要取决于资本的边际收益。这样，西部人在资本积累上将面临双重困惑：既要思考如何竭力从计划机制的限制束缚中解脱出来，又要思考如何不得不以"弱者"的形象去接受市场机制的评价考验。

第二，开发能力与转换成本的制约。一个区域的资源转换能力，即一个区域通过市场机制实现生产要素的流动和资源互补的能力，最终表现为参与区际分工和交换的竞争力，关键是其技术开发能力和资源转换成本。

对西部来说，一方面，由于传统计划机制和二元经济结构的制约，其国

---

① 高新才：《区域经济与区域发展》，人民出版社，2001年版，第106页。

民收入的生产额长期小于使用额，因而西部的自我积累能力和自我发展能力低下。尽管在 1953 年至 1988 年间西部的平均积累率达 28.85%，接近东部的 29.8% 且略高于中部的 28.6%，但其积累总额中有 40% 是区外主要是中央的投入，因而西部的实际积累率只有 20%，只相当于东部的 47.4% 和中部的 60%，有分析发现，这一阶段，东部的工业效率几乎是西部的 2.5 倍。参见表 3-6。

表 3-6　2002 年东中西部国民收入与资本积累的比较[①]

|  | 国民收入：总资本存量 | 工业国民收入：工业资本存量 |
| --- | --- | --- |
| 东部 | 0.57 | 0.63 |
| 中部 | 0.46 | 0.37 |
| 西部 | 0.36 | 0.26 |

此外，西部地区人力资本开发程度低下，也是直接制约其资源转换能力的重要因素。例如，以高等院校在校生数所占区域人口的比重来衡量，东部为 0.4%，西部仅 0.16% 全国 1000 多所高等院校，东部沿海地区占了 46%，西部地区仅占 20%。又如，以从业人员占区域人口的比重来衡量，东部达 68%，西部仅 50%；而从业于第一产业的人员，东部仅 39%，西部却高达 65%；城乡从业人员之比，全国是 30∶70，东部为 38∶62，西部为 20∶80。[②] 上此可见，西部地区的人力资本开发，尚停留在浅表层次，这是导致西部资源转换能力的薄弱的又一个基本原因。如何在西部发展中发挥"科教兴国"的功能，对西部人来说是又一个光荣而艰巨的任务。

第三，受制于传统区域分工体系强大的行政约束，西部的区域开放和经济系统的开放迄今仍显薄弱。京津冀协同发展、长江中下游城市群经济发展、粤港澳大湾区等；以东部沿海为战略重点的区域开放政策，又使西部的开放"一步慢，步步慢"。此外，西部周边国家和地区亦多为不发达区域，加之国际政治、宗教、外交关系的种种扰动，西部与其经济文化科技交流甚少，这

---

[①] 根据《经济学消息报》2003 年 4 月 5 日公布的有关数据整理。
[②] 龙毅：《全面建设小康社会与加快民族地区的发展》，载《民族研究》2003 年第 5 期，第 59 页。

些都制约了西部实施开放战略的"吸纳"能力。事实上，整个西部除个别中心城市外，都处在我国对外开放的"初级阶段"：2004 年，西部的外商投资企业仅占全国总数的 4%，产值占 3%。2017 年我国西部地区新设外商投资企业数量达到 1761 个，同比增长 43.2%，接近 80 亿美元，但同期东部地区新设外商资企业数量和实际使用外资金额分别占比 90.4%、87.5%。近年来，我国积极鼓励外资向中西部等地区转移，2019 年 6 月，国家发展改革委、商务部发布了《鼓励外商投资产业目录（2019 年版）》。在中西部目录中进一步增加了劳动密集型、先进适用技术产业以及配套设施等条目，进一步加大对中西部承接外资产业转移的支持力度。在国家政策利好下，中西部地区迎来了承接东部产业梯度转移的机遇，外商投资覆盖的区域范围也更为广泛。[①] 可见，不开放是不能发展的，西部的大开发和大发展势有必要纳入全国区域协调发展的整体战略中。

（3）招商引资问题

西部地区吸引外资和沿海资金的能力薄弱，这是人们的共识。除了基础设施条件差外，近十年来资源要素东移遭遇困难较少而西移遭遇困难较多的实践还表明，东部沿海地区的"市场"环境相对较好。就此而言，西部地区在招商引资方面还存在如下三个突出问题：

一是法治环境改善慢。主要表现：一是地方保护主义和"法不责众"的做法经常使客户利益受损或得不到有效保护；二是一些不法工商业者欺骗西部地区，将过时设备或高污染项目转移到西部。

二是招商引资政策单一。西部地区相当多的地方政府，没有根据国内经济形势和周边国家及国际经济形势的变化及时调整招商引资政策，仍然不切实际地将目标定位在外资上。

三是营商环境亟须改善。一是东部沿海地区要素西移，大多为市场导向程度高的非国有经济，而西部至今是以国有经济为主导，政府干预过多；二是"政出多门"，互相推诿、扯皮、掣肘。

另外，还需要估计到，虽然随着结构调整和国家的一系列激励政策出台，

---

① 王辉耀、苗绿：《中国企业全球化报告（2020）》，社会科学文献出版社，2020 年 7 月 1 日版，第 35 页。

外国厂商对中国西部直接、间接的投资，尤其高能耗高物耗或资源开发的项目会有所增加，但因种种原因，其数量和规模比较西部的资金需求而言还是很有限的。

所有这些都说明，西部地区在改善"软"环境和"硬"环境的同时，招商引资所倚重的（注意：是"倚重"）不应是外资，而应是内资。

1997年夏季爆发的亚洲金融危机及其后遗症，一方面使传统上大量投资于中国内地的亚洲投资者，如中国的台湾、香港、澳门和东南亚华商的投资能力下降；另一方面又引致东盟国家货币大幅度贬值，出口竞争力恢复，投资环境好转，吸引投资能力增强，形成对中国招商引资的直接竞争。在这种态势下，即使是拥有海外华人资金来源优势的东部沿海地区，引进外资也会遇到重重困难；对西部内陆地区来说，除个别中心城市外，其吸引外资的困难肯定会更多更大。这也同时意味着，东部沿海地区过去行之有效的优惠政策，如今在西部地区已经是不可同日而语了。

具体来说，西部在对民间资本的态度上要有更大的开放性和超前性，要充分认识到民间资本是促进投资增长和国民经济发展的重要力量，是实现经济增长从量的扩张向质的提高转变的重要方面。

多年以来，引进外资是我们的一项基本政策。为了引进外资，许多地区可谓殚精竭虑，不断推出种种优惠得让人咋舌的措施，可另一方面，我们却甚少考虑如何充分利用国内廉价的民间资本。从现在开始，我们就要做到：像杭州、温州、深圳等地区正在实施的系列政策那样，凡已经或准备对外资开放的领域，原则上都应取消对民间资本的限制，逐步使民间投资成为中国社会投资的主体。这实际上是承认不承认民间资本的国民待遇的问题。

为了西部发展更见实效，西部需要结合产业规划和结构调整要求，打破对民间资本的市场准入壁垒，采取相应措施积极引导和推动民间资本有序进入，要借鉴浙江首条民营控股杭绍台铁路建设及运营的经验（国内首批几个社会资本投资铁路示范项目之一）具体可包括：电站及供电网络，水利设施，铁路（包括城市地铁），公路和机场，有线和无线通信网络，邮政网点，金融，保险，进出口贸易，城市公共交通，道路和地下管网，体育场馆设施，各类福利院和各类学校，有线电视，报刊和杂志，因特网，高新技术产业，以及其他成长性好的产业如教育、信息、旅游、环保、中药材等。

2016年，国家发改委公布了首批 8 个社会资本投资铁路示范项目，除目前已建成的杭绍台高铁外，其余的均在东中部地区，只要有效调动了民间资本的投资热情，人们的预期收入得到了提高，民间的投资和消费就会活跃起来，这一点，恐怕一定会对西部地区产生重大启示与引领作用。有鉴于此，西部地区的招商引资政策必须重新定位，把重点放到吸引内资上来，强化法治建设，完善政策配套，以切实保障投资者合法权益。

（4）结构性改革问题

对西部来说，为配合招商引资目标取得成功，还必须认真改善投资环境。西部只有在及时调整招商引资的重点目标、扩大开放的基础上有力改善投资的营商环境，才能有效吸引投资。

首先，所有制结构改革。西部民营经济门发展较差，与东部沿海形成鲜明对照。东部沿海的高速增长，主要依靠民营经济的扩张。在江苏江阴、昆山、浙江温州、义乌，私企经济占比 90% 以上；而在内蒙古阿拉善盟，非国有经济只占比 14% 左右。国有经济仍占主导地位，贵州、青海的国有经济占比均在 80% 以上；内蒙古的工业产值，国有占比 81.5%，集体占比 10.9% 个体、私营等占比 7.6%；2002 年，宁夏、内蒙古、甘肃、云南和贵州的国有经济占比在 75%~80%，陕西、广西、西藏则在 65%~70%，均远远高于 1982 年浙江、广东、福建、山东等省份的国有经济比重。[①] 截至 2018 年底，我国民营经济贡献了 60% 以上的国内生产总值，50% 以上的税收。比 2018 年广东民营经济增加值为 5.26 万亿元，增长 7.3%，占地区生产总值比重达 54.1%，成为推动广东经济的主要力量。[②] 而同期西部地区的国有经济占有较大的比重，如青海省的国有经济和集体经济所有制经济工业产值占比为 77.8%。其中国有经济占比为 62.6%。集体所有制经济占 15.3%。

我国改革开放的成果尤其东部沿海的发展成果表明，国有比重过大、非国有比重过小，不利于经济成长。一方面，相当一部分国有企业目前已经成为财政负担，作为呆滞的存量资产，其出路基本上是只有"冲销"了事，地方经济的发展绝不可能寄希望于这部分国有资产存量的"盘活"；另一方面，

---

① 根据《经济学参考报》2003 年 4 月 5 日公布的有关数据整理。
② 人民日报：《如何正确看待民营经济的地位作用》，2018 年 12 月 7 日。

受限于中央政府和地方政府的注资能力和投资的效率效益目标驱使，为那些再生无望的国有企业"输血"明显不经济，特别是在党的十六大后，随着国有经济的战略调整，这种可能性也越来越小了。总之，西部各省市区的开发和发展，应特别关注包括东部沿海和中西部在内的"内资"，结合当地要素推进产权流动及企业改革，尤其是 2015 年以后，经济发展中三期叠加的现实，西部地区的发展改革同样面临阵痛期和政策消化期。

其次，经济结构改革。改革开放以来，西部的经济结构调整显然还很不够，农牧业等传统部门所占比重仍然很高。据统计，宁夏、云南、贵州、广西、西藏等省区的农业占比都在 40% 以上，而北京、天津和上海均在 10% 以下，辽宁为 15%，广东为 20%；2017 年，非农产业在农村产值中的占比，全国平均为 87.3%，上海和江苏分别为 99.67% 和 95.2%，而新疆为 84.5%，西部其他省区市的这一指标也都低于全国平均水平。①

其三，产业结构改革。产业结构的调整方面，西部地区也明显落后：甘肃和青海的重工业占比均在 70% 以上，而全国平均为 52.2%，东部仅仅是 41.2%。随着产业结构的调整，东部沿海的轻工业重工业比例也开始逐步发生变化，比重之高很突出：广东轻工业与重工业占比为：35.24%∶64.76%，浙江：33.7%∶66.3%，福建：38.2%∶61.8%。② 可以说，虽然现阶段东部各省份通过产业结构调整又进一步加大了重工业的比例，但是与之前不同的是，其本就发达的轻工业和良好基础的重工业产业结构带来的新的变革和调整实际上是为了突破从劳动密集型向资本和技术密集型升级，这就是东部沿海发展迅速的原因，而西部省份的产业结构目前实现这个转型升级由于多方面因素还比较困难。

2017 年我国进出口贸易总值为 278101 亿元，超过 10000 亿美元的省区有 7 个：广东：68168.8，江苏：39997.5，上海：32242.9，浙江：25605.1，北京：21943.7，山东：17923.4，福建：11590；达到 1000 亿美元的有 17 个：天津：7645.1，辽宁：6748.9，河南：5233.9，四川：4604.9，重庆：4508.1，广西：3912.4，安徽：3657.2，河北：3378.8，湖北：3136.3，江西：

---

① 根据 2018 年《中国统计年鉴》的有关数据整理。
② 根据 2018 年《中国统计年鉴》的有关数据整理。

3011.1，陕西：2719.2，湖南：2433.9，云南：1582.5，新疆：1392.3，黑龙江：1281.7，吉林：1255，山西：1162.8。1000亿美元以下的7个：内蒙古、海南、甘肃、宁夏、青海、贵州、西藏。对外贸易额的84%左右集中在东部，西部地区仅占7.5%，这是地区差距的突出表现，也是进行西部地区发展的重要方面。[①]2003年我国外商投资企业的进出口额（亿美元）占全国进出口总值的66%，达到500亿美元的9个：广东：4713，江苏：3768，上海：3174，浙江：808，山东：841，北京：659，福建：645，天津：599，河南：534；达到100亿~500亿美元的有：11个：四川：464，辽宁：425，重庆：388，陕西：278，安徽：170，广西：141，江西：129，湖北：122，河北：106，山西：102，吉林：100；100亿美元以下的有11个：湖南：82.4，海南：68，青海：63.7，贵州：25.8，新疆：14.5，内蒙古：10.5，云南：4.4，西藏：0.06，甘肃：0.31，青海：0.14。其中，西部地区外商投资企业的进出口贸易合计仅占我国进出口贸易总值的7%左右，其中，云南、西藏、甘肃、青海四省的外商投资企业进出口贸易甚至不到10亿美元。[②]

可见，改革进程缓慢，尤其是国有企业改革的迟缓滞后和民营经济发育的不良，成了西部落后的一大原因。西部地区只有深化改革，增强开放意识，不仅对外资开放，更要对内资开放，才能通过自身的努力与区内外资源要素的结合来促进发展、弥合区域差距。也因此，继续深化国有企业改革，大力发展非国有经济和非公有经济，已成为西部发展的一大关键。

可以预言，随着国家和中央政府东中西部区域经济协调战略的进一步推进，国家对西部地区支持力度进一步加大。对西部的承诺逐步兑现，将大大改善西部的投资"硬"环境，从而有助于企业的进入；而西部各省市区政府通过深化改革开放，配合以新的招商引资政策，为各种企业的"落户"、发育和成长提供逐渐改善的投资"软"环境及其他必要条件，则西部滞后的局面将会大大改观。

纵观东部沿海地区的改革开放与发展的历程，如果一定要说对西部有什么可资借鉴的话，那么优惠政策虽然是必要的，但不是最根本的；最根本的

---

① 根据2018年《中国统计年鉴》的有关数据整理。
② 根据2018年《中国统计年鉴》的有关数据整理。

是全面深化改革，顺应经济社会发展的自然规律——走东部的路：多种经济共同发展、大力鼓励并保障非公有经济大发展的道路，也是唯一切实可行的路径。这就是结论。

# 第四章　西部地区经济发展的经验教训

鸦片战争至中华人民共和国成立以前，中国社会处于半殖民地半封建社会，西方列强的入侵，使中国遭到了侵略者的野蛮掠夺，再加上国内反动统治阶级的残酷压迫和剥削，西部地区社会经济基本上处于停滞状态。虽有仁人志士不断呼吁"开发西部"，但囿于现实，却鲜有成效。中华人民共和国成立以后，中国西部地区通过民主改革和社会主义改造，彻底废除了旧的生产关系，各项经济建设事业获得了较快的发展，人民的生活水平也有了较大的提高。但是就整个西部地区社会经济发展水平来看，还是留给了我们不少政策层面和制度方面的失误和教训。

## 第一节　开发西部的历史经验教训

中华人民共和国成立70年来，西部地区经济社会的开发，既有过比较顺利的发展，也遭受过一些严重挫折和失误（如第一章所述），认真地、实事求是地总结历史经验和教训，对西部地区经济的发展是十分有益和必要的。概括而言，西部地区的经济和社会发展有如下几个方面的经验教训：

### 一、工业布局上的"蛙跳"未形成积聚效应

西部地区工业布点过于分散，企业集中度差，专业化协作水平低。工业多集中于大城市和交通线附近，辐射能力差，与其周围地区经济的关联度、融通度低。一方面，城市——农村二元结构显著，城市工业与农村经济相关因素少，工业分布极不平衡，层次少，广大地区工业发展程度偏低，难以形成生产力的积聚效应。另一方面，比较而言，西部地区以资金密集为特征的大中型企业数量多，而符合其生产力发展水平的中小型工业企业和乡镇企业

少，形成一种工业布局上的"蛙跳"现象。在大型工业企业多集中在大中城市的同时，广大农村及小城镇工业欠发达，没有建立起布局合理的工业分工体系。其中最为典型的表现就是"五小工业"和产业定位上的错误。

"大跃进"年代西部地区发展起来的地方"小、土、群"工业，纷纷在20世纪60年代前半期的国民经济调整中下马。进入20世纪60年代后半期，随着"三五"计划的执行，又一次提出加快发展地方"五小"工业。为了服从急于求成地片面追求经济增长速度的发展战略，尤其是直接服从于加速实现农业机械化任务的需要，以支援农业为主要目标，为农业服务的小钢铁、小机械、小化肥、小煤窑、小水泥等"五小"工业大举上马。同时，20世纪60年代末和20世纪70年代初进行的经济管理体制改进，也为地方"五小"工业的发展创造了有利的体制条件。1970年2月的全国计划会议，又一次强调大力发展地方"五小"工业，各省、自治区、直辖市都要建立自己的小煤矿、小钢铁厂、小有色金属厂矿、小化肥厂、小电站、小水泥厂和小机械厂，形成为农业服务的地方工业体系。

1971年8月，国务院在关于加速实现农业机械化问题的报告中，把发展以原料为主的地方"五小"工业看作是加速实现农业机械化的重要物质基础。十一届三中全会以后，沿海发达地区的"五小"工业进行了市场导向的调整，而西部地区的"五小"工业却基本上没有多大变化。"五小"工业在项目确定和厂址选择上缺乏统筹规划，许多工厂建成以后长期亏损。又因当时片面强调土法上马，结果设备陈旧，生产工艺落后，生产成本偏高，缺乏规模经济，产品质量差，经济效益和社会效益偏低。所以，西部地区之所以落后，从根本上讲，就是生产力布局不科学，工业基础薄弱和发展的滞后造成的，除了工业以外，第一和第三产业都不足以能担当引领西部追赶东部的重任，所以要缩小东西部之间的差距，首先的任务就是调整生产力布局，增强西部地区的硬实力，所以，从20世纪90年代后期起，我国先后西部大开发和中部崛起等地区经济协调发展的战略，党的十八大、十九大均把推动区域协调发展，作为促进国民经济又快又好发展和实现第一个百年奋斗目标的主要任务之一。

由于产业定位的错误，西部地区工业部门结构上的问题是重工业过重，主要是采掘工业、原材料工业和能源工业的比重过大，而加工工业特别是深加工工业的比重过小，对西部地区经济效益发挥产生了不利影响，结构性效益指数只有 0.609，低于东部的 0.838 和中部的 0.771。[①]

着重发展西部地区的纯粹原材料基础产业，从表面上来看似乎有利于发挥西部地区的自然优势，实际上却使经济效益越来越差，使工业内部的内在增长力减退。

### 二、大开发与生态环境的恶化

大跃进时期，在当时"超英赶美"口号的指导下，实施"以钢为纲"的冒进政策，西部许多地方，包括地区都全力投入找矿炼钢铁的大战，到处土法上马，炼炉林立，遍地冒烟。如当时的西藏地区在基本建设方向上，不顾缺煤少铁、没有重工业发展基础的实际情况，提出"在'四五'期间力争填补少铁无钢的空白"，盲目上马了一些"无米之炊"企业。结果是不但没有炼出合格的钢铁，却毁掉了许多森林资源，严重影响了农业、林业的生产发展。西部地区，是我国重要林区之一，随着军工企业的伐木队伍越来越庞大，森林资源越来越少，许多原木采伐基地成了秃山。同时随着农民生活的改善，农村盖房日益增多，盖房消耗了大量木材，乱采乱挖中草药和其他野生植物，造成的资源破坏和植被破坏也相当严重。由于农业生产上"以粮为纲"的单一经营政策，粮食产量的多少成了衡量一个地区农业生产发展好坏的唯一标志，造成大量的毁灭性的打击，本已很脆弱的生态环境更加趋于恶化。新疆的耕地面积由 20 世纪 50 年代初的 1000 多万亩增加到现在的 4000 多万亩，但生态环境问题日益渐突出；土地沙化面积不断扩大，塔里木河水量减少，土地盐渍化严重；在塔里木河下游由于滥砍胡杨林，使林地沙化面积达到 20 多万公顷，流沙面积增加 1.4 万多平方公里。[②]

2010 年 5 月中央新疆工作会议指出：党的十一届三中全会以来，我国工业发展进程中一个令人瞩目的现象，就是乡镇企业的异军突起。乡镇企业如雨后春笋般地发展并显示出强大的生命力，改变了我国长期以来工业集中于大城市、广大农村单一经营农业的局面，对我国工业现代化进程发生重大影

---

① 胡鞍钢、郑京海：《中国全要素生产率为何明显下降》，载《中国经济时报》，2004 年 3 月 26 日。
②《兰州日报》，2003 年 10 月 13 日，国内新闻版。

响。但从乡镇企业的总体来看，东部中部地区乡镇企业发展迅猛，西部地区却相当缓慢和微弱。同时，东部乡镇企业的"三废"排放造成了严重的环境污染，在资源利用、耕地保护等方面也存在不少问题。在西部经济社会发展中如何有效发挥乡镇企业的作用，如何推动民营企业大发展壮大，是一个巨大的经济学课题。我们以为，对东部沿海地区任何模式的生搬硬套都是不可取的。

我国乡镇企业大部分出现在东中部地区，其中又大多以工业区域中心为依托，越是远离工业中心区域，其发展势头就越小，工业中心城市对乡镇企业的发展有举足轻重的作用，除了市场机制弱、人的素质与观念落后、交通不便等等之外，一个很重要的原因，就是缺乏强有力的基础雄厚的工业中心区支持。在这种情况下，集中的开发区方式，值得斟酌。

"集中分散化"的原则，是发展中国家开发不发达地区的一个重要原则，其主旨在于经济活动尽量向边远落后的地区分散，以避免过分集中于少数发达地区，从而造成更大不平衡和地区差距进一步扩大。但在"分散"开发不发达地区时，又不能平均使用力量，而是需要选择适当地方作为核心地区进行集中开发，为之创造良好的投资环境以积聚投资，根据区域经济学、产业经济学关于产业集聚、产业转移、"极点—外围"效应理论，通过这些核心地区的经济辐射，促进周围更广大地区的发展。西部地区的经济发展，尤其是乡镇企业的发展要尽可能考虑这种集中开发方式，在发展过程中要避免走先污染后治理的路子，应重视资源和环境的保护。

### 三、西部地区的生产力布局亟待优化

20世纪60年代中期，中共中央关于加速战略大后方基地建设的决策，对1967—1976年经济建设发展战略、战略重点的变化与基本的建设布局，发生了决定性的影响。1964年5月中旬，毛泽东在中共中央工作会议上提出，要考虑打仗，要有战略部署，只要有帝国主义存在，就有战争危险，要建立战略后方。会议提出了一、二、三线的战略布局和建设"三线"的方针。根据党中央和毛主席指示，"三线"建设大会战1965年拉开序幕，"三五"时期和"四五"前期是其重点建设时期。1965年8月，国家计委在京专门召开全国搬迁规划工作会议，确定搬迁项目要实行大分散、小集中的原则，少

数国防尖端项目要"分散、靠山、隐蔽",有的还要进洞。片面强调"三线"工厂布点要"靠山、分散、隐蔽、进洞",造成"三线"工厂普遍的"山、散、洞"布局。由此导致建设不配套、选址失误、生产成本高、企业管理工作薄弱、职工队伍不稳定、区域工业组织跟不上、外部生产协作条件差等许多问题,使得"三线"地区的工业生产能力不能充分发挥作用,设备的利用率很低。1975 年,"三线"地区工业固定资产原值占全国工业固定资产原值的 35%,而工业产值在全国工业总产值中仅占 25%。西南地区的机械工业,每个职工平均拥有的固定资产在全国居第一位,而按每万元固定资产计算的产值和劳动生产率在全国却是倒数第一位。[1]

在国家建设"大三线"的同时,要求各省区在位置偏僻、地形复杂的山区划出自己的"小三线"地区进行重点建设。强调各区建立较独立的工业体系以适应独立作战的可能性,结果造成地区间产业结构雷同,无法发挥地区间的比较优势。

"三线"建设所形成的工业布局带来了不少的问题。今天西部开放的整体战略已全面深入推进,盘活历史形成的三线建设中的存量资产,以适应市场经济发展的需要仍是值得研究的一个问题。西部要发展,全部利用新的增量投资显然不太现实,对现有的存量资产进行优化组合,按市场经济的原则进行调整,兼顾社会效益仍然是一个必要的现实选择。

由于地域辽阔,西部发展不可能全线启动,遍地开花,因此西部地区投资开发不能"全面撒网",必须突出重点。要加强规划,统筹协调,以避免其他地方曾经出现过的盲目上马、重复建设等问题,坚持有所为,有所不为。

国家目前对西部地区投资的重点,是建设一批重大基础设施和生态环境项目,以及提供必要的政策支持。为了避免在面积广袤的西部地区一开始就来个全面铺开而可能出现的投入多见效少的不经济的局面,在区域布局和区域经济发展上,必须因地制宜,集中有限的力量,突出当前重点,鼓励支持条件较好的地区优先加快发展,以形成区域增长极,发挥经济辐射作用。在生产力布局时必须分出轻重缓急,既要避免形成"飞地"式企业,又要注重不能搞齐头并进、全面布点和一刀切。

---

[1] 左尚志:《抓住机遇实施西部大开发战略》,载《社科纵横》2000 年第 3 期,第 5 页。

总之，在国家区域经济协调发展的新形势下，在区域一体化总体战略的指导下，西部地区在开发中，一定要先集中在若干个重点地区、重点行业和重点项目上，把基础设施建设、生态环境保护与建设和人力资源建设放在优先发展的战略轨道上来，突出创新、协调、绿色、开放、共享的本源，以点带线、以线带面、纲举目张，从而最终实现整个西部地区的大发展。

**四、海南、北海区域开发的经验教训**

20 世纪 90 年代出现的海南热和北海热，曾经闻名全国，这是这一时期中国区域开发、城市经济发展的重要特征，这种前所未有的开发热潮，不仅席卷了中华大地，还波及世界许多地方，给当地的经济社会发展造成了深远的影响。当地政府曾希冀这种开发能为当地带来超越或跨越式的发展。现在掀起的巨浪大潮早已退去，但海南及环北部湾地区今天又成为我国对外开放战略中的重要地区，无论是自贸港战略还是对东盟的开放合作。"海南热"和"北海热"中所形成的泡沫经济现象，学者们也称之为"中国经济的环北部湾现象"（因这两地皆在北部湾沿岸）。这里简要分析一下这种现象，以便从中发现西部地区的经济和社会发展可供借鉴和汲取的经验教训。

1."环北部湾现象"

中国经济的环北部湾现象，是指以广西壮族自治区北海和海南省为核心城市或地区出现的"泡沫经济"现象。历史证明，这是一种机会主义经济，在经过短暂的虚假繁荣之后，进入了漫长的萧条期。环北部湾经济圈的中心问题是房地产问题，房地产作为中间商品，因成本推动使整个区域的市场很难在要素市场较好的基础上有效地建立起来，房地产问题是北部湾经济圈经济复兴不可绕过的问题，见表 4-1。[①]

---

① 《新中国五十年统计资料汇编》，中国统计出版社，1999 年版。

表 4-1　海南房地产开发情况汇总单位：万平方米

| 年份 | 施工面积 | 竣工面积 | 实销面积 |
| --- | --- | --- | --- |
| 1990 | 86.68 | 29 | 44.56 |
| 1991 | 187.83 | 50.10 | 31.21 |
| 1992 | 503.90 | 106.10 | 109.40 |
| 1993 | 745.60 | 68.7 | 70.60 |
| 1994 | 826.80 | 78.7 | 46.50 |
| 1995 | 696.20 | 68.65 | 40.93 |
| 1996 | 313.10 | 58.13 | 15.29 |
| 1997 | 164.54 | 43.87 | 17.85 |
| 1998 | 147.64 | 24.92 | 20.98 |
| 合计 | 3672.29 | 527.17 | 364.32 |

据此可以看出，九年中竣工面积只占施工面积的14.36%，施工摊子铺得太大；同时实销面积只占竣工面积69.11%，30%以上建好的房屋空置，导致了社会财富的巨大浪费。另据海南省建设厅统计，从1992、1993年房地产热到1995年海南空置房屋达284万平方米，全省有200亿元资金沉淀在房地产上。空空荡荡的一幢幢现代化建筑，被咸风冷雨侵蚀，而当地居民的住房条件却并不乐观。

北部湾经济圈的经济危机，主要是一种特殊的生产过剩危机，即它不是最终产品过剩，而是中间产品过剩。大量盲目投资所刺激的"经济增长"，在经过一定时期后，不可免费地会因资金供给的中断以及中间产品需求的消失而出现中间产品过剩危机。中间产品缺乏市场重振之力又导致这种经济危机长期化，造成社会财富的浪费与当地经济重整的制度性交易成本升高。这一地区缺乏珠江三角洲及长江三角洲的区域经济发展的地缘优势，也没有建立"三来一补"政策形成的有一定技术含量的最终产品市场。北部湾经济圈的形成，完全是"政策优势"的产物，终于也因政策缺乏连续性而结束了其繁荣期。泡沫破灭了，重新启动困难重重，这也是导致海南经济十几年后一筹莫展。

## 2. 西部发展应汲取"海南热"和"北海热"的泡沫经济教训

一提到大开发，许多人的头脑里就会涌现大上项目、大办企业、万马奔腾的景象。我国西部地区经济与社会发展的历史和"环北部湾经济圈"现象证明，仅凭热血沸腾，不顾客观实际，违反经济规律，最终只能是事倍功半，甚至费力气找苦头吃。受社会经济和自然规律惩罚的事情，人们并不少见。

今天，党中央和国务院正举全国之力进行西部发展，并辅以区域协调发展战略的助推，是主客观条件都已成熟的情况下适时提出的战略举措，但西部地域辽阔，不少地方环境恶劣，基础条件差，经济水平低，营商环境差，区域内各地的发展水平也参差不齐，在这里搞开发是一件难度很大的事，万事开头难，在现阶段这是需要慎之又慎的。所以，必须把大开发的热情同实事求是的科学态度相结合，认真汲取历史上的有关经验教训，注意开发"热"的内容有无市场需求和产业支撑，避免一哄而上、不讲实效的盲目炒作，防止西部发展中类似"环北部湾经济圈"的泡沫经济的出现。

## 第二节 小城镇经济建设及其特殊作用

小城镇是商品经济发展的必然产物，改革开放以来小城镇建设在我国得到了较快的发展，尤其是在我国乡村振兴战略中发挥着支柱作用，一体推进乡村振兴战略和小城镇发展的融合具有现实意义。一般来说，小城镇包括建制镇和农村集市，通称集镇。更广义的小城镇还包括县城，它一方面连接着城市，一方面连接着农村。小城镇经济在西部地区经济发展中具有重要作用。如何避免近年来国内某些地区小城镇建设中出现的"无业感、无特色"的"空壳小城镇现象"，是西部发展所必须引起重视的又一个重要问题。

### 一、小城镇在西部地区经济发展中的重要作用

#### 1. 小城镇是西部地区市场上重要载体

西部地区大多地广人稀，经济不发达，市场长期停留在小圩镇的水平上。比起当地的一般圩场、集市来，小城镇是较大的空间载体，小城镇经济在地区经济体系中发挥着枢纽作用。因为局部的经济中心是小城镇的功能之一，一个小城镇一般就是一个小的经济中心。与农村相比，城镇有较密集的人口，

交通比较便利，信息灵通，集中度较高，是社会经济活动集中的空间，所以成为区域经济的枢纽点。

2. 小城镇经济是加强民族交往和民族团结纽带

我国从古代以来的各民族经济发展的区域性和不平衡性，使得相互之间的依存和补充成为必要和可能，而在小城镇里，集中的居民比起农牧区乡村来，更具有跨民族的特点。小城镇经济的特点之一是开放性，它与农村经济之间联系广泛，这种联系建立在城镇就业、商品和生产要素同外部性的广泛交往上。我国民族地区通过这种联系，农牧民之间在商品上互通有无，在技术上相互交流，生产资料和消费品、原料等等在各民族人民间流通，形成商品生产的协作关系，日益加深社会生活联系和文化的交流，从而有利于各民族间互相了解，相互支持和帮助，有利于各民族大团结。

3. 小城镇经济是西部民族地区剩余劳动力的蓄水池

改革开放以来，西部地区家庭联产承包制的实行，极大地解放了农村生产力。随着农业生产率的提高，出现了大批剩余劳动力，小城镇工业的发展始终不断地吸收着农业剩余劳动力，小城镇对第三产业有很大包容能力。我国西部地区农村剩余劳动力将脱离传统的种植业和畜牧业向城镇经济这个蓄水池转移，进入城镇经济产业，从而逐步提高城市化水平。

4. 小城镇经济在西部地区经济发展中起着重要的示范作用

由于历史上落后的生产和生活方式至今没有发生根本性的变化，许多人还停留在旧的传统观念中，因而小城镇的示范首先是观念上的示范。小城镇是农牧区经济、政治、文化的中心，观念更新迅速，充满着现代文明的生活气息。在这里，人们的生活方式、价值观念和行为准则都在发生着变化。同时，商品经济观念广泛植根于小城镇经济生产者和经营者的头脑之中，体现在小城镇经济运行的各个环节上，在城乡经济往来中发挥着潜移默化的影响，对根本上扭转一些人传统的财富观念、狭隘的小生产观念、人才观念，树立全新的市场经济观念发挥着示范作用。其次是实践的示范。小城镇经济与农村经济相比是高效益经济，生产力在小城镇空间上的集中产生聚集优势，有利于专业化分工协作、发展第三产业等等，对发展乡镇企业和高效集约型的农牧业，有着重要的示范意义。

## 二、西部小城镇建设应当汲取"空壳化"苏南的教训

1990年以来,江苏苏南地区掀起了一股"造城"热。在苏南平原上,镇、厂、店连成一片,人流、物流、车流大增,给人们以处处是城市化、蔚为壮观的震撼感觉。然而,这场"造城"热也出现了一些明显的问题,其中之一便是有城无市,城市"空壳化"。在苏南地区,有不少城镇的集聚效应、中心功能薄弱,第三产业不发达,市民阶层阙如,城市主体缺失;城市管理方式、居民生活方式滞后,整体城市形态和现代城镇生活尚不具备或严重欠缺,城镇的真正城市化程度不高;不少县、市、小城镇的居民主要是党政干部或各类公务人员,居民中又有相当一部分由"土地工"转化而来,[①]此种情况之下,人与人之间的关系容易演变成单一的"干群"关系,除了管理者和被管理者,再没有第三者;知识分子、民营经济、企业家阶层始终处在尴尬的夹层与边缘状态,找不到位置。这种"无业而居"的"空壳小城镇"不能使居民充分享受到现代城市文明带来的好处,反而劳民伤财,得不偿失,也扰乱了正常的地区经济金融生活秩序和财政分配格局,不利于乡镇企业乃至当地经济的长远发展。

近年来,国内一些地方小城镇建设中出现的"无业而居"的"空壳小城镇"现象,是西部地区小城镇建设中必须汲取的经验教训。同江苏苏南地区一些城市蜕变为"空壳"一样,在"县改市""创建活动"和乡镇企业积累等因素的推动下,20世纪90年代西部各地也都掀起了一股"造城"热,加上其他一些因素如开发区热、户籍买卖及攀比心理等,致使"造城"热上加温,到处是一片"城市化"景象。"农村城市化,城乡一体化,城市现代化"的方向是正确的,但行政"造城"的成本——收益和效果却值得考虑。尤其是有城无市、城市"空壳化"[②]的问题,必须引起重视。在乌鲁木齐市西北郊某

---

① 刘鸿渊、蓝辉旋:《推进西部县域经济跨越发展的新思路》,载《理论与改革》2004年第1期,第77页。
② 所谓城市"空壳化",就是城市聚集效应、中心功能不明显,第三产业不发达,市民阙如;城市管理方式、居民生活方式相对滞后,恩格尔系数高。通俗地说,就是城市的城市化程度不高。由于西部的大城市少,人口压力大,城市基础设施超负荷,故"造城"的基本出发点是强调"小",结果是一些改县的镇和一些改市的县,除了新增加了几幢漂亮的建筑物外,一切仍然如故。

县,就有一"XX工业新城"成了典型的"空壳",因种种原因,无法形成必不可少的"人气""商气";自 1996 年兴建以来,除了一家饮料厂和一家电动自行车厂 1999 年将其生产线设在此地外,至今仍有上万平方米的厂房空置,众多的商住楼任随风雨侵蚀,"半拉子"工程比比皆是,宽阔的街道上偶尔有疾驰而过的卡车,随后就是阵阵飞扬的尘土。所以西部地区的经济和社会发展必须要进行整体的规划和科学的分析,以避免城市"空壳化"现象的再度出现和进一步蔓延。甘肃省玉门市(县级市)是一个典型的以石油为依托的资源型城市,1999 年,经过反复考量权衡作出了迁址建设新城区的决定。主要原因就是因为玉门油田连续十多年低迷,年产量只有 3.3 万吨。2003 年,经中国石油天然气总公司批准西迁酒泉市、玉门市区设作业区。内有建成的玉门市的城区市委综合楼、青少年活动中心、宾馆、大型城雕、商业步行街及广场等。仅具城市规模,但人口稀少,冷冷清清,无产业支撑,成为了一个典型的空壳化城市。[①]

### 三、西部地区小城镇发展的战略思路

首先,西部地区小城镇发展要科学制定发展规划,合理配置功能,在土地占用、基础设施建设和重点发展上进行统筹规划。

长期以来,我国小城镇发展往往是作为小集镇来建设的,其主要立足点在于发展集市贸易,重点放在建市场上。今天西部地区的开发,需要认真总结这些历史经验,科学规划,合理布局,为将来的发展"预留管线"。在镇区内应当设有居住区、商贸小区、文教卫小区和工业小区,以辐射、促进圈内乡村经济发展和社会进步。建设小城镇要合理选择地理位置,要方便农牧区群众参与小城镇经济生活,并能有效地接受大中城市的经济辐射,同时要尽量少占耕地。在基础设施建设上要逐步实现配套齐备,清洁用水、交通站点、公园、乡镇内公路等,按现代小城镇的要求从多方面进行考虑和安排,才能对第三产业和农牧民的集中布局产生较强的吸引力。小城镇发展规划的付诸实施需要经过较长时期,必须按规划要求,积极引导,分步推进,先形成基本框架,其余以后逐步到位。在目前西部地区整体经济发展水平还相对

---

① 原霞、贾治堂:《甘肃省玉门市的迁城之困》,载《南方周末》,2004 年 6 月 3 日。

落后的情况下，要集中力量重点建设一批小城镇，防止不顾客观条件一哄而上，齐头并进，应依据主客观情况分期分批地建设小城镇，争取建一批就成功一批。

其次，西部地区在加快小城镇发展上应当采取以改善落后的基础设施、增加居民收入等问题固然重要，但与市场对接更为重要。只有让市场机制充分发挥作用，中央对西部地区所作的大量投入才能由输血真正变成造血；才能增强西部地区的自我发展能力；才能使西部地区贫困人口具有脱贫的动力与能力；才能使资源优势与劳动力的低成本优势具有真正的市场竞争意义；才能真正缩小西部地区与东部发达地区在经济发展、社会进步、生活水平等多方面的差距。

研究表明，纯粹的自然资源导向会有害于当地经济的发展。一般而言，矿产资源匮乏的省区更多地依赖于开发利用其丰富的知识资源，同时开放程度高，有利于利用国际资源和国际市场；而矿产资源丰富的省区则依赖于开发利用其丰富的矿产资源，同时开放程度低，利用国际资本和国际贸易的能力差。因而矿产资源匮乏、知识资源丰富的地区多属于高收入组，相反地，矿产资源丰富而知识资源匮乏的省区多属于低中收入组。可见，"富饶的贫困"绝非罕有。在计划经济或资源供给不足的条件下，矿产资源是西部地区的基础，但在市场需求发生剧烈变化时，矿产资源开发又成为包袱。

评价西部地区，许多人看到它的资源优渥，有效地开发西部地区丰富的矿产资源自然是经济发展的应有之义，但仅局限于发挥矿产资源自然是西部地区的矿产以原料方式大量输送到东中部地区，不仅不利于形成西部地区经济社会发展"向上"的有效氛围，而且从国民经济整体利益上说，也成本过高，效率过低。并且，任何一个地区的自然资源总是有限的，应提倡资源导向向市场导向型转变，不是"我有什么就生产什么"，而是"市场需要我生产什么就生产什么"，从而实现资源转换由低级到高级的转变，增强西部地区发展过程中与其他地区的竞争力。

当然，西部大开发战略实施十几年的经验表明，西部地区想升级在经济发展中要想享受到市场经济的好处，必须建立统一、开放、完善的市场体系。首先要培育好市场体系，加快健全生活资料和生产资料的商品市场以及生产要素市场，加快市场软硬环境建设；其次要打破条块分割、封锁垄断的格局，加速融入全国乃至全球的统一开放的大市场。自我封闭的地方保护主义虽然有一些眼前的利益，最终会窒息市场的生机与活力，导致地方经济社会发展的不可持续性，损害地方的长远发展利益。

**四、西部小城镇发展与可持续发展**

1992年6月14日，联合国环境与发展大会通过的里约环境与发展宣言中对可持续发展的定义是："人类应享有以与自然相和谐的方式过健康而富有生产成果的生活的权利"，并"公平地满足今世后代在发展与环境方面的需要，争取发展的权利必须实现"。这也应是当前环境下我们进行西部发展的宗旨。

由于千百年来的无数次战乱、自然灾害以及人为的原因，西部地区自然环境不断恶化，特别是水资源短缺，水土流失严重，荒漠化年复一年地加剧并不断向东推进，生态环境越来越恶劣，1998年长江大洪水就是其恶果之一。西部地区是我国长江、黄河等主要大江大河的发源地，也是我国重要的生态环境屏障和水源保护的特殊地带，这里的生态环境的好坏直接关系到中华民族的生存与发展。因此，西部发展绝不能以资源大开发重点、以环境破坏为代价，而应坚持面向市场的可持续开发方针，必须以可持续发展为前提，坚持经济建设与生态环境建设同步进行，真正践行"绿水青山就是金山银山"的科学论述。[1]

首先，应立足于水资源合理利用。水资源短缺已经成为直接影响西部，主要是西北地区的可持续发展的关键因素，这就需要改变大水漫灌的传统农业用水方式，节约农业用水；确保生态用水不得超采；稳定现有耕地和绿洲面积，学习吸收以色列等国家的节水灌溉农业的经验；适当增加高效益高产出的非农业用水。大力开发西南地区水力资源，继续做好"南水北调"的实施规划。

其次，应以生态建设为中心。建设和保护以绿洲为中心的生态环境建设，实行封山绿化，保护植被，发展植草业；严禁在大江大河源头及上游地区进行商业性森林砍伐，国家专设大江大河源头生态环境保护区并拨专款予以建

---

[1] 绿水青山就是金山银山"在浙江的探索实践"，新华网，[引用时间2015-08-20]

设；实行"一退三还"，以工代赈。

第三，西部地区小城镇及城市的发展要布局合理，避免城镇工业发展对周围生态环境的影响。在确定开发方向和项目时，必须有可靠的保护生态资源和合理开发利用生态资源的措施。即在基本建设中，实行主体工程与环保措施的设计、施工、投产"三同时"；在城市建设中，实行环境建设与城市建设同步规划、发展；在城市发展中，严格控制占用耕地；在建设人工理化系统时，注意人工生态系统的建设，创造清洁、舒适、优美的生活和工作环境。

第四，在西部地区的农村，应根据农牧业的生态经济系统特点和我国地区商品经济发展的客观要求，及时调整产业结构，避免农业开发对生态环境的破坏。

"不谋万世者，不足谋一时，不谋全局者，不足以谋一域"，西部开发要学会算未来可持续发展的大账，西部发展不是不惜代价追求经济快速发展，在总体思路上必须从谋取整个中华民族的利益最大化为最基本出发点，充分认识到西部地区实现绿水青山在某种意义上就是最大、最好、最有效的发展，从而始终坚持贯彻"创新、协调、绿色、开放、共享"的总体布局的战略，实现大开发中经济目标与环境目标的统一。

# 第五章　西部地区经济发展中政策法律参入的意义

21世纪的中国西部发展,已纳入全国区域协调发展的整体战略并全面推进。目的是要改变西部的落后面貌,提高西部人民的收入和生活水平,缩小东西部之间的差距,使中国经济进入一个快速、稳定、协调和可持续发展的新阶段。2000年以来,中国国家经济社会发展战略重心的西移,既有其客观必然性,更有丰富的社会经济、政治内涵。

## 第一节　国民经济的平衡协调与西部经济发展

应该说,西部地区社会经济的发展不单纯是一个简单的地区经济的促进和发展,更主要的是,西部社会经济的发展还关系到整个国民经济的持续、稳定、协调发展。邓小平指出:一个大局,就是东部沿海地区要加快对外开放,使这个拥有两亿人口的广大地带较快地先发展起来。中西部地区要顾全这个大局,就是当发展到一定程度,就要拿出更多的力量来帮助中西部地区加快发展,东部沿海地区也要服从这个大局。我国改革开放近40年的实践证明,对小平的分配理论和区域发展的战略指导思想是完全正确的。

### 一、区域开发与促进全国共同繁荣、共同富裕

邓小平同志在40年前就明确提出了"两个大局"的战略思想。经过40多年的改革和发展,我国社会生产力上了一个大台阶,东部地区已比较发达,"第一个大局"的战略目标已基本实现,全国基本上达到了小康。按照小平

同志的构想，现在是顾全"第二个大局"的时候了。习近平同志在党的十九大报告中明确提出，从 2035 年到本世纪中叶，在基本实现现代化的基础上再奋斗十五年。把国建设成为富强、民主、文明、和谐、美丽的社会主义现代化强国。到那时，全体人民共同富裕基本实现，我国人民将享有幸福安康的生活，中华民族将以更加昂扬的姿态屹立在世界民族之林。

从国际环境看，科学技术的迅猛发展，经济全球化趋势的日益明显，国际市场竞争日趋激烈，影响国家安全的因素增多，防范金融风险的压力增大，在这样的国际政治背景和国际市场不确定因素较多的情况下，只有把经济发展的立足点放在国内，才能取得较大的回旋余地。特别是在我国东部地区发展面临市场、资源、环境、人口等新问题而寻找新的发展空间的时候，在西部地区已具备加快发展的条件时，理性地进行西部发展，对我国实现第三步战略目标具有重大的现实意义。

从国内环境看，西部地区面积占我国国土面积的 2/3，人口占 1/3，土地比较贫瘠，自然条件较为恶劣，经济比较落后，多数农村人口处于温饱和贫困状态。改革开放初期，我国西北各省区人均 GDP 均高于福建，其中青海甚至高于广东；到 2003 年，广东人均 GDP 达到 17841 万元，福建也均超过 1 万元，西北五省区除新疆达到 6435 元外，其他均不到 4500 元；农民人均纯收入东部地区为 3331.08 元，而西部地区只有 1660.2 元，比东部地区低 1669.88 元。① 与改革初期相比，陕西人均 GDP 相对于全国人均水平下降了 16.9%，西北与广东、江苏的人均 GDP 相对差距达 3 倍至 4 倍，各项人均发展指标西部与东部比也呈大幅度下降趋势，东西部差距日益拉大。放眼全国，东南沿海地区充满生机和活力，而西部地区却发展后劲不足，两个地区一热一冷，形成鲜明对照。

显然，没有中国西部地区的大发展，就没有全国的协调发展；即 2019 年东部地区的 GDP 为 511161.43 亿元占全国的 51.59%，西部地区 GDP 总量为 205185.15 亿元占全国 GDP 的 20.71%，从经济总量上看，东部地区已经远远领先于西部。但是，综合数据来看，西部地区经过十几年的开发，且由于我国区域经济的发展从过去的粗犷式阶段进入了细分化阶段，中国整体经济最为发达的东部地区，平均经济增速已回落到与同期全国经济平均增速持

---

① 根据 2004 年《中国统计年鉴》整理。

平的阶段,进一步来看,未来增速进一步回落,长期低位运行将是可以预计的,这符合目前中国东部地区所处的城镇化阶段。没有中国西部地区的现代化,就没有全国的现代化,最终实现共同富裕的目标就会落空,所以促进西部地区的社会经济发展,是实现我国社会经济整体发展的必要条件和基本内容。

**二、东部沿海地区的超常发展与西部发展的时机和条件**

东部沿海地区经过二十多年超常规的发展,经济实力大大增强,人民生活水平显著提高,形成了强大的自我积累、自我发展能力和向外扩张能力。据统计,2003年,东部地区GDP已占全国GDP总量的58.12%,人均GDP达到10351元,折合1294美元,超过全国平均水平799美元的43%,进出口贸易占全国的92.12%。[1] 东南沿海地区的经济已经进入工业化的起飞阶段。在经济起飞的同时,城市化得到迅速发展。现已形成了三个全国性的经济增长中心,即以上海为龙头的长江三角洲经济增长中心,以广州、深圳为两极的珠江三角洲经济增长中心,由天津、大连等城市组成的环渤海经济增长中心。此外,辽东半岛、厦漳泉三角区、京津唐地区等,也都形成了区域性的经济增长中心。在这些经济增长中心中,聚集了全国经济、科技、教育、文化、人才的精华,城市化水平比全国平均高出约10个百分点,是我国经济社会进一步快速发展的动力源泉,也为国家实施京津冀一体化、长江经济带、粤港澳大湾区战略奠定了坚实的基础。与此同时,在这一地区,社会主义市场经济体制已基本建立,作为市场基础的所有制结构已经实现了多元化,形成了以混合所有制为主体的微观经济基础;企业的市场主体地位已经确立;以价格市场化为特征的市场机制已经形成;商品和要素市场,包括资本市场、劳动力市场、土地使用权市场等市场体系已基本建立起来;中介机构十分活跃;市场秩序逐步走向规范;分配制度中按要素分配、职工持股、经营者持股激励等正在推进;社会保障制度的实施走在全国前列;政府职能转换较快,经济调控加强,行政调控减弱;在对外经济交往方面基本上能与国际市场规则接轨。

总体上看,国民经济已开始在市场经济轨道上运行。特别要指出的是,

---

[1] 根据2004年《中国统计年鉴》整理。

在我国的资本构成中，除已形成的国有资本、民间资本、港澳台资本、外国资本外，又聚集起一种新兴的资本即东部资本。现在东部资本正以强劲的势头向中西部进军，为我国西部地区经济发展提供了历史机遇和条件。

1. 东西部差距过度拉大与推动西部发展

东部快速发展，西部发展缓慢，使东西部差距越拉越大，成为我国经济发展面临的最大挑战。东西部差距的拉大，主要表现在：

（1）西部人均GDP处于增长趋势，但远不及东部和中部

十八大以来，我国经济发展取得了巨大成就，区域发展格局的进一步完善更是将东中西地区互联互通起来，东、中西地区经济水平有了显著提高。文中选取了2013—2018年的人均GDP来进行比较。从数据来看，东部地与中部地区和西部地区的人均GDP的差距在不断扩大。东部地区和中部地区的差距在700~1000元的差距在逐年拉开，而东部地区和西部地区的差距也基本上保持在这个区间内，甚至有扩大的趋势。从经济增长的GDP总量和发展的历程来看东中西都在发展，但显然东部地区发展速度高于中部和西部。从相对差距来看，东部和中西部在不断缩小，近两年虽然差距不断放缓，但是总体上还是呈现出缩小趋势。而中部地区的趋势要慢于西部，这说明国家不断强化对西部地区开发建设，西部地区的增长速度是要高于中部地区的（如表5-1所示）。

表5-1 2013—2018年东中西部人均GDP差距比较[①]

| | 绝对差距（元） | | | | | |
|---|---|---|---|---|---|---|
| | 2013 | 2014 | 2015 | 2016 | 2017 | 2018 |
| 东/中 | 8394 | 9086 | 9781 | 10649 | 11580 | 12500 |
| 东/西 | 9739 | 10578 | 11355 | 12248 | 13284 | 14362 |
| 东/中西 | −5525 | −6290 | −7087 | −7758 | −8550 | −9436 |
| | 相对差距（倍） | | | | | |
| 东/中 | 1.55 | 1.54 | 1.53 | 1.53 | 1.53 | 1.53 |
| 东/西 | 1.7 | 1.69 | 1.67 | 1.66 | 1.66 | 1.65 |
| 东/中西 | 0.82 | 0.8 | 0.8 | 0.8 | 0.8 | 0.79 |

---

① 根据2019年等相关年份《中国统计年鉴》的数据整理。

(2) 固定资产投资总量较小，难以带动经济高速增长

从目前来看，在国家政策支持下，我国西部投资正在稳步增长，速度和总量均呈较快增长，但不应忽视的是目前西部和中部投资总量相差仍较大。尽管在增速上1998—2017年期间一直处于上升趋势，但比重和中部投资总量相差仍较大。1998年是西部投资增速和比重占全国比重较高的一年，但西部投资总量仍只相当于东部的24.3%，相当于中部的37.4%，我国强调加强地区发展协调已有好几年时间，西部投资虽有所增加，但幅度较小，西部投资占全国比重即在高的1998年也只有14.5%，[①]且在有的年份，由于经济发展的其他需要而忽略了西部投资的增加，西部投资增长处于时起时落的状态。

(3) 工业发展滞后制约经济发展

西部工业经济最显著的特征就是国有工业比重大，其他所有制工业经济力量十分薄弱。截至2003年9月，国有及国有控股工业企业在全部工业中所占份额，东部地区是28%，西部地区则达到61%，西部比重大但整体运营效率却十分低下。据统计，9月份全国国有企业亏损面达50%，其中西部地区亏损最高，为58%，东部为45%，西部亏损面比东部高13个百分点，重庆、四川、云南、青海、新疆亏损在分别为67%、58%、65%、61%和59.5%，大大高于全国平均水平；在全国31个省区市中，国有控股工业企业盈亏相抵后净亏损的地区有15个，西部所占数额多达7个，[②]这势必会影响整个西部地区工业经济的增长。

(4) 城乡居民收入增长缓慢，消费需求不旺盛

从城市居民人均可支配收入来看，1992—1995年，东部年均增长30%，中部年均增长27.8%，西部年均增长25.1%，20世纪90年代前半期西部居民收入增长分别比东部低5个和2.7个百分点。1995年、1999年和2000年，西部居民人均可支配收入分别增长20.8%、12.5%和6.9%，东部分别增长23.2%、13.3%和7.4%。[③]东部城市居民人均可支配收入增长均高于西部地区。

西部地区农牧民人均纯收入增长也较慢。1996—2003年末，东中西部农民人均纯收入平均增长分别为18.2%、19.3%和18%。1999年和2000年，

---

① 高伯文：《论现代化进程中的东西互动》，载《东南学术》2003年第4期，第99页。
② 2004年《中国统计年鉴》，第39页。
③ 2004年《中国统计年鉴》，第66页。

西部农民的纯收入分别增长 22.5% 和 22.1% 而东部分别增长 28.7% 和 26.4% 东部比西部分别高 6.2 和 4.3 个百分点。① 西部地区市场开发潜力较大，无论城市居民还是农民对工业消费品购买欲望是很强烈的，但由于收入水平较低，限制其潜在需求转化为现实消费。要盘活全国经济，迅速发展西部经济必须实实在在地开拓西部消费市场，而促进消费市场繁荣的重要前提条件是居民收入幅度增加；没有收入增长，扩大消费就难以实现。因此，要开发西部，国家必须千方百计增加西部城市居民收入水平。

总之，由于东西部差距的过度拉大，社会已难以承受其带来的巨大压力，西部人民迫切要求改变这种局面，中央政府面临严峻的挑战。出于现实和长远的考虑，党中央审时度势，决定把"两个大局"中开发西部这个大局的战略放在新世纪开始之际实施，并提出东中西区域协同发展的战略。中央做出这一决策是完全正确的，顺应了"时代的呼唤"。

2. 实施西部地区大开发，是扩大内需促进经济增长的必然要求

过去一段时间以来，国家采取增发国债、扩大信贷规模、增加工资、降低利率等一系列积极的财政货币政策，但政策效应在地区之间很不平衡，在西部地区没有得到充分发挥。这主要是因为，西部地区居民收入增长缓慢、市场需求不旺，对扩大内需贡献不大；西部地区基础设施比较落后，资金短缺，有限的政府投资分布于辽阔的西部地区，使投资拉动乏力；西部地区的吸收外资和外经贸工作处于较低水平，出口拉动不足。因此，实施西部发展，促进中西部地区的消费、投资和出口，对扩大内需促进国民经济增长和循环具有重要作用。

实施西部地区大开发，是保持全国稳定、团结和边疆安全的客观需要。西部地区为少数民族聚居区，促进西部地区经济发展，直接关系到民族团结和社会稳定。西部地区与周边十多个国家接壤，边境线长，实施西部地区大开发，对加强边疆建设、巩固国防具有重要意义。多年来，国内外敌对势力一直企图利用西部少数民族和宗教问题对我国搞颠覆和分裂活动。从维护国家整体安全、民族地区政治社会稳定和边疆安宁的需要出发，必须加快西部发展；经济发展了，社会进步了，各民族共同富裕了，才能为挫败国内外敌

---

① 2004 年《中国统计年鉴》，第 71 页。

对势力的阴谋、实现民族团结和巩固边疆，奠定坚实的思想和物质基础，为全国现代化建设提供稳定的政治和社会环境。

实施西部发展战略，不单是解决落后地区加快发展的问题，又是解决西部地区生态环境和劳动力质量问题，也是解决西部贫困的问题，而且还是建设现代化中国的问题，是实现共同富裕的社会主义本质要求的问题，更是实现整个中华民族伟大复兴的问题。加快西部大开发是中央政府和全国人民的重大事情，是党和国家的重大战略决策，是完全符合时代发展要求的。

## 第二节 西部经济发展中的主要政策法律问题

加快西部地区开发和发展，缩小与东部地区的发展差距，需要弄清楚西部地区经济发展的根本制约。具体来讲，影响西部地区的经济发展的制约因素很多，除自然条件和历史原因外，现实的法律政策问题主要有以下几个方面：

### 一、结构问题

西部地区社会经济发展的落后，这是不争的事实，其中有长期历史原因，有区位因素与政策效应等客观原因，但更深层次的原因是长期以来的法律政策等因素造成的落后、低效、计划色彩浓厚的经济结构，再加上改革开放之初国家实行的"梯度"开发战略，导致西部地区在市场经济中转换难、适应慢、效益低、竞争力弱，落后与差距也就在所难免。

1. 经济布局计划色彩浓厚，在市场经济中机制转换难度大，适应能力差，竞争能力弱。应该说，西部地区的畸形经济结构由来已久，中华人民共和国成立之初主要表现为以农牧业为主的农垦经济，为了改变西部地区这种单一的经济结构，1953—1978年，国家实施以建设内地为主的平衡战略，以计划方式实施工业经济向内陆的"嵌入"式发展。① "一五""二五"和"三线"建设时期，国家为中西部经济的发展做了巨大努力。但是，在计划经济时期，特别是"三线"建设时期的战略思想，许多企业同当地的经济关联度极低，

---

① 左尚志：《抓住机遇实施西部大开发战略》，载《社科纵横》2000年第3期，第6页。

完全着眼于战略和计划经济，造成了以重工业和矿产资源的简单开发为特征的、各种经济成分互不关联的新型的畸形经济结构。改革开放以来，随着经济形势的变化，东部沿海地区新建设了许多机制灵活、产品适销对路的新项目，而中西部地区许多企业由于观念陈旧，历史包袱沉重，机制僵化，产品老化，经济结构单一，在市场竞争中显得不知所措。

2. 产业层次低，比较效益差

产业结构的差异以及由产业结构的差异所导致的竞争能力差别、经济效益差别，是造成中西部与东部地区经济发展差距的根本原因。从三大产业的结构来看，西部地区第一产业占GDP的比重均高于全国平均水平和东部地区，而第二产业和第三产业占GDP的比重均低于全国平均水平，与全国及东部地区存在较大差距。

3. 工业结构失衡，产品层次低

西部地区重工业比重高于全国平均水平，主要是采掘工业和原料工业等资源型工业所占比重较高。2019年西部城市居民人均可支配收入约为35742.92元，东部城市居民人均可支配收入约为50220元。2019年西部农村居民人均可支配收入约为12817.08元。采掘工业和原料工业所占比重分别为10%和27%，分别比全国平均水平高出3.6、3.5个百分点。中西部地区的重型工业结构，决定了其主要产业产品大多数属于基础性的上游产品，而且主要是服务于全国其他产业生产的需要，很难通过传媒进行广泛宣传，产品在用户和消费者中的认知程度较低；而东部地区加工程度较高，满足市场最终需求的轻工业较高。长期以来，中西部地区的能源、原材料产品低价卖出，而所需的工业加工产品，特别是大多数日用消费品与耐用消费品又从东部沿海地区高价买入，中西部地区长期处于"调出调入"不等价交换的境地，造成效益通过输入输出结构而大量流失。中西部地区的这种高投入低产出的被动地位，严重制约了经济发展和人民生活水平的提高，是中西部地区长期以来"资源优势、效益劣势"的根源所在。

4. 非国有经济发展滞后，国有经济步履艰难

改革开放以来，我国经济发展机制的重要变化就是非国有经济的迅速成长壮大，并以其特有的活力与生机成为经济发展的新增长空间。由于东部地区改革力度较大，所有制结构迅速实现了多元化，个体企业、私营企业、中

外合资企业、股份制企业等非国有经济发展很快,经济活力大为增强,经济规模迅速扩张;而西部地区由于观念守旧,改革进程相对滞后,非国有经济发展较慢,经济活力相对不足,形成了与东部地区在所有制结构方面的重大差距,严重影响了经济的快速发展。

5. 经济要素关联度低,比较优势或效益难以发挥

国民经济持续、健康的发展,要求科学合理的经济要素构成,从而最大限度地发挥各经济要素的作用。从我国西部与东部相比来看,西部地区经济要素关联度低,二元结构特征比较突出,新旧经济要素"两张皮"现象比较普遍。一方面,工农业经济长期处于两条轨道各自运行,特别是以采掘业、原材料初加工工业为主的工业结构与农业关联度低,市场没有充分启动运行起来,农产品卖难问题日益突出,从而限制了整个经济的发展;另一方面,西部地区过分依赖大中企业,而大中企业多是中央直属的军工、能源、原材料企业,其产业链条主要在全国和东部,与地方小企业联系小,对地方经济的辐射和带动能力较弱。第三,大城市高科技产业和偏远山区"刀耕火种"并存;科研机构科研人才过剩和地方企业专业技术人员不足并存。这种二元结构反映了在新旧体制双轨运行的情况下,中央纵向控制部分和地方横向控制部分并未有机融合于市场经济体系之中。西部地区这种不合理的经济结构,严重制约着地区经济的发展。

## 二、资本形成和资金供给问题

资本形成即资金转化为投资的过程。经济学家把欠发达国家欠发达的原因归结为资本形成不足。我国西部地区也存在着同样的问题,其原因主要有以下几个方面:

1. 西部地区经济运行效率低

国有工业曾是我国经济发展的主力,但是由于国有工业经营机制转变滞后、技术设备老化、冗员多、社会负担重,企业发展日趋困难,成为各种所有制中的亏损大户。西部工业经济最显著的特征就是国有工业比重大,其他所有制工业经济力量十分薄弱,国有经济的滞后发展制约了整个工业经济的发展。表5-2给出了西部地区独立核算工业企业的主要经济指标,从不同角度反映了西部地区工业经济运行情况。

表 5-2　西部地区经济运行效率分析

| 地区 指标 | 工业增加值率（%） | 百元固定资产原值实现利税 | 资金利税率（%） | 产值利税率 | 百元销售收入实现利润（元） | 工业成本费用利润率（%） | 全员劳动生产率（%） |
|---|---|---|---|---|---|---|---|
| 新疆 | 41.68 | 4.76 | 4.47 | 8.31 | −0.37 | −0.45 | 1.36 |
| 西藏 | 80.73 | 9.22 | 7.81 | 27.98 | 22.54 | 37.94 | 0.55 |
| 四川 | 31.09 | 7.52 | 5.72 | 8.62 | 1.79 | 2.17 | 1.87 |
| 青海 | 31.15 | 0.23 | 0.21 | 0.59 | −7.13 | −8.49 | 0.80 |
| 贵州 | 35.55 | 9.64 | 6.9 | 11.85 | 0.17 | 0.21 | 0.38 |
| 甘肃 | 32.16 | 4.43 | 3.72 | 6.27 | −0.57 | −0.67 | 0.41 |
| 陕西 | 31.65 | 4.97 | 3.63 | 5.87 | −0.96 | −1.15 | 0.91 |
| 宁夏 | 31.84 | 5.19 | 4.26 | 7.56 | 0.64 | 0.77 | 0.78 |
| 云南 | 48.91 | 31.35 | 22.77 | 32.44 | 8.71 | 13.57 | 0.68 |
| 重庆 | 27.62 | 5.1 | 3.46 | 5.36 | −1.75 | −2.1 | 0.76 |
| 平均 | 39.24 | 8.24 | 6.29 | 11.49 | 2.31 | 4.18 | 0.85 |

从固定资产的利用效率来看，每 100 元固定资产投资于西部地区，实现年利税平均只有 8.24 元，云南最高为 31.35 元，青海最低只有 0.23 元；从资金利税率来看，西部地区平均为 6.29%，除青海特低为 0.21%，云南因烟草支撑而特高为 22.77% 外，其他 8 个省区分别在 3.46%（重庆）到 7.81%（西藏）；从百元销售收入实现利润来看，西部地区除四川（1.87%）较高外，其他省区均分别在 0.38%（贵州）到 1.36%（新疆）。[①] 以上分析说明，西部地区经济运行质量方面的差距非常显著。

虽然 2000 年以来，由于国家采取多项政策措施，国有企业扭亏增盈收效很大，但到 2002 年 9 月，国有企业亏损面仍达 50%，其中西部地区亏损面最高为 58%，中部为 50%，东部为 45%，西部亏损面比东部高 13 个百分点，西部的重庆、四川、云南、青海、新疆亏损面分别为 67%、58%、65%、61% 和 59%，大大高于全国平均水平。

2. 西部地区国民收入和积累能力差

经济运行低效率，表现为国民收入和资本形成能力差，这主要体现在西部地区 GDP 占全国 GDP 比重小，人均资本形成额低，且资本形成额远低于

---

① 根据 2018 年《中国统计年鉴》的数据计算整理。

东部地区。根据表 5-3，2008 年至 2017 年，西部地区资本形成率逐年提高，从 2008 年的 57.7% 逐步提高到 2017 年度的 65.9%，年均资本形成率超过 60%，2017 年资本形成总额达到 11.1 万亿元。① 虽从时间序列上看，西部地区的资本形成情况向好发展，但从图 5.1 可看出，2008 年至 2017 年，西部地区的资本形成总额仅为东部地区的一半，且差距有逐年扩大的趋势。投资方面的差距为东部与西部之间最主要的差距。积累是扩大再生产的源泉，资本形成的规模在很大程度上取决于积累率的高低。在 2008—2017 年东部与西部地区之间差距的扩大过程中，主要的影响因素既有消费比重扩大的原因，也有投资份额增加的原因，还有出口方面的原因。

表 5-3 列出了西部地区从 2008 年到 2017 年人均支出法生产总值、人均资本形成额、最终消费和人均消费额以及人均消费率的情况，从中我们可以看出西部地区十多年来自我发展的情况。

表 5-3 2008—2017 年西部地区国民收入和资本形成能力②

| 年份 | 支出法生产总值（亿元） | 人均支出法生产总值（元） | 资本形成 | | | 消费 | | |
|---|---|---|---|---|---|---|---|---|
| | | | 资本形成总额（亿元） | 人均资本形成额（元） | 资本形成率（%） | 最终消费（亿元） | 人均消费额（元） | 最终消费率（%） |
| 2008 | 60448 | 16680 | 34875 | 9623 | 57.7 | 31288 | 8633 | 51.8 |
| 2009 | 66974 | 18407 | 43088 | 11842 | 64.3 | 35000 | 9619 | 52.3 |
| 2010 | 81409 | 22570 | 54670 | 15157 | 67.2 | 41083 | 11390 | 50.5 |
| 2011 | 100235 | 27575 | 67463 | 18559 | 67.3 | 49219 | 13540 | 49.1 |
| 2012 | 113905 | 31146 | 79609 | 21768 | 69.9 | 56951 | 15573 | 50.0 |
| 2013 | 126130 | 34313 | 89313 | 24297 | 70.8 | 63723 | 17335 | 50.5 |
| 2014 | 138099 | 37331 | 96095 | 25976 | 69.6 | 70231 | 18985 | 50.9 |
| 2015 | 145019 | 38949 | 101593 | 27286 | 70.1 | 76662 | 20590 | 52.9 |
| 2016 | 156828 | 41790 | 107806 | 28727 | 68.7 | 84053 | 22397 | 53.6 |
| 2017 | 168562 | 44575 | 111060 | 29369 | 65.9 | 92707 | 24516 | 55.0 |
| 平均 | — | — | — | — | 67.1 | — | — | 51.6 |
| 累计 | 1157608 | 313336 | 785571 | 212605 | — | 600917 | 162579 | — |

---

① 根据 2018 年《中国统计年鉴》的数据计算整理。
② 根据国家统计局分省年度数据计算得出。

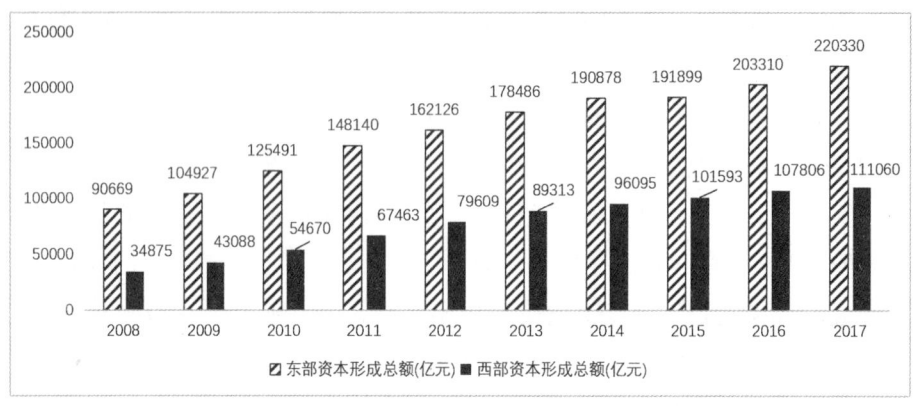

图 5-1　2008—2017 年东、西部地区资本形成能力对比

储蓄是资本形成的基础，而一个地区储蓄水平决定于该地区的经济发展水平和居民的边际储蓄倾向。一般而言，居民的边际储蓄倾向随收入水平的提高而上升，所以地区经济越发达，储蓄水平就越高，货币资本的积累也越多。2017 年底，全国城乡居民储蓄存款年底余额达到 485261 亿元，全国城乡居民的储蓄为金融体系提供了较多流动资金。从东部和西部地区对比可以看出，储蓄资金的分布与经济发展水平是基本一致的。如表 5-4 所示，2006—2014 年东部地区的储蓄资金余额占全国的 58% 左右，并且比重不断轻微下降，而西部地区的比重还不到 20，但比重在不断上升。西部地区较低的储蓄水平导致其自我积累能力的低下，从而严重影响了西部地区经济的发展，但近几年随着西部储蓄余额占全国比重的上升，存在向好趋势。

表 5-4　2006—2014 年城乡居民储蓄存款年底余额（亿元）[①]

|  | 2006 | 2007 | 2008 | 2009 | 2010 | 2011 | 2012 | 2013 | 2014 |
|---|---|---|---|---|---|---|---|---|---|
| 全国 | 161587 | 172534 | 217885 | 260772 | 303303 | 343636 | 399551 | 447602 | 485261 |
| 东部 | 95828 | 101410 | 129003 | 153617 | 177262 | 198635 | 227679 | 250949 | 268306 |
| 西部 | 30707 | 28462 | 38789 | 47156 | 56351 | 66344 | 79309 | 91582 | 100990 |
| 东部占比（%） | 59.3 | 58.8 | 59.2 | 58.9 | 58.4 | 57.8 | 57.0 | 56.1 | 55.3 |
| 西部占比（%） | 19.0 | 16.5 | 17.8 | 18.1 | 18.6 | 19.3 | 19.8 | 20.5 | 20.8 |

① 根据 2015 年《中国统计年鉴》的数据计算整理。

## 3. 西部地区国民货物和服务提供能力差

从图 5-2 东、西部地区货物和服务净流出对比可看出，2008—2017 年，西部地区的货物和服务净流出均为负，意味着西部地区的货物和服务以流入为主，流出不足，是属于生产额少而使用额多的地区，创造的对应增加值少，对经济拉动作用低甚至为负拉动。东部地区货物和服务净流出均为正，意味着东部地区的货物和服务以流出为主，属于生产额多而使用额少的省份。

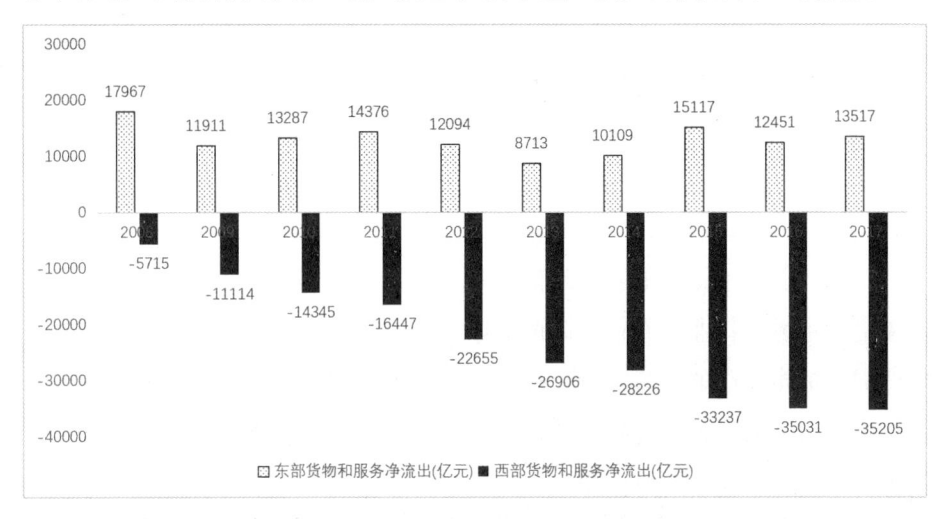

图 5-2　2008—2017 年东、西部地区货物和服务净流出对比 ①

## 4. 西部地区吸引外资能力差

随着我国对外开放的全国推进，外资逐渐成为一个区域资本形成的重要资金来源，此外，外资的进入还带来了先进的技术和管理经验，并对引资地区产生强烈的示范效应，已成为引资地区经济发展的一个重要推动力。我国西部地区在利用外资方面也取得了一定成绩，吸收外资的规模不断扩大，水平逐步提高，但与经济较发达的东部沿海地区相比，西部地区利用外资的数量少，水平低。1979—2003 年，我国实际利用外资累计为 6795.58 亿美元，东部比重在 72% 左右，西部则刚好相反，约为倒三七开。②

2003 年我国全社会固定资产投资 55566.61 亿元，外商投资 4908.73 亿

---

① 根据 2018 年《中国统计年鉴》的数据计算整理。
② 2004 年《中国统计年鉴》，第 189 页。

元，占 8.82%。东部诸省在国有投资远高于西部的同时，外商投资比例也大大高于全国平均水平。东部外商经济的投资占本地区总投资 38652.16 亿元的 13.77%，而中西部外商经济投资仅占全区全部投资 14914.45 亿元的 5.24%，东部高出西部 8.5 个百分点。东部除河北和浙江比重稍低外，其余均在 10% 以上，北京为 12%，天津为 12%，辽宁为 13%，广东、福建、海南更分别高达 26.10%、20.81%、18.71%；而西部多在 5% 以下，四川 5.18%，贵州 2.16%，云南 4.67%，陕西 2.58%，甘肃 5.22%，青海 0.54%，宁夏 3.07%，新疆 2.44%。[1]

5. 西部地区资金流失问题严重

在传统的计划经济体制下，资金、技术、劳动力等生产要素不可以自由流动，区域发展是在行政封闭条件下由国家计划统一安排，国家对西部地区直接采用"人工降雨"式的投资是不存在资金流失问题的。

市场化改革推动了要素市场的建立，而要素市场的建立和完善打破了要素流动的地域、行业和企业之间的界限，使各种生产要素能够遵循市场经济规律向着加报率高的地方流动。在东部地区资金收益率普遍高于西部地区的背景下，西部的资金通过各种或明或暗的途径向东部流动成了基本趋势，主要可分为两种大的流失形式。

一是西部相当一部分资金通过银行存贷差、横向投资和股票交易等形式流向东部，特别是经济特区和沿海对外开放的港口城市。有关调查显示，仅 1992 年西部地区银行就有大约 20%~50% 的资金贷到或拆借到广东、海南、山东等地。西部地区的政府和企业到经济特区开设"窗口"，一方面有利于西部地区扩大对外贸易、收集国际经济信息、锻炼人才、改变观念等，另一方面也带去了大量资金。据不完全统计，从 1988 年至 1999 年，西部地区就有 1100 多个企业和科研单位去沿海开办了 1400 多个窗口企业，集中在深圳、珠海、汕头、厦门和海南经济特区有 1100 多个，在广州、福州、上海、天津、佛山、宁波、烟台等开放城市有 300 多个。[2]

二是西部地区在商品价格上存在着资金向东的隐性流失。由于中国东西部在产业上具有典型的"资源—加工"型垂直分工特征，因而西部在向东部

---

[1] 2004 年《中国统计年鉴》，第 189 页。
[2] 左尚志：《抓住机遇实施西部大开发战略》，载《社科纵横》2000 年第 3 期，第 5 页。

输出初级产品的过程中,每年都有大量价值因较低的价格而转移到东部,据西南一些省份估算,年流失金额达数十亿元;而东部高价返回的加工制成品,又把一部分西部创造的价值带回到东部。有材料显示,仅通过计划内的资源调拨,西部地区所损失的经济剩余便足以抵消国家对西部地区的财政补贴。在这种价格体系和分工格局下,西部地区资源开发越多越快,使西部流失的资金通过资本市场,更多地在东部地区聚集,加大了西部地区的"资本缺口"。沪深两个股票市场,每年都从证券交易税中获取巨额收入,其中有不少是来自西部的贡献,而在西部地区设立的证券经营机构,往往成为东部从西部抽取资金的潜水泵。大量资金外流使原来资金就短缺的西部地区发展更加困难。

资本追逐利润、资金向高效益地区流动是资金运行的一般规律,任何的限制将影响资金价值的实现。资本自由流动是市场经济的根本特征。因此,资金由西部向东部的转移很难从根本上抵制,政府虽然可以制定某种规则限制资金的地区转移,但这既与市场经济体制相悖,又不可能取得发的效果。随着市场体制的完善,东西合作的加强,资金流动的途径增多,资金转移的手段也会加强,人为的控制和规则的限制不可能取得成效。西部地区资金流失就像长江黄河一样滚滚东去,这一矛盾和问题对西部地区的开发形成严峻挑战。

综上所述,无论是自身资本积累和资本生成,还是吸引利用外部资本,西部地区较东部地区都处于明显劣势,西部地区资本形成能力严重不足,从而使西部地区实际投资与东部地区相比存在明显差异并呈现扩大化态势。可以说,这是西部经济落后的最直接原因所在。更为重要的是,东西地区资本形成能力的差异,在推进西部经济陷入低水平恶性循环的怪圈,即,一方面,东部地区社会资金流量大,资本形成能力强,在巨额资金支撑下,经济得到迅速发展,经济环境不断改善,而这又为聚集更多资金创造了良好条件,从而使经济进入良性循环;另一方面,与西部地区低资本形成相伴的低投资水平,导致西部经济发展速度明显偏慢,产出水平相对衰减,资本形成更加不足,从而陷于低水平恶性循环。因此,要加快西部地区的发展,关键在于采取有效措施,改变经济与资本形成的这种恶性循环,使经济迈入良性循环。

### 三、基础设施问题

纵观任何一个经济发展较快的地区,都可以得出一个结论:交通的发展是经济发展的基础和前提。没有交通通信的发展，就不会有经济的发展。东部沿海地区城市化水平高，全国近 80% 的城市集中在东部，交通发达便利，使东部沿海地区在获取市场信息、开展城乡协作、进行要素与产品交流等方面都具备良好的作用。

虽然 1996 年以来国家加大了对中西部地区的支持力度，优先安排了一些基础设施和资源开发项目，特别是 2000 年前后在长期国债项目资金和借用国外优惠贷款的安排上，都向西部地区作了倾斜，国有单位固定资产投资增幅明显快于东部和全国平均水平，但与西部经济社会发展的需要以及东部沿海地区相比，仍有很大差距，仍然是制约西部地区发展的重要因素。虽然青藏铁路和兰新高铁全面建成，但目前西部地区铁路网总体单薄，全国未通公路的乡镇大部分集中在西部。电力结构不合理，城乡电网建设严重滞后，一些乡村还没有通电。通信设施落后，电话普及率低于全国平均水平，全国未通电话的一些行政村大多在西部地区，许多农民还听不到广播，看不到电视。水资源分布极不均衡，水利设施不足，特别是西北地区缺水严重。

中央提出，要把加快基础设施建设作为西部发展的基础，这一决策是非常正确的。我们要认真贯彻，要从战略眼光出发，下更大的决心，以更大的投入，先行建设，适当超前，但要看到这是一项长期艰巨的任务，需要几代人的共同努力。我们既要有紧迫感，更要有长期奋斗的准备。

### 四、区位劣势问题

与东部沿海地区相比，西部地区具有明显的区位劣势。中国的地形特征是西高东低，呈现梯级分布。东部地区以冲积平原为主，地势平坦，降水充沛，土壤肥沃，水热条件配合充分，发展农业条件好，并靠近海洋，容易发展交通；而西部地区多为山地、丘陵和戈壁沙漠，非耕地资源约占土地总面积的 98%，且西北地区干旱少雨、沙化、碱化严重，生态环境恶劣；西南地区大多为石山、高山峡谷地带，水土地资源匹配欠佳，生产方式落后，交通不易发展。东部地区人口密度高，社会需求市场空间大；西部地区地广人稀，从而需求市场空间小。受此影响，东部地区投资的成本相对较低，收益率相对较高西部地区投资的成本相对较高，收益率相对较低。在市场经济条件下，独立投资主体的投资的区位选择上必然优先选择东部沿海地区，而不选择西部内陆地区。东部沿海地区则凭借其独特的区位优势，吸收境内外资金到东部地区投资，大力发展加工贸易和出口产品生产，抓住了发展机遇。而这种优势和潜能是中西部地区所不具备的，这就更加大了西部地区经济发展的难度。

**五、相对政策劣势问题**

为了加快东部地区的发展，从 20 世纪 80 年代初期，中央政府先后决定在东部沿海地区创办经济特区，经济特区的本质内容就是给以种种特殊的优惠政策，这一种特殊的优惠政策对特区乃至整个沿海地区经济的发展起到了至关重要的作用，内陆地区或城市则没有享受到这些优惠政策，因而造成了东西部之间政策优惠上的差异。与东部地区相比，西部地区在政策上明显处于劣势，从而导致东西部地区在对外开放区数量、面积方面的差距以及对外经济自主权限方面、经济外向度方面和招商引资等方面的差距。这种政策上的相对劣势，进一步加剧了西部的区位劣势，强化了东部地区对西部地区的资源、人才等方面的虹吸效益，弱化了西部地区在自然资源禀赋上的相对优势。

**六、人才外流问题**

目前我国人才流动中出现的所谓"孔雀东南飞""一江春水向东流"的现象，这是有目共睹的事实。据保守计，甘肃兰州每年流失的人才就达 1000 人左右。截至 2017 年，仅兰州大学流出的人才就可以重新再建两所兰州大学，用西北师范大学王利民校长的话说，"兰州大学流失的人才都能再建一所 985 大学了"。计划经济时代，由于国家政策的向西倾斜，西部高校的老师收入平均要比东部高出三分之一，所以，尽管西部高校地区环境条件稍微差一些，但是很少有教授离开。直到 1986 年，国家取消了这项政策，西部高校的人才开始大面积流失，其中又以兰大最为突出。仅中科院院士和工程院院士就被挖走 5 位，长江学者等称号的优秀教师流失 30 人以上，这只是西部高校的一个缩影，西部地区的重点高校的压力十分大。[①] 再加上西部地区的教育

---

① 杨操：《对甘肃民族地区全面建设小康社会的几点思考》，载《甘肃民族研究》2003 年第 4 期，第 37 页。

程度普遍较低，形成创新"瓶颈"。教育作为形成人力资本的重要内容，历来是传播、发散、创造知识的基础。无论从所拥有的人力资源的数量和质量，还是从教育系统的基础设施状况看，西部地区的教育程度都很低，其既有人力资源素质已有难适应地区经济发展的要求。

## 第三节　西部地区发展的关键和力量源泉

### 一、西部地区社会发展的前提是更新观念

改革开放以来，我国沿海地区凭借自身较好的经济基础、优越的地理位置和一些特殊政策措施，经济和社会发展突飞猛进。当前，随着新一轮产业结构的调整、国家统一税制的形成、WTO 的加入以及国家直接配置资源能力的下降，今后中央已不可能再像 20 世纪 80 年代支持沿海地区发展那样来支持西部地区的发展。因此，加快西部地区大开发，促进其工业化进程，需要有新的思路，要解放思想、转变观念，这是加快西部经济发展的重要前提。

经济上的差距，首先是观念更新、思想解放的差距。西部经济发展最大障碍是传统观念中的落后成分。总的来讲，中西部地区，尤其是西部地区民众群体观念相对保守，小农经济思想严重，改革意识、开放意识、市场意识、竞争意识、风险意识比较淡薄。经济落后并不可怕，最可怕的是观念的落后。总之，西部发展不是小打小闹，而是在过去发展的基础上周密规划和精心组织，迈开更大的开发步伐，形成全国推进的新局面。[①] 这是一个大战略，大思路，要求西部地区在经济开发中必须解放思想、转变观念，树立创新意识，克服"等、靠、要"的思想，积极主动做好各项工作，为西部发展的顺利进行打好基础。

首先，要从思想上认清形势，正视差距，破除对旧体制的依赖，跳出自身的狭小空间，清醒认识并把握区域经济发展的客观规律，寻找机遇，加快发展。要强化市场意识、竞争意识和发展意识，打开调整和战略性改组的新思路，用发展的眼光增加、发展新的经济增长点。选择能带动产业升级的战

---

① 左尚志：《抓住机遇实施西部大开发战略》，载《社科纵横》2000 年第 3 期，第 5 页。

略产业和龙头企业作为主要的扶持对象，打破部门分隔、行业垄断和地区封锁的旧观念旧行为，主动协调配合形成合力，真正搞好对内对外两个开放，把中央的政策用足用活，树立刻苦学习、择优创新、竞争拼搏、争时抢速、协作发展的新观念。

其次，要树立正确的人才观念，应看到人才是西部快速发展的制约点，中央和地方都应加大教育、科技投入，加快教、科、产、管、研等体系的一体化建设，增加适应型、竞争创新型人才的培养，应打破常规，深化改革，构建竞争性人才的培养、任用、考核、激励和管理机制，努力营造招才、揽才、爱才、识才、用才、护才、聚才的新环境。

第三，要从中西部的实际情况出发，实事求是，避免急躁情绪，切忌脱离实际，盲目求快、求大，以致欲速不达，挫伤广大干部和群众的积极性。

## 二、非公有制经济是西部地区经济发展的根本力量

在新的宏观经济环境下实施西部发展战略，必须改变以国家为单一开发主体的体制，要有新体制、新办法、新机制。从我国前几次对西部开放的情况看，基本上是以国家为单一开发主体，主要通过国家投资新办工业和建设基础设施开发西部，这种开发体制对于基础差底子薄的西部地区是必要的，今后的开发也需要国家继续给予支持。但是，应该看到，随着经济体制改革的不断深化，我国经济发展的格局发生了根本性的变化，产权明晰、机制灵活、市场适应性强的非国有经济异军突起，成为促进经济发展的一个新的增长点；而中西部地区由于观念守旧，动作迟缓，非国有经济发展明显滞后，成为制约经济发展的重要因素。因此，西部地区如果仅有政府单一投资主体的积极性，而缺乏非国有制经济主体的参与，西部发展的局面就难以持续。从我国沿海地区经济迅速发展的经验来看，要发展得快一些，必须要有广泛的经济主体参与。

西部发展要适应社会主义市场经济体制的要求，充分发挥市场机制和企业主体的作用，改变以往由政府单一投入的做法。政府主要是搞好统筹规划，制定政策，在财力稳定增长的前提下，建设一批对开发西部有关键性意义的工程。开发西部地区，更主要的是通过制定符合西部地区特点的政策，充分调动西部地区各类经济主体投资开发的积极性，采取多种形式动员和筹措社

会资金，逐步形成新的地区开发体制。当前，应注重做好以下几点：

一是要为非公有制经济发展创造良好的环境。降低企业注册门槛，简化企业注册手续，降低社会投资者的投资成本，使投资主体由国家转换为社会各个阶层。放开经营范围，鼓励租赁、承包、购买土地使用权，投资兴办民营经济小区、工业小区，从事区域性开发。强化监督、维护公平竞争，保护个体、私营经济的合法权益；切实贯彻中央政策和《中共中央、国务院关于企业改革发展的意见》中规定的18条，严查严禁"三乱"。

二是要制定非公有制经济的目标和规划。从实际出发，对非公有制经济发展情况，进行彻底摸底调查，认真分类排队，确定发展重点；按照发展的总体目标，制定民营企业改革和发展规划；把对支柱产业、优势产业有较强拉动力、对区域经济辐射能力较大的"三优"企业确定为民营经济重点企业，大力扶持，优先发展。

三是制定优惠政策，扶持非公有制经济。政府可以将一些好的项目，让民营企业来干，国家可以参股。对非公有制经济实行一定的税收、地价等优惠政策和采取必要的保护措施；实行技术扶持，提高科技成果在非公有制经济中转化率和推广率。西部发展还要适应新的对外开放形势，充分利用好国内外两种资源、两个市场。动员和引导国内外资金技术、人才等投入西部发展，特别要在吸引内地和沿海发达地区的投资上开辟新渠道，开创新局面。

四是转变增长方式，加强市场竞争优势培育。西部地区资源丰富，许多地区的主要工业，大多是围绕其自然资源优势逐步发展起来的。尤其是在一些资源丰富的经济落后地区，往往是："靠山吃山，靠水吃水"，有什么资源，就发展什么工业。但是随着资源的深度开发，低成本优势正在逐渐消失，其局限性也越来越明显。譬如，由于加工增值程度较低，资源性产业的发展往往难以带动整个地区经济的发展；受市场需求波动的影响，资源性产品价格波动大，产业增长不稳定；国内由于长期低水平重复建设，导致资源产品生产能力严重过剩，继续依靠资源开发带动经济发展的路子，已经越来越难走下去了。① 在市场经济条件下，西部地区要想获得较快的发展，就必须根本

---

① 刘治国、李国平：《用经济手段保证西部可持续发展》，载《西安交通大学学报》2002年第4期，第16页。

改革过去那种对当地资源的高度依赖状况，从资源导向型战略逐步转变为市场导向型战略。即从"有什么（资源）就发展什么"转变为"市场需要什么就生产什么"。在许多情况下还需要积极引导市场，不能简单地"当前市场上缺什么就发展什么"，或者"大家都发展什么我也发展什么"。西部发展必须改变盲目扩大生产能力的做法，着眼于调整和优化产业结构，提高开发效益，在转变经济增长方式，提高市场竞争力上下功夫。

五是加快金融制度创新，为西部发展创造良好的金融环境。我国地区间投资分布的不平衡导致了地区间经济的非均衡发展，而经济发展的非均衡又加深了地区间资本形成的非均衡性；西部在资本形成不足与经济发展落后之间形成了一个恶性循环，使得地区间经济发展的差距不断扩大。为了改变经济增长与资本形成之间这种恶性循环状态，调节货币资金在地区之间的配置，促进地区间经济的均衡发展，应完善区域融资机制，以适应地区间协调发展的要求。①

1. 合理设置金融机构，提高金融服务水平。目前应在成都设立西部（或西南）开发银行或在西安设立西部（或西北）开发银行，专门负责国家对西部（或西南、西北）地区政策性资金的筹集与投入，充分发挥成都在西部（或西南）、西安在西部（或西北）的经济金融中心作用。

2. 鼓励全国性股份制商业银行和外资金融机构的西部地区设立分支机构，以增强对西部地区经济的支持力度。

3. 建立为西部大力开发直接融资的区域性资本中心和投融资平台，及信用保障平台，构建中小微企业全生命周期私募、投、管、退全链条的投融资服务体系，扩大融资渠道和融资能力。

4. 鼓励西部地区证券机构根据西部地区经济发展的特点和要求，积极进行制度创新、工具和交易手段创新以及市场创新。

5. 适当放宽企业股票上市条件，允许更多股票在全国上市，并加强上市公司通过二级市场再融资的功能。

6. 允许区域内投资公司通过发行国内甚至国外债券为西部地区大型基础设施项目或优势资源开发利用项目进行直接融资，也可通过国家统一发行特

---

① 郝多：《推动形成强大的国内市场，商务部支招2019促消费》，新华网，2018年12月23日。

殊西部发展债券筹措资金，扩大对西部各省区的投资。

7. 采取 ABS 方式，实施滚动开发。

8. 扩大西部地区各类投资基金的设立，并放宽其上市条件。

9. 扩大西部地区金融业对外开放的广度和深度，深化区域金融改革。推动国际化、法制化、市场化营商环境建设率迈上新台阶。

10. 创新金融人才政策，旨在大力实施人才优先战略。加快激励转化，为西部地区引进培养各类金融高端人才，扩大高层次金融人才的供给。

### 三、西部地区经济发展的关键是制度创新

西部地区经济发展的目标是通过对自然资源和社会资源的重新整合，以实现社会经济的整体发展。在更新发展观念、确立发展动力的基础上，我们认为，西部地区经济发展的关键是制度创新。一般法学理论认为，明晰的产权关系、旨在降低和消除交易费用的契约制度，以及相应的责任制度对于市场主体的市场行为在行为预期、信息交流、利益刺激、安全保障等方面都有重要的意义和作用，因而制度也就构成了社会经济发展的重要因素。但是，传统的经济学理论认为，制度只是资源配置和社会发展的外生变量，它只是通过对竞争的确认和规范来实现对经济的促进，并没有从降低摩擦和促进合作的角度来说明制度的作用。新制度经济学及现代法学理论的研究表明，制度是与自然禀赋、技术和偏好同等重要甚至比三者更为重要的经济发展要素。[1] 因为制度"是一系列被制定出来的规则、守法程序和行为的道德伦理规范，它旨在约束追求主体福利或效用最大化利益的个人行为。"[2] 制度作为重要的也是首要的经济发展要素，它通过一系列正式约束或非正式约束组成的规则网络，规范人们的行为，减少了由于专业化和分工发展所带来的社会交易费用的增加，为人们的合作提供了必要的外部条件。在经济学理论中，"土地、资本、信息、人力资本等要素相对于人们的需求和欲望而言，都是稀缺的。没有稀缺，也就没有什么成本收益分析了；没有稀缺，也就没有什么"选择""替代""重新配置"之类的经济学工具了。"[3] 从表面上看，西部地区开

---

[1] 卢现祥：《西方新制度经济学》，中国发展出版社，1996 年版，第 33 页。
[2] [美] 道格拉斯·C·诺斯：《经济史中的结构与变迁》，上海三联书店 1991 年版，第 185 页。
[3] 卢现祥：《西方新制度经济学》，中国发展出版社，1996 年版，第 30 页。

发的主要内容是经济开发,是对地区有限的自然资源和重新配置,以期实现其最大的经济效益和社会效益,其实,西部开发的核心是人的开发,是对有关地区人力资源的深度挖掘和有效配置,其关键在于制度创新。制度创新对社会经济,尤其是落后地区的经济发展具有非常重要的意义和价值,西部地区社会经济的落后除了一些显性的客观原因和主观因素外,主要是制度上的缺陷和不完善。

具体而言,西部地区发展的制度创新包括正式制度和非正式制度两个方面。正式制度是以法律为代表的,由国家和政府通过正式的程序制定产生,并由国家强制力或公共力量来保障实施的,具有普遍适用力的社会规则,它是特定社会发展的根本保障。西部开发中的市场主体资格、市场准入、产权保护、交易秩序、政府宏观政策的制度和落实等都需要强有力的法律制度加以确认、规范和促进。可以说,西部大开发战略能否最终取得成功,西部地区是否能够真正实现赶超式发展,在很大程度上取决于国家能否有效供给并最终建立一整套适合于西部开发和西部经济发展需求的法律制度。同时,西部开发和地区经济的快速发展还有赖于地区自身的一些非正式制度的创新与变迁,例如经营范围和经营内容、交易方式等向现代市场经济的过渡和对接。民间习惯和传统对西部大开发战略的具体实施和长远功效具有很强的现实意义,因为它们是地区社会经济发展的真正土壤。

# 第六章　西部地区经济发展的政策环境营建

西部地区的开发二十几年过去了，实践证明，欲有效加快西部的发展，必须在社会经济和法律政策方面有所突破和创新。从理论讲，政策对社会经济发展具有重大的促进作用，它能产生一种效应，协调生产力各要素，形成推动经济发展的合力。在经济生活中，制度创新、管理创新、技术创新、产品创新、市场创新都是通过政策创新来实现并发挥巨大作用的。东南沿海地区的发展经验表明：政策出效益、政策促发展，政策是最大的潜在（无形）资本。在一个地区的经济发展中，政府的政策倾斜是一个决定因素。因此，西部地区的发展，一方面中央政府要采取倾斜政策给予扶持，另一方面西部各省市区政府也要出台优惠政策，用足用好现有政策，让其发挥更大的作用。

## 第一节　创造西部地区经济发展政策支持的良好环境

### 一、西部地区发展需要强有力的政策法律制度保障

实施西部大开发的意义在于，缩小东西部经济差距，实现西部区域经济社会的协调发展，加快我国现代化的总体进程。改革开放初期，中央给予了东南沿海地区倾斜性的投资政策与开放政策，带动了东部经济的迅速发展。可以说，东西部发展差距在很大程度上是投资与开放"双倾斜政策"的必然结果。如果东西部差距继续拉大，一方面会影响中国的全面现代化以及我国第三步发展战略目标的实现，另一方面会在政治、经济、民族关系等方面产生不良影响。因此，实施西部发展，是党和国家在世纪之交全面审视国际国内形势以后所做出的英明的战略性决策。而要实现这一战略任务，除西部地区自身的努力外，还需要中央特殊的倾斜政策：一方面，矫正已经过度倾斜

的区域关系；另一方面，通过优惠政策来引导、动员各方面的力量。

西部开发在我国经济发展和社会进步中占有十分重要的地位。但是，西部经济开发的理论设想很难转化为政策引导，从而使西部发展显得政策牵引力不足。西部经济开发缺乏政策牵引力，其中一个重要的因素就是法治建设的滞后、法律保障环境的苍白。完善和创新法律制度，创制一个安全、有序、高效的法律环境，以促进区域经济发展在西部地区很有必要。立法、执法是西部经济腾飞的重要保障。为此，在国家区域协同发展的整体战略框架下，以可持续发展观为指导，充分依靠法制来引导、规范和保障西部地区人们自身的经济行为，保证国家政府的开发政策真正落实到位，就成为西部地区社会经济发展，乃至西部开发战略最终得以实现的基本条件和要求。西部开发和西部地区的社会背景和时代特征要求其必须依赖法制，并以法制作为其成功的重要途径、保障和基本内容。[①]

**二、西部经济发展落后的法律制度原因分析**

从市场经济是法治经济这一思路出发，寻求西部经济发展落后的法律制度原因，弥补法治建设的空缺，具有重要的理论和现实意义。具体而言，西部经济落后的法律制度原因有如下几个方面：

1.市场准入和权利的不平等是西部地区经济发展落后的外部原因。我国的经济体制改革以让权放利为起点，最终目标是确立市场经济体制。在市场经济中，商品交换和市场竞争的一个最根本的先决条件，就是市场进出的自由性和交易的平等性。由于在改革开放初期，国家根据"梯度开发"理论，把经济发展的重点放在了东部沿海地区，采取"先沿海后内地，以沿海带内地"的发展方针，国家在财政、信贷、税收、外资等政策上向东部沿海地区倾斜。所以，在市场机制的培养和市场准入的权利分配上，西部地区明显地处于被冷落和限制的地位，从而制约了西部地区市场经济的发展。

2.法治环境落后是西部地区经济缺乏竞争力的内部原因。经济发展是制度变迁的过程，制度的缺陷必然导致经济发展是制度变迁的过程，制度的缺陷必然导致经济发展滞后，东西部差距同样也因此表现为制度上的先进与落

---

[①] 田继周：《中国历代民族政策研究》，青海人民出版社，1993年版，第163页。

后的差距，也即东西部法律制度的差距是导致西部落后的重要因素。西部的法律制度环境落后，主要表现在：法治观念落后，思想保守严重，在激烈的市场竞争面前显得徘徊不前，不善于运用法治思维、法治方式来管理、引导和规范经济体制和增长方式的转变；公民法律意识淡薄，相关法治宣传和创建工作落后，严重不适应日趋竞争激烈的市场经济发展形势；权力机关立法迟缓，法规体系建设滞后。

西部地区执法不力，民众不善于运用法律手段来保护自己。由于整个改革进程的滞后，西部地区除了司法监督比较完善之外，其他法律监督体系很不完善，执法监督机构之间缺乏明确的职责分工和内部协调，对政府的执法和经济行为监督缺乏应有的力度，行政司法职能混淆，从而使经济活动不能完全按法定程序进行，不利于社会经济的有序发展。一些企业、厂商或生产者、经营者不知如何利用法律手段来维护自己的合法权益，提高自身的市场地位和竞争优势，商品和品牌被侵权抢先注册现象时有发生，许多企业和厂商在面对欺行霸市、强买强卖、行业和地区垄断等破坏和阻碍市场有序发展的市场环境面前，显得无能为力不知所措，有时甚至用非法手段来达到维护自身利益的目的。

### 三、西部地区开发的政策体系须由法律明确和保证

西部落后的原因是多方面的，有自然条件的约束，也有人为的因素，有内在的障碍也有外部的约束；开发的内容也极为广泛，涉及政治、经济、文化、法律等各方面的内容。所以说西部发展是一个历史性的课题，不是一朝一夕可以完成的，需要几代人努力。这就要有一个稳定、长期的制度加以保证，同时需要一个统一的计划来组织、协调和规划这一系统工程，而所有的计划、政策、措施都需要用法律的稳定性、强制力来保证实现。因此，就目前西部地区经济发展的状况及存在的问题来看，该地区开发的法律制度建设要从以下几个方面重点构建和突破。

1.制定统一的"西部经济促进法"，统领和组织、规范、保障西部经济开发的科学、有序、持续、有效地进行。通过"西部经济促进法"确立经济开发的目标、宗旨、开发的主体及相互间的权利、义务关系，开发的方式及内部的配合、协调和统一，阶段性成果的预设和信息的反馈与责任制度等内

容。从而使西部经济开发有章可循、依法进行,保证其长期性、稳定性和实效性。

2. 改革落后的中观管理体制,逐步建立一套适应社会主义市场经济的制衡机构。加强市场经济条件下的民主法治建设,有效地克服权力过分集中,用法律和制度的形式加以明确,并逐步做到党政组织同其他社会组织关系的制度化、法律化,国家政权组织内部活动制度化,使经济法律意识在广大干部和人民群众中逐步增强,为市场经济法律意识在全区范围内的真正树立和形成,创造主观和客观、内部和外部的良好环境。

3. 运用法律手段管理经济。建立社会主义市场经济制度,就要使市场在国家宏观调控下对资源配置起基础性作用。因此,西部地区要建立和完善市场经济体制,必须在宪法、民族区域自治法赋予的权限范围内,结合本地区经济和社会发展的特点,制定出与市场经济相适应的自治条例、单行条例,修改或废止与市场经济不相适应的自治条例、单行条例。从中观方面去引导市场经济的运行,促进市场的健康发展,去保障经济的顺利发展,制约市场经济中的消极因素,实现调控;从微观方面确认经济活动主体的法律地位,去调整经济活动中的各种关系,去解决经济活动中的各种纠纷,去维护正常的经济秩序,实现微观搞活。[①] 只有这样,才能充分发挥众多市场主体的积极性和进取精神,使社会财富不断涌流,避免或尽可能地减少市场的盲目性,实现最优化的资源配置。

4. 市场环境、市场行为的法律创建、引导和规范。市场经济是法治经济,其突出特征是竞争的规范、有序,这势必要求法律在市场进入、退出以及民商事活动方面确立详细、具体的规则和程序、条件,使市场行为规范、有序、高效运行。同时,西部地区经济由于受传统观念及经济基础的限制表现出极大的自足性、封闭性,缺乏组织性和规范性,所以要利用法律的创建和运作引导人们从落后的经营方式向规范的市场经营转变,通过各种企业制度的建立和推广,组织分散的个体作业向集约化、规模化生产转变,以挖掘经济的发展潜力、增强市场竞争力。

---

① 毛公宁:《关于西部发展中若干重大问题的思考》,载《西北民族研究》2001 年第 1 期,第 11 页。

5. 抓紧制定全面反映西部地区经济特点的经济法规。西部地区应形成以资源开发为主，尽量覆盖其他产业，如畜牧业、加工业、冶金矿产、能源交通，逐步打破计划经济体制下"小而全"的生产模式，集中资金、技术和人才，结合本地的资源优势，发展本地区的主导产业。同时，在现有的立法当中，除注重规制自然资源的开发、利用之外，还应增加自治地方政府的调控职能条款，加大价格、税收、财政、金融监管与发展、行政等方面立法的力度，扭转资源浪费和环境污染的问题。同时，人大及政府应适应市场经济的需要，针对西部地区经济发展地区市场经济主体行为，将西部地区的开发纳入法治的轨道，促进西部经济全面发展。①

6. 加强科技教育法治建设。重视西部地区教育的立法，创制有利于自然资源的开发利用和人才的培育、使用和保护制度，制定科技教育人才的特殊优惠政策，保证一批优秀人才能安心在西部地区从事科研与教育，为西部地区经济的开发，建立一个可持续发展的自然人文生态系统和宽松、高效的人才流动机制。

## 第二节 西部地区发展要实施政策倾斜

通过倾斜政策来开发落后地区是一条普遍规律，即使较发达的地区要实现超常发展，也需要中央政策的支持。实施西部发展，是一项振兴中华的宏伟战略任务，中央当然要给予大力支持，同时要拿出过去开办经济特区那样的气魄来搞。②2020年5月党中央、国务院发布《关于新时代推进西部大开发形成新格局的指导意见》吹响了新一轮西部大开发的号角。习近平同志强调，强化举措推进西部大开发形成新格局，是党中央从全局出发作出的重大决策部署，对决胜全面建成小康社会开启全面建设社会主义现代化国家新征程，具有重大深远的意义。③那么，在大开发中央应给予西部哪些优惠政策呢？我们认为：西部发展是一项巨大的系统工程，需要上上下下、方方面面以及社会各界长期不懈地努力。同时，在不同的开发时期需要出台的政策

---

① 周林彬：《市场经济法》，兰州大学出版社，1995年版，第456页。
② 江泽民：《在西北地区国有企业改革和发展座谈会上的讲话》，1999年6月17日。
③《人民日报》，2021年10月25日，第一版。

重点应该是有区别的。结合西部的实际，在大开发初期，中央政府应至少提供以下倾斜政策：

### 一、产业政策倾斜

西部发展，基础设施建设必须先行。由于自然条件差、历史欠账多、自身实力薄弱，因而西部地区的重大基础设施建设项目主要依靠国家投资来完成。因此，国家在实施扩大内需的经济政策、编制年度计划和中长期计划时，应继续重点向西部地区倾斜，进一步加大项目投资的比例。同时，地方政府也应将基础设施作为投资目标予以支持。西部地区国家投资的基础设计建设的重点应包括：铁路、公路（含高速公路）、航空港、通讯以及跨区域的大江大河治理和公益性项目。具体来讲，西部地区的基础设施建设要紧紧围绕三个方面的重点进行：一是交通运输。国家要加大对西部地区交通运输项目建设的投资，要以公路为重点，全面加强铁路、机场、天然气管道干线建设，形成全国的综合运输体系。二是电网、通信和广播电视。进一步加快西部地区城乡电网建设和改造扩大通信容量，提高通信质量和服务水平，以及西部地区广播电视覆盖率。三是水利。水利资源的开发利用是西部地区亟待解决的问题。西部大部分地区严重干旱缺水，要坚持把水资源的合理开发和有效利用放到突出位置，这是涉及西部发展全局和改善生态环境的重大问题。要打破行政区域、部门划分的局限性，按流域水系实行上中下游水资源的统一规划、合理调配，做到统筹兼顾，实现水资源的持续利用。

加快西部地区基础设施建设的目的是给优势产业的开发创造良好的条件，西部的优势产业主要集中在以煤、石油、天然气、有色金属等为主的基础产业、高新技术产业和旅游产业等方面。因此，在实施西部发展的进程中，在首先加大对基础设施建设投资力度的同时，实行产业倾斜政策，发挥优势产业在地区经济开发中的作用。

### 二、生态工程建设的政策倾斜

"绿水青山就是金山银山。"加强西部地区生态环境保护和建设，这是实施西部地区大开发的根本。只有大力改善生态环境，西部地区的丰富资源才能得到很好的开发和利用，才能改善投资环境，引进资金、技术和人才，加快西部地区发展步伐。尤其重要的是，西部地区是我国主要大江大河的发源地，改造西部地区的生态环境，对于改善全国生态环境，具有重大意义。如果不加紧、加快实施在西部地区退耕还林（草）、封山绿化、恢复林草植被、治理水土流失，长江、黄河将日渐淤积，洪涝干旱灾害将不可能得到根治，中下游流域将永无宁日。因此，必须高度重视和突出抓好生态环境的建设，把它作为实施西部地区大开发的切入点。同时，要进一步采取倾斜政策，解决西部地区环境保护方面的问题。

西部的环保问题可概括为三大块：一是外源污染。尽管西部总体上工业化水平不高，但工业污染和消费污染却很严重，如现存问题得不到解决，随着开发的进程，污染问题将会越积越严重；二是农业生态方面，地力衰竭、水土流失严重加剧；三是自然生态，如风蚀、水蚀等问题大量存在。对以上三个问题采取什么方式什么政策解决，都涉及对西部发展的定位，如果定位不当，这些问题就得不到很好地解决。

### 三、金融货币政策倾斜

随着经济体制改革的不断深化，统一计划下的传统资源互补经济受到冲击，开始解体，并出现了有区域特征的经济利益，东西部区域经济差距明显拉大，统一的市场经济受到区域的分割，就产生了重新调整货币区域政策，可以使区域经济在统一市场化的基础上达到整体经济的同质，实现经济的整体高速增长。

1. 强化资金支持力度，引导金融要素、金融资源向西部地区流动。

2. 国家在实行货币"收缩"政策时，应考虑区域差异和地区的承受力，区别对待，以此缓解西部资金紧缺的压力。

3. 促进城镇化建设、产业发展和金融体系协调发展，从根本上提升实体经济与金融的耦合度。

4. 适度支持西部地区地方政府债和政府融资平台建设，平衡地方财政的收支和支持西部地区重大基础设施及民生工程。

5. 实行有差别的利率政策，给西部地区存贷款利率特殊的浮动权，以稳定西部的资金，并吸引外地资金，成立相应的政策银行解决资金短缺。

6. 为配合经济发展战略重点的转移，国家应成立西部发展银行作为重要的区域性政策银行，推动政策性金融业务发展。充分发挥西部地区资金效益，实现西部地区经济开发的优惠政策。

7. 进一步发展和完善资金市场，建立以证券公司为核心的西部区域性资本市场，进一步发展、完善商业票据承兑贴现市场、同业拆借市场、短期的债券交易等短期资金市场，以完善的资金市场为中介使区外资金进入西部，使西部的开发资金得以广泛的筹措和高效益的使用。

### 四、财政税收政策方面的倾斜

财政税收是国家进行宏观经济调控的基本手段，它在协调区域关系上具有转移支付和调节地区收入分配的功能。近年来，财政税制改革已使政府不再是唯一的、甚至主要的投资主体；随着市场的逐步完善，竞争性投资项目也将主要由企业去完成，政府财政支出资主要满足于公共需要和一些自然垄断性较强、关系国计民生的行业。在西部发展初期，由于西部各地大多是吃饭财政，财政支出结构中建设性支出比重很小，因而通过中央政府财政转移支付和税收优惠政策来启动西部发展就很有必要。

在财政政策方面，一要通过制定有关法规，确定转移支付的基数，并随着中央财力的增长而稳定增长，出台相应的配套政策与操作措施确保落到实处；二要通过国家预算，加大对西部地区的专项补助范围和数额，包括对老、少、边、穷地区的补贴、对西部公益性项目的配套补助、对治理和改善西部生态环境的专项补助，以及扶西部高新技术企业、军工企业的贷款贴息；三要充分发挥财政杠杆作用，动用一部分财政资金对外地投资者到西部办企业给予投资补贴；四是通过政府担保、财政贴息的办法发行"西部重点企业债券"，新筹资金用于西部能源、原材料等大型骨干企业的发展；五要将更多的外国政府贷款项目、银行贷款项目和双边、多边援助项目优先安排在西部。

在税收方面，可以根据不同地区发展的差距，尤其是经济落后地区和贫困地区的实际情况，在地方税种的设置、税率的安排上，对这些地区给予特殊照顾，但在具体实施时，应注意严格考察和科学论证，不搞"一刀切"。一是对西部地区的资源型企业免征或全额返还资源税，免税或返还部分作为国家投资，继续用于资源开发和保护；二是适当放宽西部地区征收固定资产方向调节税的条件，对西部确需要发展和重点支持的产业项目实行零税率；

三是对西部的老工业基地和资源面临枯竭的企业在增值税、所得税征收上放宽条件,也可先征后返。同时,对经济发达地区的征税及上缴标准也应以所得税累进税率的性质来制定,逐步弱化东部上解中央的财政比例和企业税赋方面享有的各种优惠。

### 五、扶贫政策上的倾斜

西部地区贫困区较多,有些是相当顽固的堡垒。大量贫困区的存在是影响西部发展效率的重要因素,解决贫困问题也是实现西部现代化的战略难点,也是我国全面建成小康社会的必经之路和主要标志。由于自然地理的制约,以及社会发展程度低、生产条件差、科技和文化知识不够普及等原因,部分西部地区,生产和生活条件还相当困难,还有少数群众的温饱问题未得到解决。造成贫困的原因很复杂,有些可以在短期解决,有些则需要彻底的功能改造才能解决。因此,应实施分步骤的综合性功能改造战略。

近期,应加大教育、培训力度,以提高这些地区的智力水平和开发能力;同时加快基础设施、交通通信体系的建设;增加这些地区的开发性项目和科技致富项目,改造区域环境,进一步缩小这些地区的贫困面。

中长期,应把重点投资与功能改造、反贫困攻坚有效结合起来,实行综合性的系统工程,达到高起点构建美好的现代化西部、彻底改变西部面貌、消灭贫困的目标。从今后看,国家扶贫政策的核心应当是加强扶贫制度建设,尽快形成贫困人口持续增加收入的机制。为执行好国务院制定的《国家扶贫资金管理办法》,可建立扶贫责任制,试行"有偿扶贫",确保扶贫资金准确传送到最基层,使最贫穷人口受益;同时试行"小额信贷扶贫",建立贫困人口进入信贷市场的制度,让具有还款能力的贫困人口从金融机构获得信贷支持。此外,还需要建立社会扶贫资金动员、传递和分配的制度,不仅要使捐赠等社会扶贫活动持续地开展下去,而且还要真正使捐赠者放心。[①]

### 六、教育政策的倾斜与扶持

社会发展的根本在于人力资源的开发与有效利用,所以要实现社会经济

---

① 高伯文:《论现代化进程中的东西互动》,载《东南学术》2003年第4期,第99页。

的持续发展，就必须首先实现以人才培养为目标的西部地区的教育事业持续发展。西部地区是国家实施基本普及九年义务教育、基本扫除青壮年文盲的攻坚计划的重点地区。国家设立的各项教育专款、实施的各项教育工程重点均向西部地区倾斜，国家实施的"贫困地区义务教育工程"主要也是面向西部地区。

"十五"期间（2001—2005 年），国家安排 50 亿元继续实施第二期国家贫困地区义务教育工程，其中 80% 以上用于西部和民族地区；已投入用于农村中小学危房改造工程 40 亿元，其中的 57% 用在了西部和民族地区。新疆、西藏、宁夏、青海等省区的义务教育阶段学生有 83% 享受免费提供教科书待遇，对西藏农牧区义务教育阶段学生实行包学习、包吃饭、包住宿，新疆的 56 个县全部实行免杂费、免书本费，云南省享受免杂费和免书本费的学生总数为 40.9 万人，比上年增加 9.2 万人。①

## 第三节　建立和完善西部发展的配套政策

国内外开发落后地区的经验证明，任何一个国家要成功地开发落后地区，都需要政策倾斜和一定的法律作保障，完全靠市场调节是不可能成功的。只有实行比东部更优惠的政策，各类生产要素才能通过市场配置流向西部国家与地方政策的配套和协调，从某种意义上来说，西部发展战略能否顺利达到目的，关键取决于国家与地方政策的配套和协调，只有通过国家的政策倾斜和西部地区自身制定的经济发展政策的配套和协调实施，才能实现大开发的战略目标。

### 一、国家的优惠政策

国家的扶植和支持政策，主要是营造外部环境，激发西部自身的经济活力。在市场经济体制下，企业是经济运行的主体，也是地区经济发展的主动力。因此，实施西部发展的关键在于动员、引导企业的广泛参与。国家有关政策

---

① 龙毅：《全面建设小康社会与加快民族地区的发展》，载《民族研究》2003 年第 3 期，第 45 页。

应当围绕为西部地区营造良好的发展环境来制定和实施，变直接的推动为间接的引导，激发西部的经济活力。

首先，建议国家进一步加大对西部地区的帮扶力度。实行扶持力度、对口支援和扶贫措施三不变政策。

其次，实行有利于西部发展的财税政策。借助财政资金的乘数效应通过有限的财政资金诱导广大的社会投资，特别是启动民间投资，激发经济活力，结合落实国家的产业政策和区域政策，在一些条件较好的地区，通过税收优惠乃至对企业直接给予投资补贴，使资本利润率接近甚至超过东部发达地区，从而吸引大量的社会闲散资金；对一些困难地区可考虑适当增加共享税的份额，并扩大共享的征收范围。

第三，拓展融资渠道。国家政策性银行的贷款重点应放在西部地区，而且应在西部设立分支机构；在西部的中心城市开展设立区域性金融机构的试点工作，尝试设立西部产业投资基金，支持西部优势产业的发展。

第四，国家要加大对西部地区老工业基地国有企业技术进步、网络建设和技术改造力度，对军工重点企业和承担国家重点任务的新的技改项目实行税前还贷。

第五，布局政策扶持，向西部倾斜。国家大型基础设施建议项目布局重点考虑西部地区，构筑大交通、大通信的网络骨架，扶持5G基站，推动通信产业发展层级的跃升。兴建大型水利设施，为西部的发展提供较好的投资硬环境。

第六，加大西部地区对外国政府和国际金融组织中长期优惠贷款的利用规模，并在利用外资项目的内配资金和转贷优惠等方面给予适当补贴，增加对西部地区使用外资无偿援助的项目安排。

第七，进一步扩大对外开放。放宽对外商投资领域的限制，减少西部审批外商投资项目的限制，调整外贸政策，为西部地区的沿边开发开放创造更好的条件。

第八，国家应放开部分有市场的资源能源的开发，允许以入股形式与国内外共同进行开发。譬如，出让或拍卖矿产资源的开采经营权，将所得用于支持国有企业改造或加强城市基础设施建设；对资源勘探企业优先给予开采经营权等。①

第九，国家应参照特区的做法，在西部地区选择条件较好的地方，建立"西部发展试验区"，在区内给足政策，以此形成现代农业基础，创立一些能在国际上站得住脚的食物和药物的品牌等，这是我国也是西部的长项。

第十，国家应大力支持西部地区发展非国有经济，形成"混合型经济"以全面推进西部发展。

### 二、地方的发展政策

实施西部发展，除国家给予政策倾斜外，西部各地区必须制定促进地区经济发展的有关政策和举措。同时要创造良好的投资环境，创造大开发的社会基础。尽快成立地方性的大开发组织协商和实施机构，从事西部发展有关政策的贯彻落实。

1. 抓紧制定出台地方性的投资优惠政策和投资指南，如土地政策、财税政策和金融政策等。

2. 以转变政府管理职能为重点，努力创造良好的投资软环境。最主要是提高办事效率、规范部门管理行为、公开办事程序、减少办事环节，提高工作透明度。提供法律服务、创立各种中介服务组织等。

3. 加快改革和创新步伐，建立适应市场经济发展机制。西部落后的一个重要原因是机制落后。要以"三个有利于"为标准，一切从实际出发，大胆利用各种反映社会化生产规律的创新开发机制，吸引各种生产要素投入开发。

4. 加快经济结构的优化升级，创造西部发展的产业基础。重点调整产品结构、产业结构和区域发展结构，在调整中发展特色经济，有选择地发展高科技产业，建立适应西部发展的主导产业体系。

### 三、实施特殊的科教、人才战略

实施西部发展，教育科技要先行。对西部来说，实施科教兴国战略当前存在的主要问题有：

一是一刀切的国民教育收费制度不利于西部科教兴国。20世纪90年代

---

① 高伯文：《论现代化进程中的东西互动》，载《东南学术》2003年第4期，第100页。

末开始国家教育制度改革,全国实行高校教育收费制度,但在具体的实施中,由于国家对东部沿海地区和中西部内陆省区生源在收费政策上并没有根据地区经济发展的水平采取倾斜政策,而是全国一刀切,致使广大中西部经济发展相对落后地区的生源由于支付不起学费而放弃继续深造的机会,从而在一定程度上影响了西部地区人力资源的开发。

二是科研经费严重短缺。2003年全国科技经费投入报告显示:西部10个省区市地方财政拨款总计42.2亿元,而广东一个省就拨款39亿元。[①]

三是西部地区教育事业落后。教师队伍与教育设施严重不足,不利于经济发展。

四是人才大量外流,使本来就相当缺乏人才的西部地区遭遇"釜底抽薪"。

五是西部地区劳动力的文化程度构成低,文盲、半文盲多,从而制约了地区经济的发展。因此,发展教育科技是实施西部发展战略的重要条件和保证。

总之,国家要适当加大中央财政转移支付力度,增加对西部地区教育的投入,保障西部地区群众享有的基础教育,逐步接近和达到全国平均水平。西部地区也要调动各方面协办教育的积极性,增加投入,积极发展各级各类教育,大力提高劳动者素质,培养各类人才。同时建议中央加大对西部地区特别是贫困地区教育事业和高素质人才培养的扶持力度,增加群众受教育的机会;西部地区也应为高素质人才提供相对良好的工作环境和物质待遇,除留住自己培养的高素质人才外,还应吸引"东边的凤凰往西边飞",积极吸引外部人才参与西部发展和建设。要开发西部,就必须提高人才资源的效率。

美国著名的发展经济学家舒尔茨认为:"改善穷人福利的决定性生产要素不是空间、能源和耕地,决定性生产要素是人口质量的改善和知识的增进。"开发西部,首先就要调动西部群众和积极性,提高西部人力资源效率。一个国家、地区的繁荣,全靠创新科技企业的带头作用,而创新科技企业的形成,需要有很多学院特别是研究型大学的配合。以美国为例,麻省理工学院、哈佛大学和普林斯顿大学带动了美国东北角的繁荣。在我国西部,有兰州大学、

---

[①] 马玉香:《试析民族地区人力资源开发的现状及对策》,载《西北民族大学学报》2003年第5期,第67页。

西安交通大学、四川大学等，应充分发挥它们的优势，实现产学研的结合，创建一些具有创新能力的企业，增加其创造价值。

**四、财政转移支付的制度化建设**

西部经济发展滞后，地方财政一直十分困难，1994年国家实行分税制后，西部地区的实际财政收入相对减少，入不敷出的矛盾更加尖锐。

目前，西部地区仍有一些县镇乡工资不能按时发放。特别是由于历史的原因和发展水平的限制，西部大部分省区的贫困县、贫困乡、贫困村多，老干部、企业退休人员多，科技、教育机构、行政、事业单位人员多，都需要财政给予支持，西部地区各省区实在难以承担。因此，依靠中央帮助，通过加大中央对西部地区的财政转移支付力度，给予一定的税收优惠政策，支持西部的经济社会发展，已到了刻不容缓的地步。当前，国家应结合我国西部地区经济发展的实际，加快对西部地区财政转移支付的制度化建设。

一是应尽快规范中央财政转移支付制度。按照人口、人均国民收入、人均财政收入及教育、卫生指标因素，合理调高对西部省区的一般性财政转移支付的标准。

二是稳定增加中央对西部地区的专项财政转移支付规模。国家要进一步加大对西部地区的专项资金投入，重点发展西部的基础设施建设和城镇化建设。扩大中央财政对西部地区社会保障体系的投入比重。对部分专项财政转移支付需要地方提供的配套资金应酌情进一步降低比重或全免。

三是建立新型经济利益关系，促进东部地区省份与西部地区省份的紧密性经济合作和支持。鼓励东部沿海地区与西部地区省份之间以"结对子"的形式，建立对应固定合作关系，并由中央财政设计新的财政测算系数，根据西部地区一省（区）财政每年的增长幅度和增长额，确定减少对应东部地区合作省向中央财政的上缴份额，并使之转向制度化建设的轨道。

四是适当调整中央与地方的共享税分成比例。考虑到西部现有经济发展水平和财政能力的低下，可以提高增值税分享比例，比如由目前的25%提高至30%或40%对西部经济最弱省甚至可以实行"五五分成"。这样不仅体现了国家对西部地区的有力支持，而且有助于促进西部大力发展资源的深加工，推动其工业化的进程。

转移支付制度实质上是中央政府与地方政府之间的一项契约，一定要逐步规范化、法治化。

**五、社会保障政策体系的配套和完善**

中国的现行社会保障制度体系，是以社会保险制度为核心，辅之以社区服务为代表的社会福利服务和针对最困难群众的社会救助制度。如果从设立国营职工退休费用统筹制度和发展社区服务算起，到目前整整探索了近40年，其实施的基本效果已经相当明显，但西部地区由于受到经济发展水平制约和观念等影响，与东部乃至全国平均水平相比，还存在很大差距，整个社会保障政策体系还处于发展的起步阶段，以养老、医疗、失业和工伤四项保障为主的社会保险制度并没有完全建立起来，仍有部分地区城乡并没有参加基本养老社会统筹、医疗保险和失业保险。同时，在制度的设计中也存在许多问题：

一是西部地区为维持旧体制下高比例的养老金工资替代率，社区保险综合缴费率尤其当中的养老保险缴费率太高，不少地区超过20%，个别地区超过30%，而且还在逐渐上浮，致使现收现付的养老保险制度很难维持下去。[①]

二是养老保险个人账户系名义账户里积累的资金被投入社会传统筹账户，导致难以估量的代际负债转移。

三是管理体系不统一，管理机制实施办法各异，缴费单位欠缴率过高，均导致劳动者转移工作单位时，难于接转养老保障缴费关系。

四是失业人员的保险需求超出了正常情况下的要求，致使不仅失业保险而且整个社会保障供给超预算。而这种结构性失业又由于社会的结构性缺失而难于调整，给整个社会保险制度带来了压力。

西部地区的社会福利制度、社会救助制度也并没真正建立起来，作为人均收入水平低、经济发展相对落后的西部地区，无论今后经济增加速度有多快，与东部地区相比，仍然只能以较低的收入应对日后出现的老龄危机、失业、医疗等方面的问题。由此导致的基本矛盾，是经济可支付能力不足以承担过重的社会负担。因此，有效的社会政策必须以较小的政府经济承担，取得尽可能大的资源再分配的社会公平效果。

---

[①] 左尚志：《抓住机遇实施西部大开发战略》，载《社科纵横》2000年第3期，第6页。

为此，西部地区要引入市场机制，突出社会和社区的作用，将社会保险救助化，社会救助、社会福利社区化，努力把西部地区社会保障的基础立在社区，不仅发展具有社区特色的服务保障，而且要将社会救助、社会保障也融进社区。在大力完善社会救助、社会保险、社会福利三项制度的同时，还要全方位地发展社会教育、文化、科学、体育、卫生、环境保护等各项事业，走出一条符合西部地区实际的社会保障体系新路子。

## 第四节　优化市场经济基础上的东西部关系

努力实现在社会主义市场经济基础上的东西部合作，是发展西部地区经济的重要渠道。东西部合作就是把西部地区的资源、能源、劳动力等方面的优势，与东部地区的资金、技术、人才、管理等方面的优势有效地结合起来，实现优势互补。多年来，东西部之间业已展开的对口支援、帮扶和协作，有力地促进了西部地区的脱贫致富和经济发展进程。如今，西部发展战略的实施，西部地区的资源、能源及劳动力与东部沿海地区的资金、技术、人才及管理要素的互惠互补，必将再次启动中国国民经济的高速发展。当然，新时代中国特色社会主义市场经济基础上的东西部关系，与计划经济时期是大不相同的。重建东西部关系的指导思想是"两个大局"的思想；其基本原则是社会主义"共同富裕原则"和市场公平原则；其基础是"互惠互利"；其重点是增强西部地区自我发展的能力，变单纯的"输血"为"造血"，改"授鱼"为"授渔"；其目的是以促进东部和西部地区共同发展。[①]

### 一、资源配置、要素迁移与政策支持

西部地区的比较优势在于拥有丰富的自然矿产资源、农林牧资源和劳动力资源，实施西部发展，就要使西部地区的资源优势转化为经济优势，实现资源的优化配置。因此，国家一方面要采取若干投资倾斜和优惠扶持政策，重点发展西部资源开采加工、重化工业和知识——技术密集型产业，如能源——原材料工业、重型机械制造业、汽车工业、电子工业、科技产业；另

---

① 周兴维：《战略重心的西移》，民族出版社，2001年版，第77页。

一方面又要积极发展农牧业和劳动密集型产业如轻纺、食品、建筑建材工业等。并以上述重点产业为增长点，带动相关产业和整个西部经济的发展，同时也为国民经济现代化建设、传统产业的技术改造和产业结构提升作出应有的贡献。为此，国家应当对西部重点产业实行一系列财政税收优惠政策和信贷投资倾斜政策，实现现有资源的优化配置。同时，要大力推动生产要素自由流动，促进生产要素市场的建立和完善。通过推动商品和生产要素的跨地区、跨部门的自由流动，促进企业联合与协作，组建大型企业集团，通过区域内各企业之间自然的、内在的经济贸易联系形成和完善区域市场，并在此基础上与全国性统一市场接轨，形成较为完善的市场经济体系，使西部经济合理地参与全国区域分工。具体来说：

一要加快建设和完善一批各具特色的区域性商品市场，逐步形成以区域性批发市场为龙头，以专业性市场为骨干，沟通城乡，连接西部，辐射全国，与国际市场接轨的市场网络体系。

二是大力培育和发展区域要素市场。包括资本市场，在西南或西北地区建立一家全国性证券交易所，劳动力、人力市场、技术市场及西部技术信息市场等要给予支持发展。

三是切实建立适合市场经济运行的劳动力配置机制和劳动力市场，促进人力资源的合理有序流动。在西部地区经济发展落后，市场机制不完善的条件下，目前应充分发挥政府对人力资源市场的宏观调控作用，调节劳动力的供求关系、总规模和结构，规范人力资源的市场秩序。进一步扩大政府对人力资源的调控范围，由城镇拓展到乡村，建立城乡一体化的人力资源市场，建立城乡一体化的人力资源信息平台，促进人力资源的合理有序流动，避免"盲流"。

## 二、新型、互利的区际经济关系的建立与协调

在新的经济体制条件下，鼓励和引导东部、中部地区和社会各界支援西部地区大开发，建立有效的推动机制，拓宽合作领域，完善"互利互惠"式的合作形式，是促进我国社会经济全面发展的重要保证。东部、中部与西部在共同发展、共同富裕的总原则下，更多地提倡和鼓励以经济利益为纽带的联合协作，发展以技术转让、人员培训、补偿贸易、合资经营、合作开发等

形式多样的联合协作。西部地区要积极创造条件，搞好配套服务。在投资立项、企业所得税征管、投资风险担保等方面给予优惠，加强社会治安综合治理，提供投资资本安全保障。

为了真正实现东、西部地区之间互惠互利的新型区际经济关系，促进地区间共同发展，这就要求：

一要建立完善的保护机制。西部要以"不求所有，但求所在"的胸襟和气度，打开大门，欢迎东部的投资者。要制定稳定性和权威性的政策和法律，对外地投资企业与本地投资企业一视同仁，为外来投资者提供法律保护，真正维护和保障它们的合法权益。

二要建立有效的推动机制。各地应对东西合作活动给予更多的扶持和鼓励，通过财政、税收、金融等手段，尝试各种方法，助推合作深入持久地开展下去。

三要建立合理的利益分配机制。借鉴一些地方采取的分产值、分利润、分税收的方法，解决利益分配问题，真正做到互惠互利，提高合作各方的积极性。

四是建立良好的营商环境。地方有关部门要增强服务意识，改进工作方式和工作方法，加强对东西合作活动的宏观指导和规范管理，特别要做好市场分析、项目储备、政策引导以及合作项目的跟踪检查等工作，杜绝形式主义，求真务实。通过制定切实可行的合作政策，实现区际之间在矿产资源开发、产业转移、对外开放、交通通信、科技合作和人际交流等方面的合作与协调，实现共同繁荣和发展。

### 三、中央政府改善基础设施的政策

从近年的西部发展实际过程来看，中央和地方政府在基础设施等方面已经有了良好的开端。自2000年起的5年中，中国政府已投资8500亿元，其中2450亿元于铁路建设，2003年在建的23个项目中，有15个项目都是为了改善西部的交通运输能力。此外中央和地方政府在此期间相续大规模地实施了惠及所有西部自治地方的"贫困县出口公路建设""西部通县油路工程""县级和农村公路建设"等交通基础建设。共投资了1000亿元，新建和改造了22.5万公里的农村和县级道路。西部大开发战略实施五年来，西部地区陆续新开工 60 个重点工程，投资总规模约 8500 亿元。2018 年，中国政府已投资公路建设 1.99 万亿元，其中西部地区完成投资 9361 亿元，占全国比重 47%。2004 年，国家新开工 10 项西部大开发重点工程，投资总规模 800 亿元，涉及交通、能源、教育、卫生等各个方面。据统计，2004 年，内蒙古自治区、广西壮族自治区、西藏自治区、宁夏回族自治区、新疆维吾尔自治区地区生产总值分别为 2712 亿元、3320 亿元、210 亿元、460 亿元、2200 亿元，分别比上年增长 19.4%、11.8%、12.4%、11%、11.1%。国家继续推进兴边富民行动。2004 年，在原试点基础上新确定全国兴边富民行动重点县 37 个予以重点扶持。2000 年至 2004 年，中央财政投入兴边富民行动资金累计 2.64 亿元，带动全国投入兴边富民的各类资金 150 多亿元，兴建各类兴边富民项目 2 万多个。[①]2009 年底，我国西部地区的公路水路交通投资累计完成投资 13386 亿元，是新中国成立到 1999 年完成投资总和的 5.4 倍。[②] 截至 2016 年，我国西部 12 个省区的交通建设投资总额达 9913 亿元。[③]

许多大中型水利、水电火电项目、青海和新疆油田的进一步开发、兰州—西宁—拉萨光缆、兰州—乌鲁木齐—阿拉木图国际光缆等的敷设，有效改善西部的发展前景和投资环境，有助于诱导沿海发达地区企业转向投资于西部欠发达地区，西部地区的各省区市应加大对中央政府的支持力度。"西进"的企业，其看中的是西部的资源，廉价的劳动力和市场，以及地方性优惠政策。当然有企业的深层目标是延伸自己的产业链，向上游产业或下游产业扩张。这已经初步产生了积极效果。对西部来说，资金等要素的注入，加大了对本地资源的开发和深化加工程度，增加了地方的就业，增加了地方的税收。更有意义的是外地资金的进入，使本地闲置或沉淀的资产得以盘活，地方经济的活力提高。

如甘肃省永靖县，回汉族居民为主，是国家级贫困县，原有贫困村 67 个，贫困县人口 43746 名，贫困发生率为 27.16%。该县加大了招商引资的力度，2002 年共引进项目 20 多个，资金 3 亿元，其中辽宁大连的碳化硅开采加工项目 0.5 亿元，香港药用葛藤综合开发项目 2.6 亿元，广东省深圳投资

---

① 国务院：《中国民族区域自治白书》，源于新华网 2005 年 2 月 28 日。
② 中央政府门户网站（www.gov.cn），2009 年 12 月 03 日，首页工作动态。
③ 经济参考报，2017 年 2 月 10 日，第一版。

的金龙岛旅游开发项目1.3亿元。截至2019年底，该县经过六轮引进项目，注重造血功能，农民人均可支配收入由2013年的3619元增长到2019年底的7569元，经省政府批准退出了贫困县序列。① 重庆三峡地区，在这里集中了原来川东所有贫困县的地区，江苏常州常柴股份有限公司、盐城燕舞集团、上海白猫有限公司、江苏维桑集团、天津王朝葡萄酒公司、山东黑豹农用车集团、广东格力电器和海南富达电子集团、浙江娃哈哈集团等企业，都在这里有投资。这固然有国家指定企业和地区定点挂钩扶贫的因素，但是没有发展前景，企业也不会采取投资与合资的方式进入这个地区。

**四、调整区域产业结构和布局**

青岛近年来一些传统产业衰退，其中主要是纺织、化工、橡胶等产业。出路主要是转移到低成本的地方。青岛红星化工集团，因为原材料成本上升、生产空间污染、支柱产品变化等问题，1991年开始亏损。1992年该公司到陕西安康市的平利县，利用当地的重晶石矿资源，组建红利矿务公司，红星随后与日本蝶理株式会社在四川建立合资企业，生产碳酸钡。1995年该合资公司到贵州安顺的镇宁县组建镇宁红蝶领业公司，因为当地富有重晶石矿和煤炭、石灰石等重晶石矿产品加工的配料。

企业成本上升，在发达程度高的东部沿海地区表现很突出。因为这对一些地区和一些产业已经造成很大压力。比如深圳的三来一补企业一度大量迁出深圳，短期上对深圳市税基影响很大。北京和上海则将市中心的制造业迁往郊区或外地。又如沿海粗纺业，几乎全行业亏损，不得不向西部迁移。广东的甘蔗种植和蔗糖加工业企业因成本上升而萎缩，蔗糖业向广西和云南转移。因而沿海的低盈利、高物耗和高能耗、劳动力密集产业，自20世纪90年代初开始向低成本的地区转移，以减轻成本压力。

在要素的区域间流动渐成趋势的背景下，认识产业西移和区域经济问题的相互关系，无疑对调整区域产业结构和布局，对于东部与欠发达的西部互利合作共同发展有重要意义。

---

① 贺卫光：《对甘肃地区全面建设小康社会的几点思考》，载《甘肃民族研究》2003年第4期，第31页。

江苏盐城响水县逾一亿元投资项目万吨氯酸钠，1991年开始论证以来，江苏电价上升迅速，到1995年仅电价一项，便无法再获盈利，只好迁往青海柴达木。青海电价仅为江苏的1/3，其原材料——青海盐湖资源可以完全在当地提供，青海劳动力成本比江苏低25%。这一高耗能项目仅在用电成本上，就可以减支1700多万元。深圳近十年来产业成本居高部不下，直接导致了工业企业亏损面扩大，2003年深圳市仅龙岗区亏损企业达136家，亏损面为27%，同比上升4个百分点。①

深圳企业成本之高，关键原因是行政区划的特殊性。据2003年资料，特区线内外企业成本即有很大差别：线内最低工资为620元，线外的宝安、龙岗两区则为540元。隶属深圳的龙岗，与东莞市凤岗相距不远，但是企业成本差别很大。见表6-1。

表6-1　2003年深圳龙岗与东莞凤岗的企业成本比较②

|  | 深圳龙岗 | 东莞凤岗 |
| --- | --- | --- |
| 工业用地价 | 280–350元/平方米 | 90–130元/平方米 |
| 水 | 1.2元/立方米 | 0.85元/立方米 |
| 电 | 1.2元/度 | 0.85元/度 |
| 工资 | 300–500元/月 | 200–350元/月 |

据深圳—中国综合开发研究院唐杰博士的调查，1994年深圳特区的多家银行向内地拆出资金77.75亿元，是1990年的3.56倍。从1987年到1994年，深圳企业到内地80多个地区兴建独资、合作项目1390个，资本金超过100亿元。在高成本的压力下，许多三来一补企业纷纷迁移至特区以外的河源、惠阳等地以及外省区。1991年深圳的皮革工业有1200余家企业，到1999年就只有600多家，期间倒闭了近500家，外迁100余家。1995年初，深圳市的龙岗、宝安两区因企业外迁而闲置的厂房达到200万平方米左右，加上市中心区的闲置的厂房，共达255.6万平方米，几占深圳市厂房面积的30%。③

---

① 2004年7月18日《经济日报》。
② 根据2003年深圳龙岗区统计年鉴数据整理。
③ 2001年11月9日《深圳特区报》。

传统产业在沿海发达地区的困境由此可见一斑。

2000年，上海拟投资150亿元，将上海传统工业向外地转移20%，为新产业发展腾出空间；同时，为恢复上海产品的市场份额，将产业向外地扩展，要让大集团在外地的资产占总资产的15%，而其在外地市场的销售额占在沪销售总额的10%。[①] 这些措施如果完全落实，预兆着中西部有可能得到上海较大规模资金和技术转移。截至2010年，上海的许多企业外迁中西部地区，上海市政府为经济转型和环境保护做出了壮士断腕的决策，取得了较大的成效，空出的土地后，金融业、房地产业等服务业蓬勃发展起来。目前，上海在全球金融中心的排名中稳居全球金融中心前五[②]，并形成了强大的工业体系，拥有34800亿元的工业产值和100000亿元的工业增加值。

由此可见，东部沿海企业中部分低利的劳动力密集型传统企业，将有相当一部分迁移到内陆的西部地区，拉动这些地区的发展；苦于原材料价格上涨的企业，或许会有小部分转向利用开放经济而使用进口原材料，但是大多数这类企业没有能力这样做，而只能依赖国内市场供给，因而它们也有必要向原材料产地靠拢，确保自己的原材料供应。

所以西部地区应当对引资政策重新定位，把重点放到吸引国内投资上；同时完善政策和法律规章，以保护外来投资者的利益。同时要深化改革，优化东西部新经济关系。西部只有在调整引资目标、扩大开放对象的基础上，着力改善投资的硬软环境，才能有效吸引外来投资。而要改善投资环境，则要深化改革。因为西部欠发达所反映出的深层原因，是改革滞后。西部地区只有深化改革，增强开放意识（不仅仅是对外资开放，也包括内资），才能通过自身的努力和外来资金等要素的促进发展，弥合区域发展差距。要素流入西部欠发达地区，本身就是刺激当地的发展。更重要的是，从现有案例来看，许多项目同时借东部要素的转移而达到了改造国企产权结构和产品结构的目标。

这种异地产权交易活动展开的过程中，非常突出的特点是沿海的优势企业向西部的扩张。据不完全统计，2001年西北的陕西、甘肃、宁夏、青海、

---

① 周兴维：《战略中心的西移》，民族出版社，2001年版，第77页。
② 根据国家高端智库中国（深圳）综合开发研究院与英国智库Z/Yen集团共同编撰的第27期、第28期、第29期全球金融中心指数排名（GFCI27、28、29）。

新疆五省区与东部省份以资产重组为特征的企业间合作项目就达4000项左右，协定金额135亿元。这一进程也带动了5000余人次的专业和技术人员的交流。上海工业企业在2002年的100项东西合作项目中，控股和参股者就达91项。比如青岛啤酒出资控股西安汉斯啤酒、青岛海信控股贵阳华日，深圳康佳在东北、华北的参股、购并等。其中也包括了沿海各地区产业结构重组而产生的产业西移，如蔗糖业由广东向广西、云南的转移；上海粗纺业向新疆的转移以及国家纺织总会安排的沿海两千万锭纺纱能力向西部的迁移等。

对于西部地区的省区政府来说，认清这个大趋势，因势利导地利用沿海资金技术来帮助促进本地的发展，促进各种所有制企业，尤其是非国有企业的发展壮大，以增加就业和国民收入，就十分必要。为此制定相关的地方法规和政策并实施之，藉以吸引和保护国内投资者的利益，是西部各省市区政府和立法机构的一个工作重点。

# 第七章  西部地区产业结构的调整与政策选择

西部地区地域面积广阔，土地资源类型复杂多样，大部分为山地、丘陵和戈壁沙漠，非耕地资源占土地面积的95.8%。由于这些特点，西部地区发展在空间布局上既不可能采取遍地开花、分散投资的方式，也不可能采取高度集聚的"极化"方式。如何求取一套合适的产业政策，以指导西部的产业结构调整，既涉及西部的发展，也与我国的区域经济协同发展密不可分。

## 第一节  投资结构调整与产业升级

中华人民共和国成立以来，国家对西部地区的建设投资一直就没有停止过，但是，以前国家对西部地区的投入除了政治稳定与国防安全等因素的考虑外，大部分时期主要着眼于对西部的资源开发，西部实际上成了东部加工企业的原料、燃料产地。这样的政策结果，并没有使西部经济得到快速增长，当地居民也没有因此得到太大的实惠，反而与东部的差距日益拉大。这种传统计划经济体制下完全以国家投资为主体的西部发展，属于典型的"国家推动型外源开发"。这种开发方式，由于微观不合理的建设布局，结果使得投资效益低下，与地方经济融合性差，并对国家产生了高度的依赖性。

从过去二十几年的西部开发来看，国家从财政、金融、基础设施、人才培养以及科技等方面都加大了投入，基本的方针政策是通过这一系列投资结构的改变提升西部地区整体的产业结构，使西部地区的整体面貌得以有实质性的改变。

### 一、国家对西部地区的投资结构

首先，中央加大了对西部地区的财政支持。改革开放初期，由于西部各省基本上都是吃财政饭，财政支出结构中用于建设性的支出所占的比重就相当小。

其次，近几年，中国金融业对西部信贷支持力度不断加大。2003年底，贷款余额为1.89万亿元，比上年增长16.1%，比全国平均增长速度高出1.5个百分点，所占比例上升到15%。其中，固定资产贷款余额4840亿元，增长17.8%比全国固定资产贷款增长速度高出2.3个百分点。① 另外，在这次西部发展中，国家开发银行在基础设施建设、生态环境保护和发展特色经济、发展科技教育、提供智力支持等方面，加大对西部地区的贷款支持力度。2000年2月17日，国家开发银行成都分行向四川省提供530亿元贷款，用于支持交通、通讯网、自来水工程、高新技术、城市建设等方面。② 同时，国家加大资金的投入，促进西部地区经济和社会事业的迅速发展，当地人民的生活水平不断改善。为加快西部地区和民族自治地方的发展，中国政府于2000年开始实施西部大开发战略，全国5个自治区、27个自治州以及120个自治县（旗）中的83个自治县（旗）被纳入西部大开发的范围，还有3个自治州参照享受国家西部大开发优惠政策。③

为了加快西部发展，除了国家政策性银行等金融机构向西部的信贷倾斜外，由中央和各省市以及一些社会捐赠共同成立的"西部发展基金"，也将为西部地区基础设施建设和重点产业发展提供投资补贴。对于一些投资于西部的交通、电力、水利、农业、资源型产业和高新技术产业的项目，国家不仅给予税收优惠，还可以予以投资补贴，通过此举降低企业因投资于西部而增加的运输成本、环境成本和心理成本等。

其三，加大人才培训。西部大开发最根本的是人才问题，不解决西部地区的人才资源，西部发展也不会有什么实质性成果。为此，人事部研究拟定"西部人才资源开发计划"，主要为加强西部地区急需的技术骨干提供培训，组织海外留学人员围绕西部发展进行考察，支持、资助更多的留学人员到西部作研究、创业，至2002年已组织6期西部地区的人才出国考察学习，引

---

① 根据2004《中国统计年鉴》的有关数据整理，中国统计出版社，2005年版。
② 范方志、张立军：《以金融结构的优化促进西部产业结构的调整》，载《中国国情国力》2004年第3期。
③ 国务院新闻办公室：《2004年中国人权事业的进展（白皮书）》，2005年4月。

导东部沿海地区科技人才通过技术入股、承包经营等多种形式参与西部建设。另外还成立了西部地区人才开发工作协调小组，制订西部人才资源开发的具体实施方案。

其四，交通运输条件将得到根本性的改善。公路方面，从2001年至2010年，一方面期间继续加快西部地区国道主干线的建设，另一方面将重点实施西部发展大通道工程。重点规划建设8条公路大通道，即甘肃兰州至云南麻憨口岸，内蒙古包头至广西北海，新疆阿勒泰至红其甫口岸，宁夏银川至湖北武汉，陕西西安至安徽合肥，湖南长沙至重庆、青海西宁至新疆库尔勒，四川成都至西藏彰木口岸，这8条公路总规模近1.5万公里，10年间已建成2700多公里，在建1900多公里，总投资300多亿元。计划在未来20年左右时间建设其余路段，约需投资1200亿元。[①]

铁路运输方面，"十五"期间，规划中的西部铁路大中型项目基本建设已达到1000亿元左右，到2005年底，西部铁路已达到8万公里。"十一五"至"十三五"期间完成了西部地区陇海铁路宝鸡至兰州复线，西安至合肥铁路、株洲至六盘水复线、遂宁至重庆至怀化铁路，达县至万县铁路，万县至枝城铁路，太原市至中卫铁路开工建设，兰新高铁、青藏铁路、乌喀铁路、乌喀高铁及拉萨至林芝的铁路铺轨。

航空运输方面，目前民航重点建设有：加快成都、乌鲁木齐机场建设，新开工咸阳机场扩建，敦煌机场和西宁机场飞行区改造等项目；支线机场建设主要有：建设并完善成都、乌鲁木齐、西安等主要干线机场及其他配套设施。

其五，加大对林业和生态建设的投资。我国用于林业和生态建设的投资将达到2000多亿元，重点是对天然林的保护。2005—2015年，国家投资1000多亿元，在长江上游、黄河中上游实施造林绿化工程。另外，将在西部生物多样性较为丰富、生态环境比较脆弱的地区尽快建立一批自然保护区，建设总面积达到600万公顷。在青藏高原高寒区，主要实施藏羚羊、普氏原羚羊、马鹿和雪豹等拯救工程；在长江、共河源头和高源湖泊地区实施湿地保护示范区建设，完善高原干旱、半干旱荒漠生态系统保护区建设。2010年，这一地区的自然保护区已达到40多个，面积4500余万公顷。在西南高山峡

---

① 国务院新闻办公室：《2004年中国人权事业的进展（白皮书）》，2005年4月。

谷区将新建 40 处保护区和生走廊廓带；在蒙新高原荒漠区，启动 4 个典型生态系统保护区工程建设；在西南山地丘陵区，实施特有雉类栖息地和自然保护区建设。五年之后，这一地区的自然保护区总数达到 90 个。

其六，科技方面的投资将进一步得到改善。国务院已批准了 7 个经济技术开发区升格为国家经济技术开发区，其中有西安、成都、昆明、贵阳四市的开发区。"九五"期间，科技部通过各项计划共安排了约 2.8 亿元资金支持中西部的科技发展工作，实施了西部地区的"干旱区生态环境演化""节水工程""黄河水资源演化与可持续利用"等一批重点工程项目。2000 年科技部投入 5000 万元科技专项资金，启动"西部发展科技专项行动"。[①] 用于包括生态环境修复与治理、工业污染防治技术的研究开发，推广先进适应技术，开发具有西部特色的优势产业。2019 年我国西部地区的科技经费投入达 2858.5 亿元，比 2018 年增长 14.8%，快于东部地区的 10.8%，追赶步伐明显加快。[②]

## 二、西部地区的产业升级

随着国家对西部地区投资结构的变化以及投资规模的增加，西部地区传统的、落后的产业结构也必将面临一系列的调整、变化。随着我国加入 WTO，西部地区落后的低加工，劳动力密集型以及低技术含量、高污染等传统产业正在进行调整与升级，西部地区的产业结构调整如下：

第一，逐步压缩、淘汰一些产能过剩的技术落后的低档次加工产品。大量的中低档产品生产能力严重过剩，这是中西部面临的结构性过剩问题，由于现实基础和投资环境的差异，这些产品竞争力较弱，极易受到挤压。这次西部发展，国家在基础设施上投入了巨资，这将有利于提升整个西部地区的整体竞争力，加速产品流通，也更加有利于产业结构的升级调整。在这个过程中，首先应逐步压缩淘汰一些没有市场竞争力的、生产能力严重过剩的中低档产品。

---

[①] 李永新：《用科学发展观审视我国能源可持续发展战略》，载《中国企业报》，2005 年 3 月 4 日。
[②] 国家统计局、科学技术部和财政部发布的：《2019 年全国科技经费投入统计公报》，2020 年 8 月 24 日。

第二，改粗放式的劳动力密集型产业为资金、技术密集型产业。整个西部发展中，财政以及各政策性银行目前已对西部投入大量的建设资金，另外，大举引进的"高、精、尖"技术人才，以及国家重点培育的西部四大高新技术产业开发区，都为西部地区企业改变投入方式、提高技术含量提供了有力保证。我们已经进入信息时代，知识经济也已经来临，加入WTO后，任何企业都面临来自国际市场的竞争，西部企业只有不断地加大技术投入，提高自身的科技含量，不断创新，才能在国际市场上寻找到立足之地，西部经济的整体面貌也才能有所改变。

第三，必须改变"立足资源搞开发"的传统发展思路，从资源依赖型转向市场导向型。在市场经济条件下，决定地区产业选择和发展的主导因素是市场需求，而不是本地的资源禀赋，而且资源型产业大都具有成本递增的特点，当资源开发到一定深度后，难以通过技术创新来提高效益水平；如果一个地区长期将资源性产业作为支柱，那么资源的枯竭也必将导致该地区经济的衰退。国家以前对西部的两次大开发都是立足于资源的开发，结果导致了东西部差距的继续拉大，居民收入的持续下降，这次的西部发展，国家设立了专项基金，为的就是要资助这些产业转型。

第四，要从重点培育地区的比较优势转向为重点培育地区的竞争优势。在市场经济条件下，市场竞争日益激烈，"特色产业"的选择余地会越来越小，"人无我有"的情形也将只能是少数和暂时的。加入WTO后，跨国资本将会对西部弱小的产业形成强大的冲击，东部地区也有可能减小对西部的原材料需求，而转向国际市场。因此，西部地区必须改革现有的相对封闭状态，融入国际竞争大环境中去，以此培育西部产业和企业的竞争力，力争"人有我优"。当前加快对西部地区国有企业的技术改造和战略性重组等等，都为西部企业的重新改造和转型升级创造了契机。

第五，大力发展第三产业，包括西部的特色产业、旅游产业、生态产业等。"十五"期间，国家用于西部发展的林业和生态的投资已达到1000多亿元，[①]用于基础设施的投资也巨大，特色经济、旅游产业等本身就是西部的优势产业，西部地区应充分利用这资助契机，进一步完备基础设施，提高服务质量、

---

① 根据2001—2005年《中国统计年鉴》的有关数据整理。

服务档次，改变传统的服务意识和观念，增加第三产业的投资改造力度，充分利用西部地区现有的特色资源发展具有西部特色的第三产业群。

## 第二节 区域和产业壁垒的消除与西部资源输出效率的提升

长期来，西部都是一个资源的输出地。这一次的西部发展，西部仍然要输出资源，但不同的是，过去是计划调节，现在为"西电东送""南水北调"的成功和高效益，必须运用法律手段和市场手段，消除行政垄断。

### 一、市场经济条件下西部资源产品的输出

1. 西气东输。西气东输工程已经启动，首期工程已经建成，并已开始供气。该工程包括油气资源勘探开发、输气管道以及城市管网、工业利用等相关项目建设，第一期工程投资将达1200亿元。此工程将建设4200公里管道，管网线投资超过3000亿元，将塔里木盆地的天然气东送，经过甘肃、宁夏、陕西、山西、河南、安徽、江苏7省（区）到上海，供应长江三角洲地区和沿线各省（区）的工业和居民用气。初期年供气120亿立方米，2005年输气80亿立方米，第一期2007年全部建成，2010年输气205亿立方米以上，确保稳定供气30年。①

西气东输工程的启动，意味着西部地区更加注重天然气资源的勘探开发。目前，我国西部地区有塔里木、柴达木、陕甘宁、川渝四个国家级的天然气田。其中，塔里木盆地1999年底共探明五座大中型气田，累计探明储量为4190亿立方米；陕甘宁地区的储量为2340亿立方米，并已建成22亿立方米的年产能力，开始向北京市输气；川渝地区的累计探明储量达5795亿立方米；柴达木地区的天然气资源已探明1472亿立方米。专家们预测，今后还会发现更大规模的天然气田，截至2004年底，探明的天然所储量已达到3.45万亿立方米，2010年已建成500亿立方米的年产能力。②2016年第二期完工，

---

① 新华网：《中国少数民族区域自治白皮书》，2005年2月28日。
② 新华网：《中国少数民族区域自治白皮书》，2005年2月28日。

我国 4 亿人口受益。

2. 西电东送。西电东送是我国的一项重大的能源发展战略，中央和广东、广西、云南、贵州四省区从 1988 年就已开始运作。1991 年，中国南方电力联营公司正式成立，已建成连接 4 省区的两千多公里 500 千伏线路。1999 年广东省全省用电量 1071.6 亿千瓦时，其中"西电东送"的电量计 39.9 亿千瓦时，比 1998 年增长 50% 以上。广东电网平均上网电价为每千瓦时 0.52 元，而西电送到广东的网电价为每千瓦时不到 0.3 元。①

1999 年 12 月 18 日，为促进"西电东送"战略的实施，中国南方电力联营公司改名为国家电力公司南方公司。2001 年，国家电力公司与贵州共同出资设立了乌江水电开发有限公司，加快乌江流域的水电开发，与广西、云南先后签订了合资建设龙滩、小湾电站的协议，加快红水河流域的水电开发。南方这四个省区通过电力优先实施西电东送，双方将创造一个"双赢"：一方有市场优势，一方有资源优势，正好优势互补，资源共享。目前，西南地区送电广东的通道已经建成，并已有了良好的基础。该战略的实施为西部发展带来更多机遇的同时也为东部地区带来更多的便利。②

3. 南水北调。南水北调两线工程是从长江上游干、支流（主要指通天河、雅碧江、大渡河）调水到黄河上游的一项跨流域调水工程，可以解决青海、甘肃、宁夏、内蒙古、陕西、山西的严重缺水问题，可以起到开发西北、发展经济、治理黄河的作用，对全国经济发展具有战略意义。

1952 年，"黄河水利委员会"就已组织过从通天河调水到黄河的线路踏勘。1987 年 7 月，国家计委将此项目列入"七五"超前期工作项目中。由于自然的原因，西北地区虽然在土地、矿产能源方面具有优势，但水资源极为匮乏，受此制约，其资源优势难以发挥，而调水可使农业增加供水量 109 亿立方米，使粮食增产 1168 万吨。西调水工程同时可以促进西北工业发展，可以带动第三产业的发展，对绿化环境、调节气候都颇为有效。调水具有巨大的经济效益，据有关专家测算，每调 10 立方米水入黄河，年效益约为 3 万元。2018 年 8 月 21 日，黄河水利委员会政府采购办公室南水北调西线工程规划

---

① 2000 年 3 月 12 日《南方日报》，珠三角地市版。
② 左尚志：《抓住机遇实施西部大开发战略》，载《社科纵横》2000 年第 3 期，第 5 页。

方案正式出台（预算为 4892 万元）。2020 年 4 月 16 日正式开展查勘。我们力争在遵循自然规律和社会经济规律的基础上，把这一工程做好而造福后人。

### 二、区域经济的发展与消除行政垄断

目前，世界上已有 100 多个国家水电资源开发达到 50% 以上，但因为种种原因，我国水电开发比例之低、火电比例之高，均可说是很不正常、很不科学、很不合理的。以四川省为例，全省拥有大小河流 1400 余条，水能理论蕴藏是量达 1.03 亿千瓦。然而，尽管四川已有水电开发历史近 80 年，但其实际开发量目前仅为技术开发量的 10%。① 一个尤其值得重视的问题是，随着二滩电站全面投产，受城乡电网建设滞后和其他种种因素制约，全省呈现了低水平的电力过剩现象，只能使用 60% 的发电能力。而西部地区相对过剩，而东部地区的这些资源都相对较为稀缺，所以西电东送、西气东输及南水北调等工程都已具备理论上的和技术上的可行性。

但现实当中，由于我国各省区之间市场的相互封锁、行业垄断以及各地区之间的地方保护主义现象的普遍存在，各省区为了各自的地方利益而相互封锁市场。当前的西电东送就已受到这样的现实制约。东部沿海地区为了自身的地区利益，以技术等理由为借口，限制西部的电力进入东部市场，又为了自己的地方利益而大举上马一些耗资源、高污染的小火电及小水电等项目。这样不仅造成了西部地区大量电力资源的严重浪费，甚至连一些大型项目的发电能力也根本没有发挥应有作用，就被迫处于闲置状态。

比如，二滩电站在 1998—2000 年间的 3 年实际上网电量约为 137.45 亿千瓦时，而二滩电站这 3 年可供发电量约为 320 亿千瓦时，也就是说，二滩电站在此 3 年间的弃损电量为 183 亿千瓦时，这些巨大的损失就是地方保护主义和产业壁垒政策所致。② 显然，欲使"西气东输""西电东送"以及"南水北调"等项目取得应有成效，清除区域壁垒是一个前提条件。

要确保西气东输、西电东送以及南水北调等项目发挥应有之作用，必须打破现有的地区产业壁垒，在全国范围内建立一个统一的，公开、公平、自

---

① 李永新：《用科学发展观审视我国能源可持续发展战略》，载《中国企业报》，2005 年 3 月 14 日。
②《经济参考报》，2002 年 4 月 9 日。

由竞争的国内大市场，努力减少地区之间的封锁，减少地区之间的行政性阻碍，以进一步减少各地区之间进行交易的成本。只有在全国范围内建立起了这样一种公平、公开、自由竞争的国内大环境，各地区之间才有可能进行更深入的交易、交流，才有可能确保各地区之间的资源以及产品在低交易成本下进行充分的自由流动，提高资源的配置效率；也只有在这些前提下，国内企业才有可能直面 WTO 的挑战，西部地区才有发展的自由环境；也只有在这些前提下，国家为西部发展而制定的诸如西电东送、西气东输等项目才会发挥应有之作用。

经过几年的开发实践，国家已经注意到以上问题的严重性，2001 年，已按照中央机构编制委员会和国家经贸委的意见，原电力工业部直属的 27 个省市区电力工业局，在其电力行政管理职能移交给所在省市区经贸委后已被撤销。华东、东北、西北、华中电力管理局随后也撤销，其承担的跨省区资源配置、规划等行政职能由国家经贸委承担。有关工作业已完成。这将为"西电东送"奠定良好的基础。

### 三、打破区域和产业壁垒需要强有力的法律保障

从法律体系的建构及其良性运行的角度来看，如何防止和降低各省区市地方政府对地方法律机构及法治运行的影响，对打破地方保护主义、形成统一的国内大市场有着至关重要的保障作用。比如，涉及各省区市各产业或行业之间的商务关系，由谁决定、怎么决定，对于地区间产业壁垒的形成、阻止或消除就是极其重要的。

目前，我国的法院的人事和财务都直接隶属于各级地方政府，司法权在现实中往往受到政府行政权力的无形控制，如司法人员直接或间接地由地方行政官员任命，并按照行政隶属关系和公务员规则进行管理，这就为各地方政府通过司法权保护自身地方利益和行业利益创造性条件。这也在很大程度上直接制约了整个国内大市场的形成，更难确保各地之间做到公开、公平、自由竞争。

我们应利用这次西部发展之机，加紧国家的司法体制改革，加强司法独立，严格限制各种地方保护主义和行业保护行为，通过立法来确保各地之间充分地开放市场，通过立法来限制地区之间的产业壁垒。

近年来，各地之间相同产业、产品的竞争尤其激烈，各地区为了保护当地的同类产业，往往实施各种不同形式、不同程度的市场管制、封锁，以限制外地同类产品的进入。所有这些地区壁垒，只有通过立法尤其是司法和执法的统一协调，从而规范竞争规则、减少地区间利益冲突才能得以打破。显然，这也是西部发展战略所面临的重要课题。

## 第三节　重视生态经济建设

国家将生态建设列为西部发展的重中之重，突出了西部的生态环境问题。因此，实施西部地区发展，必须把生态经济建设和新兴产业建设紧密结合起来。

### 一、西部生态恶化的现状

20世纪90年代末至21世纪前10年间，西部地区的生态环境日益恶化，虽然国家和西部地区民众在生态环境保护和建设中做了大量的工作，取得了可喜的成绩，避免了生态环境的严重恶化，但是在世纪初西部地区的生态环境问题仍十分突出。以宁夏回族自治区为例，水土流失面积占全区总面积的75%，每年从宁夏输入黄河的泥沙有1亿吨之多。宁夏年平均降水量305毫米，年蒸发量1800毫米，除国家分配给宁夏黄河过境流量40亿立方米外，当地地表水资源仅为10.2亿立方米，人均占有量为228立方米，是全国人均水平的1/12，每亩耕地占有量51立方米，是黄河域平均值的1/7，仅相当于全国平均值的1/40。[①]

地处长江黄河源头的青海省，由于水土流失造成气候和环境的恶化所形成了大范围的沙化土地，已由20世纪50年代初期的7995万亩增加到2005年初的2.17亿亩，后又以每年200万亩的速度扩大。全省草场中度以上退化面积近1.1亿亩，占草场总面积的20.1%。共和县塔拉滩3万多亩草场，每亩鲜草产量由20世纪80年代末的111公斤下降到目前的64公斤，黄河源

---

[①] 李永新：《用科学发展观审视我国能源可持续发展战略》，载《中国企业报》，2005年3月14日。

头地区 20 世纪 80 至 90 年代年均草场退化增加速率，比 20 世纪 70 至 80 年代增加一倍多。长江流域区 90% 以上的沼泽地干涸，许多河流断流，雪线上升，冰川退缩。黄土高原水土流失面积目前已达 45 万平方公里。①

我国西部森林的过量采伐现象极为严重。据统计，砍伐与更新之比约为 10：1。40 多年来，总计砍伐不少于 6000 万立方米。岷江上游的森林覆盖率已从 20 世纪 50 年代的 30% 左右，下降到 20 世纪 80 年代的 18%，再下降到 20 世纪 90 年代的 12%，全省的森林覆盖率已从 20% 下降到 11%。20 世纪 50 年代初期云南的森林覆盖率为 60%~70%，但是近 40 年间，由于毁林开荒、森林火灾以及烧柴和乱砍滥伐等违反生态规律的活动，使原始森林遭到破坏，到 1990 年，森林覆盖率已下降到 25% 左右。②由于森林的破坏使其相对稳定的生态系统失去了平衡，造成许多珍贵稀有的野生动植物处于灭绝的境地。原始森林的破坏也引起了水文条件的恶化，水土流失严重，土壤质量下降。

## 二、经济建设与生态建设并举

生态环境是人类生存和长久发展的基本条件，是经济、社会发展的基础。加强西部地区的生态环境建设，不仅有利于西部地区改善自身生产、生活环境，而且确保西部发展战略得以顺利实施，有利于西部和全国的整体经济发展。据统计，20 世纪 90 年代以来，全球用于环境建设的总投资增长了 3 倍，到 2004 年，世界环保市场规模已经突破 4000 亿美元。③目前在一些发达国家，无论从人均产值还是发展速度上，环保产业都远远超过了其他行业。作为新世纪世界经济的一个亮点，有利于环保的任何领域，都会有巨大的商机和无限的市场，生态经济建设也将成为西部发展战略成功与否的关键。

因此，为加强西部地区的生态环境建设，确保西部发展战略顺利实施，必须坚持经济建设与生态建设同时进行的方针，具体而言，应切实做到以下几点：

---

① 宋才发：《实施西部民族地区退耕还林还草决策措施的法律思考》，《西北第二民族学院学报》2003 年第 1 期，第 53 页。
② 宋才发：《实施西部民族地区退耕还林还草决策措施的法律思考》，载《西北第二民族学院学报》2003 年第 1 期，第 53 页。
③《法制日报》，2005 年 4 月 12 日。

1. 在西部发展中，彻底转变以牺牲生态环境为代价的经济发展方式，切实实行"经济建设和生态环境并重"的指导方针，尤其应采取措施防止一些地方领导干部的"短期行为"——为短期的经济增长而盲目加大资源开发的力度，避免西部地区生态环境的进一步恶化。①

2. 认真研究使经济建设与生态建设同步发展的具体措施，使西部发展具有科学的决策依据。在此基础上，再有选择地确定要开发的项目。

3. 在实施西部发展过程中，应抓紧编制和实施全国生态环境保护纲要。对特殊生态功能区实施抢救性保护，对生态环境良好区实施积极的保护，对矿产、森林、草地等重点自然资源的开发进行强制性保护。

在以上三条基本原则的指导下，当前的西部生态经济建设首先应以生态治理为重点，在具体的经济建设决策方面，还应注意以下几方面的生态建设：

1. 把水资源的合理开发利用作为西部地区最重要的基础设施建设。退耕还林、还草、还牧，是实施西部生态经济建设的必然举措，然而，所有这些措施能否得以落实的根本关键在于水资源的开发。南水北调工程正是解决西部水资源的根本性措施。

2. 加大草业和治沙产业的开发力度。草原是重要的生态屏障，以草为先，创造出适合植物生存的条件，然后在此基础上种植灌木、乔木，再配合草料加工、养畜转化、畜产品加工以及社会科技服务体系建设，这些既解决了退耕还草与人口就业之间的矛盾，又能形成协调发展的草地生态经济体系。

3. 实施新的人口迁移政策。之前，由于超伐超牧，西部不少林区和草地区已经变成生态脆弱区，所以应果断采取移民措施，将生态脆弱区的居民迁移出来。生态恶化对国土经济安全已经造成了严重的影响，我国生态脆弱区的问题实质上是资源超载的问题，即该地区人口生存的问题。解决这些问题的出路只能是大规模的外迁人口。我国西部地区有大约50%的山地是25度坡耕地，如果所有25度以上的坡耕地都退耕还林，那么西部地区将会有约3700万人没有生存的依托，这就必须考虑西部地区新的人口政策。

4. 解决好农牧民的能源替代问题。长期以来，西部地区始终被环境恶化和能源匮乏困扰。一些能源严重不足的地区，农牧民为解决生活燃料要花费

---

① 左尚志《抓住机遇实施西部大开发战略》，载《社科纵横》2000年第3期，第5页。

1/4 的农村劳动力砍伐树木或大量草皮作为燃料,这些行为加剧了水土流失。因此,在花大力气植树造林时,也应当加紧研究解决农村能源的替代问题。

5. 充分合理利用农业资源。发展生态高效农业,把农业生态和环境保护结合起来,实现经济、环境的协调发展。例如:重庆市与西南农业大学合作,共同编制了生态高效农业发展规划,确定了"以现有生态资源为基础,围绕菜、猪、鱼、奶、果、花和观赏农业七大主导产业和产品,面向国内外市场,以经济效益为中心,山、水、林、田综合开发"的方针,实施生态战略。① 这些措施,促进了农业走上生态循环有序、产业协调衔接的良性轨道。2010—2019 年新疆地区的休闲农业和乡村旅游精品蓬勃发展。在伊犁哈萨克自治州开辟了果子沟—科古尔琴薰衣草园—中华福寿山景区—解忧公主薰衣草园—丝路农桑园农业观光游。在阿克苏地区推出的玛尔江布拉克休闲乐园—喜仁休闲农庄乡村生态游路线,均取得了较好的成效,全年全区 64.57 万贫困人口脱贫,976 个贫困村退出,12 个贫困县摘帽。②

6. 在重要的江河上游地区生态保护与下游地区资源开发之间建立补偿机制。上游地区的生态保护为下游艺地区的发展提供了良好的环境资源,使下游地区在得到了良好的环境效应后使经济得到更好的发展。所以有必要在此建立某种补偿机制。同时,还应注重生态保护的示范效应,建设一批生态乡镇和生态村,以保证西部城市化过程中对生态环境的重视深入基层。示范区建设可以找准经济发展与生态保护的结合点,帮助环保部门寻找参与决策的结合点,提高基层环境保护工作的地位,加强基层环境保护机构的建设,增加基层环境保护与环境建设的投入。

为了确保此次的生态经济建设能在西部发展中发挥其充分、切实的应有作用,我们还应该在加强科学技术研究的同时提高环境管理的科学水平不断推广采用各种适用技术,多渠道为西部生态经济建设筹集环境保护资金,做到自然环境保护与小流域的开发治理相结合,加强生态建设的宣传教育,提高全民的生态意识,使广大干部和群众自觉地、主动地投入到改善环境的活动之中,使西部的环境面貌不断地以进化,同时也使西部地区的整体经济

---

① 左尚志:《抓住机遇实施西部大开发战略》,载《社科纵横》2000 年第 3 期,第 5 页。
②《新疆维吾尔自治区 2019 年国民经济和社会发展统计公报》新疆统计局 2020 年 4 月 1 日。

借助这次的生态经济建设得以提高。

专家预测,今后几年,全球每年将有超过5000亿美元的用于环境改善和服务完善方面的投资。目前,美国、德国、日本等发达国家的环保产业的年总产值已超过1500亿美元。美国的美净公司从1990年创办至今,已从一家营业收入仅为1600万美元的较小型公司挤入全球排行榜的前300位。如今,美净公司已拥有50亿美元的年营业收入。而许多发展中国家也纷纷开始加强对环保产业的投资。由此可见,西部发展中的生态经济建设将会是西部走出贫困的绿色之路。目前,国家已经从政策的资金方面加大了对西部地区的生态建设和环境保护。中国政府确定的《全国生态环境建设规划》中的四个重点地区和四项重点工程全部在西部地区。国家实施的"天然林保护工程"和退耕还林、退牧还草项目主要在西部地区。此外,国家还在新疆实施了"塔里木盆地综合治理工程",在青海玉树藏族自治州实施了"三江源保护工程",并高度重视南方喀斯特地区的生态治理。[①]

## 第四节 全面发展西部地区的特色经济

西部地区的开发是个系统工程,国内外市场发展的趋势越来越清楚地表明,市场经济在一定意义上就是特色经济,市场竞争就是特色竞争,企业和品牌的差别化战略必然是特色战略。因此,西部发展,必须立足于发展特色经济,包括特色资源、特色产业、特色产品、特色技术、特色竞争等等。

### 一、特色资源

西部地区能源、矿产资源储量巨大,品质优良,而且资源成片分布,布局集中,是建立具有西部特色的矿产资源开发网络的有利条件。目前,这一地区正在发展成我国的能源、冶金、石油、化工等工业生产的基地之一。在西部的西南地区,铁矿储量占全国的1/5,有仅次于鞍山本溪铁矿的攀西钢钛磁铁矿,锰矿储量为全国的60%,西南的铅锌储量占全国的30%,钻石矿储量也位居全国第二位,锡矿储量占全国的70%,汞矿占全国的62%,锑矿

---

① 国务院新闻办公室:《2004年中国人权事业的进展(白皮书)》,2005年4月。

储量占全国的50%。在西北地区是以有色金属矿为主,主要有铜、铜镍、铅锌、铝以及一些稀土金属。[①]

西北有丰富的石油、天然气、煤炭资源,西南有丰富的水能蕴藏资源。如青海柴达木盆地是中国四大内陆沉积盆地之一,已探明含油面积145.4平方公里,发现油气田22个、天然气田5个,油层多,储油丰富,是中国西北地区较有希望的产油区之一。新疆境内的塔里木盆地、准噶尔盆地具有良好的生油、储油构造,是中国内陆找油最有发展前景的地区之一。陕西铜川、宁夏石嘴山煤矿及乌鲁木齐煤田、哈密煤田等都是西北地区主要产煤基地。

另外,西部地区还拥有全国最丰富的水能资源,我国水资源中85%分布在西部,可建设近100座水电站。

### 二、特色产业

西部地区的经济发展,需要遵循比较优势原则抓好"特色产业"。除新疆的石化、纺织,四川的电子等工业产业外。西部地区以其悠久的历史和复杂地貌,形成的丰富多彩得天独厚的人文、自然旅游资源,为西部旅游业的发展提供了客观自然条件。西部贫困地区自然条件差,经济条件发育不成熟,社会环境脆弱,长期处于封闭落后的经济状况。旅游新兴产业可以打破封闭,增强活力,对贫困地区脱贫具有特殊的重要作用。

自然旅游资源方面,有壮观的雪峰云海、神奇梦幻般的溶岩风光,有茂密的森林植被,雄伟壮丽的名山大川。概括起来主要有:西北的奇峰险山,如以雄、奇、险著称的五岳之一的华山,以风景秀丽闻名的甘肃平凉崆峒山,以奇峰侧峰著称的陕西太白山和天山、祁连山;独特的山川地貌,如西北的黄土高原且有典型黄土地貌的特征,陕南、陇南、云贵高原、广西等具有大量的喀斯特地貌,奇洞怪石密布其间。另外还有中国海拔最低的吐鲁番盆地,世界地势最高的帕米尔高原、青藏高原等;热带、亚热带风光,如云南的西双版纳有典型的热带自然风光,在这里可以尽情享受热带风光,观赏丰富多彩的野生动物、珍稀动物和各种植物、花卉;西部地区分布着多处自然保护区,区内生长着几十种珍稀动植物,如秦巴山区的太白梅花草、独叶草,青藏高

---

[①]《中国国土资源报》,2006年4月2日。

原的冬虫夏草、藏红花、天山雪莲等,国宝熊猫、血雉、金鸡、金丝猴等。

在人文旅游资源方面,西部完整地保留着我国多个历史发展阶段的文化遗产,加上西部又是我国少数民族聚居地,各个民族在其发展过程中形成了独特的文化传统和风俗习惯,所以,西部又由此形成了丰富的人文旅游资源。大致有:古人类遗址,主要有甘肃秦安大地湾、西安半坡、临洮马家窑、云南元谋等。这些遗址完整地反映了我国历史最悠久的古城,历代王朝中在西安建都的王朝达15个,建都年代最长。西夏都城银川以及楼兰、高昌等古都遗址都有独特的旅游价值;古建筑、陵寝墓葬,如秦长城、明长城、嘉峪关、玉门关等边塞遗址,天水麦积山石窟、敦煌莫高窟、临潼的始皇陵、兵马俑、中华民族始祖轩辕黄帝陵,还有银川的西夏王陵、新疆喀什的香妃墓、青海塔尔寺、西藏大昭寺、哲蚌寺、甘丹寺、扎什伦布寺等。

发展旅游产业不仅能使几千年封闭落后的经济逐步改观,随着旅游资源的开发,自然风光、人文景观的开放,还可以带来技术、信息、知识、资金、人才等重要资源。另外,发展旅游产业还能广泛传播科学文化知识,活跃和繁荣边区经济,带动整个第三产业的发展。

旅游产业首先可以促进交通运输业的发展,其次是宾馆、旅店、饭店饮食等行业的发展;再次可以带动旅游向导、运递行李、医疗护理等服务业的发展。另外与旅游相关的食品、蔬菜、果品、饮料、日用品、纪念品等一二产业也会得到相应的带动。

要发展旅游产业,当前应当解决宣传不够,旅游资源开发不够,投资力度不够,以及管理、服务不到位,观念存在偏差等落后因素。

## 三、特色产品

由于光、热、水、气等资源分布的差异和特色,开发西部绿色食品前途无量。西部地区有许多特殊的瓜果,很容易搞成绿色食品。香港水果销售量全世纪人均第一,什么水果都有,比如美国的白兰瓜,这个瓜种是最早从甘肃引进的,现在都成为美国白兰瓜的天下了;还有陕西的猕猴桃,个子大,远远超过新西兰的,但就是因为味道稍差点,市价就与新西兰的相差甚远。我们如能及时对其品质加以优化,这些东西完全可以占领国内外市场。

另外,还有西部的土豆等,来自甘肃、宁夏、内蒙古的最新信息表明,土豆产业化正在崛起，成为我国西部地区最具竞争力的新兴产业。2002年，全国土豆种植面积达5600万亩，产区却主要都集中在中西部地区。在甘肃定西地区，2002年土豆种植面积为260万亩，成为了西部最大的土豆主产区，总产量达到40亿千克。甘肃省定西市在1996年大胆提出"土豆工程"，2016年已成为了该地区"脱贫薯"和"致富薯"被评为CCTV十大魅力农产品。2019年该市已成为全国主要的商品薯生产和加工基地，种植规模为307万亩，年产总值达到202亿元。种植、销售、加工土豆已经成为西部地区一些农民脱贫致富和商家获取利润的一项大产业。[1] 同时，黄土高原发展土豆产业的天然优势已引起部分跨国公司和国内企业的高度关注。美国百事可乐公司、辛普荣公司和日本卡乐比公司凭借雄厚的资金在西北开发土豆资源。美国百事可乐公司已在甘肃建立了三个土豆微型种薯培育基地，其中景泰县条山农场1998年就为百事可乐公司提供了约3600吨微型种薯。广东虹伟集团在甘宁两省区先后收购、兼并、新建了至少三家土豆淀粉加工企业，生产能力在20000~30000吨左右。[2]

**四、特色技术**

西部地区有着大量的知名品牌，其中好些都是经过市场竞争、优胜劣汰后保存下来的有着高技术含量的特色企业，在特定的历史时期，这些企业为西部的经济发展已经作出了巨大的贡献。西部经济要取得更进一步的发展，必须借助这些企业的优势，在原有独特技术的基础上，加大技术改造的步伐，加大投入，为西部经济的大开发作出更多的贡献。比如，西藏的藏医藏药，甘肃的百合，陕西的驴肉，云南的烟草，贵州的茅台，四川的五粮液、泸州老窖、剑南春等，都有着特殊的巨大的价值。西部发展，要进一步借助这些已有独特技术的产品，让其发挥更大的作用，占领更为广阔的市场空间。

---

[1] 定西市人民政府网站首页，2018年4月29日：从马铃薯之乡到中国薯都的嬗变。
[2] 左尚志：《抓住机遇实施西部大开发战略》，载《社科纵横》2000年第3期，第7页。

# 第八章　西部地区经济发展的政策评价

实施西部发展，需要进行大规模的投入，其中包括必要的政策投入。在现代经济中，政策已经成为经济发展的内在要素。一项好的政策和一个完善、协调、稳定的发展政策法律环境，可以协调其他要素，成为推动经济发展的合力。在这个意义上，制度资源不啻一种无形资本。纵观中国四十余年的改革开放，实际上就一方面既是制度创新的过程，另一方面也同时是政策创新的过程。从中国特色社会主义出发，这里的"政策"可以作更宽泛的理解，即当我们说到"政策支持"时，作为行动纲领、指导方针、发展计划、操作原则的"文本"，这个"政策"总是与国家的法律规章、政府的行政制度和议事日程联系在一起的，在许多情况下，它们甚至就是等价的或至少是同质可约的。①

对西部发展的政策探讨已散见于本文其他章节之中，这里再就几个重大的理论和实践问题进行一些深入的探讨。

## 第一节　西部经济发展政策法律促进的意义

西部地区的经济协调发展作为一项重大战略政策，就必然需要其他诸多政策的配套，以形成一个完善、协调、稳定的政策环境，换言之，西部发展离不开国家和中央政府的政策支持。而对西部来说,如何既"争取政策"又"制定政策"并使得它们相得益彰，将在很大程度上决定着西部发展之"大"。

需要特别强调的是，对西部发展的政策法律支持，并不是通过对东部原有政策支持的"平调"或"调减"就可以做到的；对西部地区提供政策支持

---

① 江涌：《警惕部门利益膨胀》，载《瞭望新闻周刊》2006年第4期，第23页。

也不意味着需要放弃对东部的政策支持,更不是用牺牲或压抑东部的发展来换取的西部经济的发展。对西部提供政策支持的经济学含义在于:发挥、交换东部与西部各自不断成长着的比较优势,互蒙其利,达至"双赢",从而扎实推进共同富裕的覆盖面和普遍性,走上从增长到均衡的战略调整路径。[①]这同时也是"共同富裕"的一个经济学阐述。

### 一、解决西部历史遗留问题需要政策支持

一是"老、少、边、穷"地区的"治穷致富"和发展问题。不仅与东部比,即使与中部比,西部的"老、少、边、穷"都占有较大比重,解决好这些地区的脱贫问题,将是西部发展战略的不可回避的重大课题。

二是老工业基地的改造和脱困问题。由于诸多众所周知的原因,这些老工业基地目前大多处于"瘫痪"状态,且再生无望。从成本—收益的角度看,国家早已赚回了若干倍,理应反哺这些老工业基地:一些需要"善始善终",一些需要"梅开二度"。此外,一大批国防军工企业也面临类似的问题。

三是市场发展、国民教育、基础设施严重滞后的问题。实施西部发展,需要在这方面适度超前,但限于西部自身的实力,投入的"大头"——通过政策支持形式——还得要靠国家和中央政府。

四是生态环境保护与资源开发的协调问题。目前,我国正以历史上最脆弱的生态环境支撑着历史上最强劲的经济增长。跨流域、跨区际的生态灾难,使我们有了"可持续发展"的理念,有了《中国 21 世纪议程》和《全国生态环境建设规划》。对这个"两难",非有特殊的政策支持不易协调。

### 二、促进西部发展离不开政策支持

西部的落后,是由多种因素决定的。计划经济体制政策因素是导致东部发展严重失衡的重要原因,诸如价格政策、财税政策、金融政策、人事制度、市场准入等等,平抑东西部事实上不平等的经济关系离不开政策支持。此外,西部存在的市场"失灵"亦需要国家政策支持补正。因为"政策出效益,政

---

① 厉以宁、黄奇帆、刘世锦:《共同富裕:科学内涵与实现路径》,中信出版集团,2021年12月版,第20—21页。

策促发展，政策是最大的潜在资本，是促进生产力发展的第一要素。"① 一般而言，国家在实施某个落后的区域的大开发时，首先需要解决的是资金、项目和政策这三个基本问题。对西部发展来说，资金、项目无疑是紧缺资源，但更紧缺的是政策。由于客观上存在的东部"循环累进"与西部"循环累退"机制，东西部在经济上的不平等，使西部在许多方面都存在市场"失灵"问题，而东部也许并不在乎这些问题。因此，不首先解决好政策支持问题，而完全依靠市场机制实施西部发展是不现实的，甚至可能使东西部差距愈来愈大。这意味着，不仅在西部发展初期需要政策支持，因为在某种意义上，政策对资金、项目有"发信号权"，政策问题一旦解决好了，资金、项目的取得就不会有大的障碍。② 以下就是政策支持的几个典型：

1. 深圳特区如今已经成为全国三大金融中心城市之一，而且在世界也较知名，从一个小小的渔村发展为一个集金融、高科技、信息产业于一体的现代大都市，只不过短短的30多年，这在世界城市发展史上也是空前的。撇开其区位优势，若没有"特区政策"，恐怕深圳至今还只是一个普通渔村。

2. 美国为促进其曾经极落后的西部南部开发，政府相应出台了低价出售西部土地的政策，吸引了大量的人口和资金向西海岸迁移。这就是著名的"俄勒冈小径"。"二战"期间，为充分利用西部和南部的资源、空间和劳动力，联邦政府在该地区投入450亿美元军事拨款，为该地区新兴工业奠定了基础。③

3. "二战"后，意大利为促进南部经济发展采取了一系列倾斜政策：（1）以优惠贷款利率鼓励私人资本向南方投资；（2）1950年设立"南方发展基金"，截至1980年，政府共注入70多亿美元；④（3）厂商在地方立项，政府补助土建优惠贷款。

4. 日本为了推动落后的山地丘陵发展，从财政、金融、税收等方面予以政策扶持。1980—1984年财政投入82636亿日元，设立专门金融机构筹集资金，

---

① 白永秀：《西部开发的政策支持》，载《陕西日报》1999年11月24日。
② 周兴维：《战略重心的西移》，民族出版社，2001年版，第143页。
③ 高克良：《从国外经验看西部大开发应重点解决的问题》，载《当代陕西》2002年第6期，第26页。
④ 李颖、陈林生：《美国田纳西河流域的开发对我国区域政策的启示》，载《四川大学学报》2003年第5期，第28页。

提供低息长期贷款，对落后地区实施特别税法，享有免税等优惠。不言而喻，上述案例只能借鉴不能复制。①

当然，西部争取国家的政策支持固然重要，但更重要的是自身的改革问题。因为经过由计划经济体制政策导致的东西部之间经济上的不平等，唯有通过政策创新、制度创新的体制改革，方可得到解决。

## 第二节　国家的法律与政策支持

21世纪初，党中央曾明确指出，实施西部发展，中央当然要给予大力支持，同时要拿出过去开办经济特区那样的气魄来搞。2017年10月18日，习近平同志在党的十九大报告中提出强化举措推进西部大开发形成新格局。因此，中央必然要提供相关的一系列政策支持，西部各省区市也必然要制定相应的一系列政策支持。并且，西部发展是一个巨大的系统工程，是一个长时期的战略实施过程，因此，所有这些政策支持，不仅需要协调、配套，而且需要稳定、明确，并能针对不同发展时期有所侧重。

### 一、营造促进西部经济发展政策法律支持的氛围

历史上，各国对落后地区开发成功的重要经验之一，就是国家立法和政府建制。

首先，经济社会变迁要求宪政转型。从1999年上溯50年，1949年中华人民共和国成立，中国的经济社会发展从此步入新民主主义，"中国人站起来了！"这一巨大历史变迁的法律地位，集中地由《中华人民共和国宪法》（1954年）予以了确认和体现；从计划经济过渡到市场经济，是现代中国经济社会的又一次巨大变迁，"个体经济和私营经济是社会主义市场经济的重要组成部分"，集中地由《中华人民共和国宪法》（2004年修订）予以了确认和体现；香港、澳门的回归，是祖国统一大业、"一国两制"的伟大胜利，并为最终实现祖国的完全统一奠定了原创性基础，这集中地由基于《中华人民共和国宪法》的《中华人民共和国香港特别行政区基本法》和《中华人民

---

① 茶烘旺：《不发达地区开发的国际比较和启示》，载《开发研究》2002年第6期，第30页。

共和国澳门特别行政区基本法》予以了确认和体现；21世纪的西部发展，毋庸置疑的中华人民共和国经济社会发展进程中又一具有历史里程碑意义的重大事件，理应集中地由基于《中华人民共和国宪法》的法律和政策促进西部经济发展的法律法规予以确认和体现。

其次，政策的制定、执行、修改、变更、协调和废止等等，不仅需要有相应的政府机构，而且需要有相应的法律依据和保障。在西部开发的过程中，无论是中央与地方之间，还是东部与西部之间，抑或西部各省市区之间（放大看，还有它们与境外之间）及其内部之间，都存有一系列必须或只能由法律来规范、约束、调整的各种各样的"权、责、利关系"。对此，如果只有单纯地依靠行政权力（"法制"而非"法治"）、"人治政策"来治理，则会产生高昂的社会成本和机会成本。[①]西部发展事关国家整体经济安全，事关中华民族的伟大复兴，欲期事半功倍，制定一部西部经济促进的法律，显然是这一问题的"满意解"。

再则，"历史的经验值得注意"。就西部发展而言，一个非常值得重视的历史教训就是如何降低成本提高效率和利益。1956年，毛泽东发表了著名的《论十大关系》，继后，中央政府在处理东南沿海与内地的关系上也曾进行过多次重大的政策调整，但内地特别是西部的发展效果始终不彰。20世纪80年代中期，缩小东西部差距的呼吁在西部日益强烈（有每年，"两会"上西部代表的发言和提案为证）；20世纪90年代初期，中央政府也多次强调要加快西部经济社会发展。但为什么直到20世纪末及至21世纪初，西部发展才得以提上中央政府的议事日程？从政策的角度讲，一个重要原因就是这一议题（无论是"两会"代表的呼吁也好，还是理论界的建言建议也好，甚至包括国家领导人的相关讲话）始终缺乏法律依据和机构保障，因而不能不停留在道义层面，难以成为真实的即法治化的政策指南，自然也就无法形成一个促进西部开发的政策支持环境。

总之，把西部发展纳入法治化、制度化、常规化的政策支持环境，是保障西部发展成功的一个重要举措。为此，建议国务院西部地区开发领导小组

---

[①] 黄建武：《法的实现——法的一种社会分析》，中国人民大学出版社，1997年4月版，第130页。

办公室，需要明确地升格为"国务院西部发展计划署"，作为中央政府的常设直属机构，直接负责统筹西部发展的具体事务。它当前的一个重要任务，就是营造促进西部经济发展的法律与政策环境。

通过这样的一部法律，对保障西部发展达至预期目标，至少可以提供如下五个方面的政策支持依据和调整空间：（1）确定西部发展的法律地位，有利于相关政策的制定和执行；（2）有利于相关政府机构的建制和运行；（3）有利于协调中央与西部、东部与西部、西部各省市区的关系，区域经济统筹发展；（4）有利于针对不同时期、不同对象实行有差别的政策或对政策做出必要的修正；（5）把实施西部发展的一部分中央政府机关和职能部门设置在成都或西安，这既有利于从组织保障上促进西部的开发，又有利于减轻北京因中央政府机关和职能部门过多带来的压力。

### 二、整合移民政策，制定《移民法》

西部发展，必然伴随大开放、大移民、大扶贫。制定一部《移民法》及其配套政策，很有必要。从法治角度讲，这是具体落实《宪法》"公民自由"的具体法律，从经济角度讲，这是促进要素在地区间的合理流动、形成国内国际统一市场的保证。在移民扶贫问题上，一种观点认为"就地脱贫不灵光"，出路在移民，并提出移民的"四个方向"，政府应当积极地组织和实施移民。另一种观点认为，"不能轻言移民"，"市场化脱贫大有潜力"，就地扶贫仍是一条出路。[①] 但我们注意到，重视市场脱贫的观点，有意无意地人为设定了一个市场的空间有效范围，令人稍感遗憾；而重视移民扶贫的观点，虽然强调了资源配置的地理特征，却又主张政府的强力介入。事实上，移民、不仅关乎扶贫、脱困，而且对整修经济社会的发展都有着更为深远的含义。

当前重要的事实是，除体制内规模有限的人事调配和移民安置外，浩浩荡荡的自发移民无时不在进行。且不论"民工潮""棉客""麦客""耕客"等移民路径，许多内地的在职人员和高等院校毕业生也置户口、档案于不顾，前往沿海地区寻求发展机会。不可低估这些当事人的经济理性。在这个意义

---

① 张道庆：《论中央与地方财政关系法律调控机制的建构》，载《西南政法大学学报》2006年第4期，第55页。

上，并没有什么"盲流"。然而，这种自发移民却是残缺的。虽然没有任何部门称其违法、非法，但现行的户口制度、农地制度、住房制度、人事制度、档案制度等，却与之对立，使其处于法律上的尴尬地位。但尽管如此，自发移民仍然不可阻挡，这提醒我们，当务之急和长远之计都是移民的合法化问题。

事实上，户口制度本身就缺乏严格的法律依据——它只是出自20世纪50年代公安部的一个文件。西部发展，必然会有一个再开放、大移民。在移民问题上，不是落实什么政策，而是落实宪法所规定的迁徙自由这一公民权利，严重的问题也不是教育"盲流"的农民，而是政府和政府部门依法治国。

进一步讲，市场经济不仅有商品市场，更要有要素市场，尤其是劳动力市场。资金、技术和企业家才能有这些要素，大多都是跟着人走的。统一市场不仅包括统一的商品市场，更包括统一的要素市场，尤其是统一的劳动力市场。移民合法化和迁徙自由，正在于促进要素流动和深化市场体系，以提升资源配置效率。

中国加入WTO，首先就应该适用于对内开放。部门垄断、地方保护、身份制度造成的市场割裂，不仅存在道义的或政治合法性的问题，而且严重影响了现实经济运行——破坏了经济与市场的内在统一性。中国经济为何如此这么快就遭遇市场瓶颈？这也许是一个根源。

中国在走向市场经济，就不能容忍一个受到重重管制的支离破碎的市场。无论是从经济的或政治的角度，还是从道义的乃至社会治安的角度，为了打破目前的"僵局"，都需要通过《移民法》确立移民的合法地位。这不仅是为西部发展之计，而且也是为整个中国经济社会发展之计。

### 三、建立健全《农村土地法》，明确集体林、地物权

这里主要从西部的"生态建设"和"生态保护"考虑提出这一问题。

迄今为止，我国还没有一部包括林地制度在内的专门规范农村土地财产关系的农村土地制度法律。自20世纪80年代初集体林地引入耕地承包经营以来，我国各地的集体林地除少量保留自留山和推行"四荒拍卖"外，重点实施了承包责任制这一形式。我国集体林地的使用权，大体上经历了20世纪50年代初的物权——20世纪50年代中后期的虚权——20世纪80年代迄

今的债权的变动过程。①尽管债权和物权都属财产权范畴,但两者有很大不同。

物权,即权利人对一定对象物的直接管领、支配并享受其利益的排他性权利,包括自物权(所有权)、他物权(用益物权和担保物权)和类物权(占有);债权,即特定人之间的、为特定行为(或给付)的财产性民事法律关系,是基于一定法律事实在特定的当事人之间产生的特定的权利与义务关系,包括合同债(侵权行为、不当得利和无因管理等),享有权利的人为债权人,负有义务的人为债务人。物权与债权的区别主要是:

1. 物权有法律规定的强制性,而债权的种类和内容则可以由当事人自由设定或任意设定;

2. 物权具有排他的法律效力,而债权属对人权,其义务主体是特定的人,不具排他性的法律效力;

3. 当法律允许在同一对象上设定物权和债权或并存两个物权(如抵押权)时,物权对债权享有优先权,先设定的物权优先于后设定的物权,而债权实行平行原则,彼此没有先后顺序可分;

4. 物权,特别是不动产物权通常需要登记、公示,债权一般不需要登记,没有公示保护作用;

物权标的物无论辗转何处,权利人均可追随、主张自己的权利,而债权不具追及效力,债权标的物辗转后权利人便无法追随、主张自己人的权利。

长期来,由于公有制下不存在所有权以外的其他物权的观点和其他种种原因,人们不承认承包集体林地使用权的物权性质,把包括集体林地在内的土地使用权界定为债权,使集体林地的使用权在理论、法律、政策、实践上没有完整性、稳定性和排他性,效率无从谈起,不但政府和社会期望的植树造林、保护生态难以落在实处,而且还因政策变动引发了一次又一次的砍树风潮。因此,从理论和法律上明确集体林地使用权的物权性质,无论如何都是不容回避的问题。②

随着实践的发展,集体林地使用权的物权性质有所恢复。国务院1990年颁布的《中华人民共和国城镇国有土地使用权出让和转让暂行条例》和

---

① 梁慧星:《民法总论》,法律出版社,1996年版,第247页。
② 李由义:《民法学》,北京大学出版社,1992年版,第248页。

1994年颁布的《中华人民共和国城市房地产管理法》规定,依法取得的城镇国有土地的使用权,可以依法转让、抵押、出租、继承、作价入股等。这实际上已是一种不动产物权,农村耕地和集体林地使用权的法律地位与性质,具有同样的不动产物权属性。所以在2007年3月我国出台了《物权法》,这是近30年改革开放胜利成果的记录,是将改革开放取得的胜利成果转化为法律的形式固定下来,保证其继往开来。如土地承包经营权、建设用地使用权等都是在改革开放中创造出来的物权,物权法都对此加以肯定,使之成为现实的物权,成为我国后来民法典的主要组成部分。

其实在实践中,我国集体林地使用权早已经发生了具有普遍意义的物权化趋向:

一是林地承包期不断延长。因为林木生长周期较粮食作物长得多,所以承包必须足够长,有的30年,有的50年,有的100年。

二是林地调配逐年减少。这是由于农户要求林地调配的愿望不明显,加之林地调配的难度很大,偶有调配,其幅度、范围、频率都较小。据粗略调查,甘肃和宁夏农村20世纪80年代初划定的自留山、责任山,迄今未再作调配的在50%以上。[1]受民族文化、土地保障的传统观念、农村社保机制不健全、劳动转移低等因素的影响,我国西部少数民族地区的土地、林地的流转总体上处于一个较低的水平,仅占2010—2011年平均流转出的土地占全部经营耕地、林地的8.39%。[2]

三是政府法规也表现出这一取向。国务院在2000年颁布的《中华人民共和国森林法实施条例》第15条明确规定:"国家依法保护森林、林木和林地经营者的合法权益。任何单位和个人不得侵占经营者依法所有的林木和使用的林地";《中华人民共和国土地管理法》《中华人民共和国森林法》均规定农民对承包经营的土地、林地依法享有占有、使用、收益和转让的权利,这种权利只受国家征用、集体收回和个别适当调整的限制,而且对集体收回和个别调整作了严格的限制:须经村民会议三分之二以上的成员或者三分之二以上的村民代表的同意,并报乡(镇)人民政府批准。

---

[1] 左尚志:《抓住机遇实施西部大开发战略》,载《社科纵横》,2000年第3期,第7页。
[2] 黎彩凤:《西部少数民族地区土地流转现状与对策》,载《现代农业科技》,2013年第17期,第41页。

此外，林地承包权逐步成为农户进行经济合同关系的产权基础，"四荒"有偿转让等等，也是林地使用权物权化的一个典型例证。

明确集体林地使用权为物权，有利于对集体林地使用权的法律保护，有利于创新我国土地制度，有利于依法治国。推进林地使用权物权化进程，既是广大农民的愿望，也是绿化祖国、防止水土流失、保护生态环境、再造秀美山川的追求。

### 四、制定实施宏观金融财政政策的"区域倾斜"

实行"区域倾斜政策"是西部地区发展的一个有力支撑，也是各国政府在进行区域开发中普遍实行的一个政策手段。这些政策倾斜和国家援助主要包括公共投资、转移支付、经济刺激、直接控制、政府采购和公共区位。在所有的倾斜政策和援助方式中金融和财政政策是最为核心的。根据"区域倾斜政策"，运用"区别对待"的、可区域化的宏观金融财政政策支持西部发展，是一个首要的选择。

1. 在西安或成都设立西部发展银行，以及其他政策性银行的大机构；设立西部发展基金、西部风险投资基金、西部农业开发基金、西部旅游发展基金、西部民族发展基金、西部林（草）保护基金；放宽外资银行在西部地区的经营范围，赋予人民银行西安、成都分行部分中央银行的宏观调控职能和手段。

2. 在西安、成都设立（大区级）证券交易所，或尽早开放柜台交易；将"二级市场"设立在西部，在西部设立煤炭、有色金属以及有关农副产品期货交易市场；对西部现代农业、林业、环保等行业设立基金、发行企业债和转换债券在额度上给予倾斜；放宽西部企业对外融资金的条件；允许在西部优先进行金融制度与金融工具方面的创新试验，比如试办真正意义上的外汇市场。

3. 降低西部商业银行的法定准备金比率，放宽西部商业银行获得再贷款的条件；降低西部金融机构认购国债等的比例；降低西部企业获取贷款时自有资本比率的条件。

4. 实行10年期的"差别利率"：一方面用高于东部的利率在西部吸收存款，一方面用低于东部的利率鼓励在西部投资，比"利差"由中央财政专项补贴。进一步，可以在西部率先试行利率市场化。

5. 实行10年期的"差别税率"：一方面用低于东部的税率鼓励、吸引在西部投资和消费，一方面用低于东部的税率鼓励在西部进行"资本交易"和"产权交易"。进一步可以在西部试行一定期限（比如10年）免税。

6. 发行针对西部特殊需要的"森林彩票"和"教育彩票"，推进西部地区绿色金融的发展。

7. 进一步明确"转移支付"的制度安排。

管理的全部科学和艺术总是围绕着根据各种信息来做出明智决策，以优化要素资源配置而存在的。鉴于西部的生态建设和生态经济、"天然林保护工程"和"草原保护工程"以及"南水北调"都是长期的关乎全局的大事情，所费不菲；天然林禁伐所带来的巨大经济社会波动也需要较长时期才能平息；更为重要的是，"天然林保护工程"仅靠林区人民是不够的，离开了全国人民特别是中下游人民的"成本分摊"和支援支持，"天然林保护工程"肯定难以为继；为了能够不动摇地执行好天然林"禁伐令"，确保"天然林保护工程"能达到预期目标，发挥出预期的经济、生态和社会效益，建议：

1. 加大转移支付力度

经济要发展，森林要保护。这无疑是一个两难窘境。客观地讲，作为对实施"禁伐令"的补偿，中央财政的转移支付和地方财政的增拨，仅仅能解决一些"安置"问题，并不能从根本上解决众多下山"森老虎"的生计、相关产业及人口群的安居乐业和禁伐地区的经济增长社会发展问题。简言之，中央"转移支付"不够，地方财政增拨不够，应予提高并比照利率递增或指数化；中央的"转移支付"比例也应适当提高；"转移支付"的期限可视禁伐区经济增长情况而定，但依据国务院1999年1月印发的《全国生态环境建设规划》的近期目标，一般就不低于10~12年。

2. 建立专项补偿基金

可以考虑在"三北"防护林、长江中上游防护林、沿海防护林外的全国特别是大江大河流域范围和经济发达区内，征收一定的"天然森林资源保护（受益）税"，按某种比例返还给西部林区，主要用于"营林"工程和其他配套工程。可以在此设计一个专门的项目，即由受益的中下游地区回报上游天然林保护区。建立专项"天然林保护工程"基金的资金来源，可考虑由三个部分组成：一是中央专项拨款；二是从全国抗洪救灾专款中专项列支；三是在中下游等地区收取一定的比例的水资源使用费（税）（类似"燃油税"）。

一俟"国家森林彩票"发行,其所得纳入此基金。为提高收益和使用效果,"天然林保护基金"可考虑比照"封闭基金"上市运作。①

1. 发行国家森林彩票

保护天然林是全国受益的"德政工程"和社会公益工程,所费不菲,这项开支的一部分有理由社会来负担。建议由中央政府举办发行"国家森林彩票",确定一个比较合适的额度限制,委托中国福利会(或国家民政部并考虑加上发行农业农村部)办理。这几年来,各种名目的"体育彩票"大行其道,细究起来,不仅国家体育总局办彩票的资格有待商榷,而且究竟有没有理由和必要去办"体育彩票"也值得检讨。因为从性质上讲,只能为社会福利事业和社会救济事业的需要而办彩票。而禁伐天然林、启动天然林资源保护工程,在当代无疑是一项巨大的、惠及子孙、功在千秋的社会福利事业,其费用原则上应该由整个社会来负担。

2. 建立发展政策贷款

毫不动摇地执行天然林"禁伐令",切实保障"天然林保护工程"不成"豆腐渣",不仅成本巨大,而且政策性极强,需要有相宜的经济和金融发展政策支持。国家发展银行、农业发展银行等政策性银行,有必要就此安排专项的林业发展政策贷款。作为配套安排,可同时发行由财政贴息的"国家林业建设债券"(形式上类似电力、铁路建设等国家债券)。

3. 强化对口支援安排

在经济生活日益社会化的今天,单靠市场机制协调区域差距是不够的,因为资本是"趋利"的,指望道义呼唤和"良心发现"也是有限的。这里有必要体现出国家或中央政府的社会管理责任,通过适当形式的行政安排和制度创新,强化发达地区对落后地区的"对口"支援,这也是整个社会经济生活由以平衡和协调不可缺少的某种机制。

4. 精兵简政休养生息

首选,在财政政策、制度方面,必须把"吃饭"和"发展"(建设)彻底分开,这一点对落后的西部地区尤为重要。对执行了多年的财政包干基数,需要根据当前和今后的实际情况进行必要的调整,增加西部地区财政包干补助基数。

---

① 周兴维:《战略重心的西移》,民族出版社,2001年版,第179页。

其次，深化机构改革，行政机关尤其需要"减员增效"。

5. 实行"天然林保护工程"的横向转移支付

从1998年起，中央财政将连续十年拨巨款实施"天然林保护工程"，然而，仅有来自中央的纵向财政转移支付还不够，还必须有横向财政转移支付。

所谓横向财政转移支付，就是在同一流域经济体系内，受上游封山育林恩惠的中下游地区特别是经济发达的省市，每年从其GDP中拿出1%~2%的地方财政的收入，返回上游地区，将这笔钱专门用于上游天然林资源保护、水土保持建设，以及当地人民为此而进行的产业结构调整和生活消费习惯的改变，如生活燃料从用柴变为用电用气等等。

作为生态"反哺"而实施横向财政转移支付，是由流域的特殊性决定的。流域生态系统具有单向性和不可逆性，流域上游地区的"天然林保护工程"为改善全流域的生态环境作出了重大、不可替代的贡献，这种贡献意味着上游自身的重大牺牲。因为如果上游继续滥伐森林、毁林开荒实现自给自足，不仅破坏了上游的自然环境，而且严重损坏了整个流域的生态系统功能，从而威胁到整个流域经济的安全。

（1）导致中下游河床淤积，造成这些地区水旱灾害频繁；如果上游地区"有水快流"，大规模开发本地优势资源，如林产、矿产、建材等，那么会继续造成危害更大、更直接的生态破坏和环境污染。

（2）让其放手发展加工业，除了严重的生态环境污染，而且不具有经济上的可行性；特别是国民经济相对过剩阶段，原有基础薄弱的上游地区要在激烈的市场竞争中站稳脚跟，谋求进一步发展，不仅事倍功半且胜算实在太小。

（3）大力发展第三产业，更是远离实际，因为这些地区连第一、第二产业都还相当落后，其以生态经济、旅游经济为支柱的产业成长，将是一个较长期的发展过程。

中央关于21世纪的西部发展战略将生态经济作为重点是非常必要的，具有非常主要的全局意义和深远意义。因为我国的大江大河源头大多地处西部地区，生态环境不仅天生脆弱，而且近些年人为破坏大大加剧，一段时期以来，"七色海"甚至沙海遍布，在这些地方封山育林、植树造林、种草的意义不言而喻。然而，这些对当地的经济效益很小甚至几乎没有经济效益，可为了中下游人民，为了整个流域的即使赔钱也要搞"天然林保护工程"。但是，这些地方财力太弱，不可能大规模地持续进行。

习近平同志指出"绿水青山就是金山银山"。实施封山育林，搞好水土保持，虽然是功在当代、利在千秋的大工程，是新时期经济高质量发展的必由之路，但在短期内林区人民的生活水平不可避免会受到影响。如果当地人民感觉"天然林保护工程"不能改善他们的生活，甚至降低他们的生活水准，那么他们对此项工程就难以尽心尽力，若如此，"天然林保护工程"就会事倍功半，甚至可能成为一句空话。

一些大江大河上游及源头地区生态环境还在继续恶化，从事经济活动的条件也在继续恶化，几十年形成的严重依赖森林资源的产业结构的改变也远非一日之功，这些地方除了从事林业生产外，要进入其他行业存在着这样或者那样的障碍。启动"天然林保护工程"，全国将有上百万林业工人面临转产、下岗，经济问题、社会问题更加复杂。所以，这些地方必须尽快摆脱困境，寻找到适合本地及整个流域的新的经济增长点。

如果仅仅就上游谈上游、看上游，那么，"天然林保护工程"很可能是"纸上谈兵"，如果仅有来自中央财政的大力推动，而没有各基层组织的认真执行和真心拥护、广大林区人民自觉自愿的行动，没有下游发达地区的支持支援，这项意义深远的工程恐怕难以取得预期效果，甚至有失败的危险。根据"谁受益，谁投资"的原则和流域经济系统的思想，直接和间接受益的中下游实施"天然林保护工程"地区进行一定的财政转移支付，专门用于补助这些地区封山育林、退耕还林、建设水源涵养林。支付金额可依法（通过立法）、依约或由双方协商。出资省市在必要时可参与上游省份封山育林的规划、管理、监督，以保证出资效果（可考虑在核实成活率的基础上，次年支付上一年的费用）。[①] 当然，所有这一切，都必须以中央财的支持为最根本、最重要的前提。

建设长江黄河干流上游及重要支流上游的生态保护林区，防止全流域生态环境的恶化，是流域各个省市共同关心的问题，是一个不可多得的大家皆可受

---

① 张道庆：《论中央与地方财政关系法律调控机制的建构》，载《西南政法大学学报》2006年第4期，第57页。

益的项目。以此为契机，可以推动流域各省市开展新一轮经济、科技教育、社会发展等方面的交流与合作，从而逐步形成内部经济联系密切的"长江经济带"。

可以说，实施横向生态财政转移支付，既是流域可持续发展的内在需要，也是流域上游及源头省份的迫切要求。

长江黄河养育、造福了数亿多人，事关全流域的大事，应当由全流域的人民共同来办，中下游要为上游和源头生态保护和水土保持出力；以长江流域为例，国家可以考虑对长江中下游征收河源水土保持、生态保护税。从"龙头"上海开始，江苏（南京）、浙江（杭州）、湖北（武汉）、重庆、四川（成都）等等，都可算是"发达"的。上海每年从其3.82万亿元（2019年）的GDP中拿出1%~2%，按地方财政GDP的10%算，其1%~2%也差不多。综合起来，总和的横向转移支付是一个不小的数额，这对缓解中央财政压力、保障"天然林保护工程"的有效实施，无疑是意义巨大的。

实施横向生态财政转移支付，还具有更加深远的意义。目前，我国正以历史上最脆弱的生态系统承受着历史上最多的人口经济快速增长的压力。实施纵向和横向生态财政转移支付，实行"谁破坏，谁恢复""谁受益，谁投资"的政策，不仅是对我们数十年来生态透支的一个补偿，而且有助于全国各地重视生态环境问题，有助于形成"全国统一的社会主义市场经济体系""流域经济体系"的思想。① 也就是说，各地在今后的经济发展过程中，将不仅考虑本地的经济成本，还要考虑更大范围的社会、生态成本。

总之，配套搞好现行财政和人事体制上的一些必要改良或改革，是摆在中央政府和西部各省市区政府前面又一项重要任务。

6.关于"西部资本市场"的政策问题

首先应客观看待资本市场的支持功能。西部发展战略本身并非市场产物，而资本市场中的股票市场却具有强烈的市场性，以股票市场支持西部发展的侧重点应放在市场信誉高、成长性好、效益好的企业上，股票市场在西部发展中的支持领域相对狭小，资本市场对西部的支持，应侧重债券市场和中长期信贷市场。这需要做出适当的政策制度安排。具体地，国家可以发行西部

---

① 韩茂莉：《论西北开发的可持续发展性》，《北京大学学报》（哲社版）2003年第5期，第115页。

发展债券，允许西部财政收支状况较好的省市发行地方政府债券，国家重点工程和重点企业可以发行由国家担保的特种债券和企业债券。在中长期信贷市场上，政策性金融机构无疑是西部发展的支持主力，因为商业性金融机构的不良资产已较多，且在政策推动下易受地方政府干预。从政策角度讲，似不宜给予西部商业银行分支机构过多自主权。简言之，以资本市场支持西部发展，目前的侧重点主要在债券市场和中长期信贷市场。

股票市场对西部的支持，可以在政策层面考虑三条途径：鼓励东部效益好的企业联合西部同行，作为西部地区效益较好的企业上市；鼓励西部企业通过资产重组上市；对西部符合上市条件的企业简化上市程序。

其次应给予西部更多上市指标和更宽松的上市条件，其对整个国民经济和西部经济的作用值得斟酌。且不论西部经济的发展实绩，为全国资本市场的健康成长计，这种地区平衡的指标分配本已不尽合理，其对市场的负面影响也不能低估。目前实行的"总量控制，集中管理，限报家数"的政府核准制，把本应由市场进行的甄选垄断于政府之后，其效率和公平的损失是显而易见的。给西部更多上市指标意味着对核准制的继续肯定，并可能成为其继续存在的合法理由；其逻辑结论是，若取消核准制，则西部的上市公司绝不会有这么多。此外，这还意味着降低上市门槛，影响上市公司的整体素质，导致整个股票市场的风险增大，并最终降低西部企业的市场信誉，使其难以有效利用资本市场。但随着2016年证券法的修订，股票发行的注册制必将完善出台，届时公司上市必须依法将公开的各种资料完全准确地向证券监管机构申报。证券监管机构的职责是对申报文件的全面性、准确性和及时性形成审查，不对发行人资质进行实质性审核和价值判断，而将发行公司股票的良莠留给市场来决策，注册制将减少为权力寻租买单，减少波动，强化价值投资，从这方面来看对西部地区的企业上市是利好的。

在这里，发挥债券市场的优势很重要：无论是中央政府发行"西部发展特别国债"，还是西部财政状况较好的省市发行地方政府债券，都要限定用途，主要用于支持当地的基础设施建设，为可持续发展打基础；少部分用于政府的转移支付，为启动地方经济发挥作用。

此外，为提高企业发债筹资的可能与效率，提高发债企业的信用，可在西部试点成立企业信用担保机构，为西部地区企业发行债券筹资进行担保。

这类担保机构可以通过西部地区企业共同出资来组建企业信用担保基金,也可以由地方政府、金融机构和企业共同出资组建担保公司。还可以是企业会员制的担保机构,即企业之间联保、互保。其他如丰富债券品种、建立针对债券市场的基金品种、拓展债券交易渠道等,也都是资本市场支持西部发展的重要内容。

总之,西部发展确实需要资本市场的支持,但更重要的是要认识市场、了解市场,按市场规律来规范和发展资本市场。

### 五、加入 WTO 后的西部引资政策

虽然《关于当前进一步鼓励外商投资的意见》(国办发〔1999〕73号)对鼓励外商向西部地区投资有相应的条文规定,但就实际情况看,由于西部整体投资环境比东部差,因而以市场方式实现的外资投入在上升期的振幅会小于东部,而在下降期的振幅大于东部,故其力度难以对外资产生足够的吸引力,其落差难以抵消东西部投资环境差别的机会成本。

一方面,虽然国家在利用外资方面对西部地区制定了相应的鼓励措施,但优惠政策的泛化已使其效应大大降低,难以起到实质性的作用;另一方面,由于中央财力(占 GDP 的比重)的下降和转移支付制度尚未完善,也使得国家对西部的支持只能是"量力而行"的。因此,除了进一步争取加大利用外资的政策落差,西部的一个现实选择就是:如何立足于自身的实际,抓好外资引进的工作。

实施西部发展,西部各省区市既是主角也是配角,更多的是主角。加入 WTO 后,国家和中央政府是主角,西部各省区市更多的是配角。这种背景决定了西部引资需要特殊的政策支持。实际上,这也是前述中国加入 WTO 后可以实行"区域差别政策"的重要内容之一。

(1)基础设施是投资环境的重要依托,西部地区重大的基础设施建设项目需要主要依靠国家投资来完成,国家在编制年度计划与中长期计划时应重点向西部倾斜。对外商投资西部基础设施建设的应给予最优惠的政策。

(2)对西部地区实行产业倾斜,大力支持优势产业和特色产业。放宽外商投资的产业准入条件,凡不禁止外资投入产业,都应基本放开,不限制外商投资的比例。在西部的优势产业和特色产业方面,积极鼓励外资的进入。

(3) 加大财政转移支付力度,制定优惠政策,发挥财税政策的扶持效应。中央财政对投资者到西部地区办企业给予财政补贴,将更多的外国政府贷款项目、世行贷款项目和双边、多边援助项目安排给西部。在税收优惠方面,要与东部地区形成较大的税收差距,对部分重点支持产业和项目可以实行零税率政策。在西部地区设立部分保税区,以吸引外部资金的流入。[①]

(4) 赋予成都、西安省级经济管理权限,放宽设立国家级开发区的条件,发挥西部兰州、乌鲁木齐、贵阳等中心城市在对外开放和利用外资中的带动作用。

(5) 赋予西部地区在对外开放方面更大的自主权,以大开放带动大开发。

随着我国加入WTO,资本市场会进一步有序全面对外开放。西部应将引入外资作为开放资本市场的重点。通过国家的金融外交,争取世界银行、亚洲开发银行等为西部发展提供资金支持;鼓励国外商业性金融机构在西部地区设立营业性机构,并向当地企业提供资金支持;西部的上市公司对外资开放,可设定一个双方都可以接受的持股额和持股期限;鼓励西部企业海外上市,尤其要鼓励西部高新技术企业的境外融资。

**六、关于矿业可持续发展的政策问题**

新中国成立后的计划经济时代,矿业由国家主导开发,矿业资源属于国家所有,国有企业通过上缴利润的形式实现国家作为矿业所有者的收益权。在计划经济向市场经济体制的转轨,虽然仍能体现国家的行政管理职能,但不能完全体现国家作为矿产资源的所有者的收益权,存在制度漏洞,造成我国矿业在发展过程中仍有许多亟待解决的问题。所以,我国矿业中存在问题可概括为十个字:困在体制上,乱在机制上。作为资源基地,西部发展必须从体制和机制上解决好矿业可持续发展问题。

1. 矿业发展中的体制问题

20世纪50年代因为优先发展重工业,如钢铁、有色金属、化工,都是发展重点,于是形成了重工业部主管矿山的开发,地质部负责地质勘探的分工。1956年,管理体制进行调整,重工业部一分为三,组建冶金工业部、化学工业部和建材工业部。冶金主要是钢铁,化工当时是"三酸两碱",建筑

---

① 夏勇:《论西部大开发的法治保障》,《法学研究》2001年第2期,第87页。

材料是水泥、玻璃和陶瓷。这样，一个完整的矿业就被分割了。当时中央某领导曾说：建筑材料工业部，就是半个矿山部。但计划经济的配置并没有什么矿山部，而是将建材及矿山的生产都变成了工业部门的附属。"大跃进"一开始，加上当时也没有明确的法规，"五小工业"遍地开花，矿业管理体系就更散了。最突出的是煤炭，分割成若干部分：国有的，集体的，以及隐蔽的个体的。

进入20世纪60年代，由于资源状况不清和资源浪费问题，加上各工业部门管理上的交叉，矿业体制有所调整，地质部组织力量勘探新的矿区、矿种，工业部门建矿山基地，提高矿业的机械化水平。在此基础上，勘探、开矿、冶炼、加工等慢慢形成了一个体系，设计院、研究院、规划院慢慢开始完善。但矿业在当时的国民经济体系中并未体现了它应有的位置：一是缺什么就搞什么；二是认为有些矿产老百姓或群众运动也可以搞；三是矿山很大程度上变成了"犯错误"的人的改造场所。

我国实行改革开放的国策以后，我们意识到中国的矿业综合发展水平比发达国家落后至少20年，于是就提出"大打矿山之战"，但受计划经济体制束缚，冶金、化工、煤炭、建材等部门仍然是各搞各的，大规模重复建设就此开始并延续至今，资源勘探落后，后备储量不清等总是也更深刻地暴露出来。后来的"洋跃进"比如建十个大庆、十来个鞍钢，因为缺乏资金，结果大大推动了乡镇矿业的发展，其弊端同样延续至今，最严重的如小硫磺矿、小焦炭、小有色、小建材等，更加剧了酸雨、资源浪费、生态破坏。

显然，在这种矿业体制下，国家和地方的环保机构和环保法规对这些弊端是无可奈何的。当时的中国的生态环境问题和矿业的低效问题与这种矿业体制分不开。

2. 矿业发展中的机制问题

矿业对经济发展的影响，主要在两个方面，一是资源的深加工，二是对市场供求关系的把握。这都是我们的弱项，从矿产品的出口看，我们却没有一个能够制约或控制世界市场的产品。原因就在机制不对——我们的企业竞争似乎只有价格武器而没有质量武器，大家都压价，结果是大家赔钱，效益自然就上不去了。但机制问题归根结蒂还是体制问题。

从计划经济向市场经济转轨，难免出现失控或"真空"，一时半刻的"乱"

也是正常的,但不能老是"乱"。现在突出的问题是谁都管不了谁:冶金、化工、建材等部门只管自己的事;原国家发展计划委员会有宏观调控,但调控不了各省市区;东部沿海要跟国外竞争跟国内竞争,就把中西部"扼杀"了,中西部有资源,但要资金没有资金,要技术没技术,就难免会"自我保护"。

还有历史遗留问题,一些矿山因为几代人的积累发展而成为一个城镇或城市,矿业城市今后走一条什么样的路?如何摆脱困境?实际上有不少矿业城镇,由于矿没有了,遗留问题一大堆没办法解决。比如,甘肃省玉门市是一个典型的石油矿城市,曾为国家作出了巨大的贡献,但随着石油的枯竭,并加上风沙等原因,在1999—2001年向新城搬迁,但由于资金不到位,新城建设缓慢等诸多因素,至今仍举步维艰;四川省甘孜藏族自治州原属国家建材工业部的丹巴云母矿,1995年闭矿,其善后问题至今未彻底解决;四川省凉山彝族自治州会理县原属冶金工业部的901银矿,1956年上马,很快发展成为一个典型的小社会,除了没有大学,其他一应俱全,给20世纪80年代后期闭矿时带来许多问题。[①]

3.矿业可持续发展亟待解决的三个问题

1997年以来,经济生活中的各种矛盾突出了,掩盖了中国矿业的困境。目前的中国矿业还可勉强"吃饭",但前景不可乐观。本世纪中国经济社会面临的一个关键问题就是矿业,这实际上就是资源的可持续发展问题。

撇开技术经济问题不谈,我国矿业的可持续发展存在三个大问题,一是人员进出问题,二是资源环境问题,三是税费协调问题。

(1)人员进出问题。包括两个方面:一是老矿山企业特别是西部的矿业城镇,不能吸引和留住人才;二是富余劳动力没出路,矿挖完了,分流出来的工人无法安排。还有他们的子女,多数在原先的企业就业,就成了包袱。这就涉及矿业的用人制度——如何避免在人烟稀少地带形成定居点。在人烟稀少的地方形成矿业的定居点,它就变成了一个"小社会",减员增效就不可能,人才也吸引不来。所以,对矿业特别是矿业城市的用工制度,必须改革,以走出这个困境。现在开发西部,就需要对这个有所预谋,以免出现这种局面。

(2)资源环境问题。一些重点、大型的矿业企业,已经开始注意到了这

---

[①]《南方周末》2004年9月12日,第3版。

个问题。但大量的中小矿业企业,还在继续造成环境恶化和资源浪费。特别是在边远农村和山区,大量个体小矿业企业可以随便开挖随便排放,怎么办?让他们自己来治理现在还做不到,似乎就只有限制。但怎么限制?却是一个头疼的事情。例如,攀枝花选矿场位于金沙江上游与其他几条江的交汇处,是个三角地带,在这儿采矿,尾矿一般都往江里扔,江水一冲,就流进了金沙江。为了防止尾矿进入金沙江,就在支流上修了个尾矿坝,使河水从下面渗出去。但这样仍在两个隐患:一是潜在污染,二是尾矿越堆越高可能垮塌。

(3)环境资源问题。资源环境并不局限于矿产,还有土地的破坏和占用及资源的综合利用问题。现行的《水法》《土地法》《森林法》在这方面不健全、不协调、不衔接,有的还互相打架,因此在一些具体问题的处理或裁决上就没有办法,这也制约了矿业发展。在资源的综合利用上也存在类似问题,比如建大坝用电厂的粉煤灰,既要收钱收费还要收税。这一类问题不解决好,就会造成新产品成本高,老产品的废弃物污染环境,最后还要国家和企业来花钱治理的"三输"。①

4.西部矿业可持续发展的制度创新

(1)矿业可持续发展的制度创新,首先是一个法律法规的建设问题。这里的关键是如何克服部门利益的局限和专业的局限,而通盘考虑矿业的健康发展。比如《矿产资源法》,某些工业部门认为是管得太死,农业部门则认为限制了乡镇企业的发展,而一些法律专家又说专业名词的法律效力不准确,不利于执行。另外,法律法规一旦颁布就应该立即生效执行,不能过几个月或半年后再生效执行,《森林法》公布后半年才生效,结果那一段时期对森林资源的破坏比《森林法》出台前更厉害。另一个值得重视的问题是制定法律的机构与执行、监督机构的分设,否则在部门利益前面就肯定会有法不依。

(2)矿业运行的投资问题与产权界定及其交易问题,改革开放30多年来这方面的机制一直不顺。随着经济的转型,除了石油和一些重要的原材料开发国家必须投资外,其他更多的矿产资源开发,国家不可能再直接投资让工业部门上矿业项目。对外开放招商引资政策对加工业有明确规定,但对矿

---

① 国务院发展研究中心:《西部产业结构调整的的基本思路》,载《经济管理》2001年第12期,第45页。

业没有明确的政策，或者非常保守，比如石油勘探，外商只能到沿海大陆架或内陆腹地，合资时外方也只能占"小头"。这就意味大多数矿业企业都要与商业银行直接发生关系。而商业银行现在因为规避风险而怕贷现象突出，或者要求担保，这使得很多矿业企业难上加难。于是不少地方出现了放任自流，搞小矿、搞私有制，让私人去开发，把矿山"卖"给私人，不仅与《宪法》规定的矿产资源的国有相悖，而且遗留的环境破坏问题也十分严重。

还有一个与地矿资源产权相关的问题也十分突出。现在进行西部发展，我们面对着这样的一个客观存在：越是贫困的地方，资源似乎越是丰富，但当地没有条件开发，可一旦国家或外地来开发，地方就都来"吃"，而且还很有理由。例如，在有名的神府煤田，当地的税务部门曾经就把它搞得无法正常生产，"官司"还打到了北京，原因就是地方太穷，资源由国家开采，钱被国家拿走了，地方没得到什么好处。虽然《宪法》规定矿产资源归国家所有，重要的矿产资源国家一定要掌握，但地方政府和当地居民应得到些什么利益？如何协调三者之间的利益关系？确实是个具体问题。

这里固然有技术方面的问题，但组织问题更紧迫，也就是说，发现了资源，要开发、要利用，由谁来组织、怎样组织，国家必须要有明确的政策。

机构改革后，各工业部门都变成了工信局，不再"管"企业，没有人来考虑这个问题，这是一个体制问题，特别是工业体制问题。成立一个"矿业部"应该是符合改革的大方向的，这里还涉及税制改革问题。

1994年的税制改革，一是"切块"后的水平法加重了矿山负担：冶金类的钢铁生产按不同品种定税，铁矿石不纳税，整个钢铁生产的综合税率是10%；这个税制降低了钢铁的税率，但对铁矿石由不征税变成征税，平均税率也为10%。二是虽然税法规定独立矿山与附属矿山可以分开计算，但很多地方不执行，只要在采矿，它就一定要收税。当然，有些矿山企业与地方关系好，也有免掉了的。三是资源税和资源补偿费的矛盾问题，两项都收，矿山很难，也很不公平。①

比较而言，若成立一个"矿业部"或"矿业局"肯定会与农业农村部或自然资源部就乡镇矿业的管理而发生冲突，而成立一个"中国矿业联合会"

---

① 冯之浚：《区域经济发展战略研究》，经济科学出版社，2002年版，第67页。

或"中国矿业协会"也许是可行的。受国家的委托，这个企业协会可以制定行业法规，通过中介组织或机构去管理全国的矿业。它可以包括很多内容：地矿、冶金、煤炭、有色、黄金、化工、建材、核原料等，也包括农业、部队、司法劳改等部门办的矿山，还有个体私营企业办的矿，这就为国家减轻了负担。它可以接受国家计委委托进行矿业规划，提出发展方向，如哪些资源需要保护或开发，哪些需要由国家或地方开发，哪些可以共同开发，哪些可以由私人或外国人开发。它还可以集中各方面的专家，为国家提供法律、经济、技术、管理和矿业战略等等的决策参考。至于税收方面，从道理上讲，资源品级不一样，税率当然也就不一样，但税务局往往综合起来收。资源补偿费由自然资源部收，资源税由税务局收，相互之间没关系。你收不收是你的事，我收不收是我的事。某收费单位不到10个人，一年收几个亿的费，大楼盖起来了，但下面的地质队伍却在闹"粮荒"。照理说，它收了费，在企业开新矿时就应该给企业返回一部分，以利于企业的发展。但为什么做不到，就是因为"收支两条线"。

看来，在矿业改革中借鉴俄国新经济政策时期的"矿山租赁制"和我国股份制改革的成功经验，结合西部发展对《矿产资源法》和税收体制适时地进行某些必要的调整或修订，对我国矿业的可持续发展是有现实意义和长远意义。

假设矿业法规允许个人找矿，个人可以向政府部门申请不超过一定面积和年限的采矿权，这就有了发展矿业股份制的又一个起点；假设矿业能够实行"矿山租赁制"，则资本、技术、管理和矿业的现代公司制也不难求得。矿业产权的交易一活，矿业的效益也就提高了。总之中国矿业的管理创新、技术创新、金融创新、经营创新等等，都取决于它的制度创新和组织创新。

### 七、经济发展的人才政策问题

现代经济的计量分析发现，单位人力资本投资的贡献可以5倍于单位物质资本的贡献。西部发展必须把人才的开发放在极其关键的位置，这不仅能缓解资金不足的压力，有利于更充分地利用资金，而且也是西部可持续发展的一个人文基础。但现实是西部发展面临的人才问题却十分突出，一是人力资源开发不足，二是人才流失严重。

由多种因素导致的东西部人才分布上的差距是惊人的：

2003年，6岁及6岁以上人口的文化构成中具有大专以上学历的，东部占4.08%，西部只有2.35%；具有高中以上的学历的东部占12.23%，西部是8.18%，而在15岁及15岁以上文盲半文盲人口中，东部占15.58%，西部高达21.03%。2003年，全国大专及大专以上的人口所占比例为3.5%，东部大部分地区高于这个比例，西部大部分地区低于这个比例，西藏只有0.2%，云南只有1.2%，而15岁以上人口中，文盲半文盲的比例全国为15.78%，东部地区都低于这个比例，而西部大部分地区高于这个比例，其中西藏高达59.97%，青海高达42.92%。[①] 具有博士和硕士学位的人才以及从国外学成归来的人才，大部分集中在东部和中部，东部比例尤其高。例如西安电子科技大学的毕业生，目前在美国硅谷的就有330多人，在深圳的有1000多人；笔者所知的几位甘肃籍、青海籍学生，在获得博士学位后，无一返回。[②] 目前全国有1000所左右的大学，也主要分布在东部和中部，西部地区高校很少，有名气的高校更少。从科技开发人才的数量来看，西部地区除了西安、重庆、成都、兰州、绵阳几个城市外，从数量到密度都显示出严重不足的状态。

支持西部发展，在人才政策上，需要国家人事部拟定一个较长期的、科学的西部人才资源开发计划，帮助西部地区提高各类人才的素质；教育部已出台的援助西部计划要完善，要把援助领域由基础教育扩大到职业教育和高等教育；科技部、中国科学院、中国工程院、中国科协可以联合制定一个援助西部计划，为西部培养、输送科技人才；国家商务部需要有计划地在西部选拔经营管理人员到东部和中部的知名企业挂培训；大幅度提高西部人才特别是有创造力的人才的工资和待遇，使他们安心在西部工作。

## 第三节 西部经济发展与地方政府的政策支持

改革开放归根结底是制度创新，其实现形式是新政策创新。实施西部大

---

① 2004年《中国统计年鉴》，中国统计出版社，2005年版。
② 根据2006年12月西安电子科技大学（深圳）校友联谊会登记册等有关资料统计。

开发,离不开发展政策环境的支持,西部各省市区政府必须进一步深化改革,与国家和中央政府提供的政策支持对接,以期形成一个协调、配套的发展政策环境。

### 一、进一步完善地方开放政策

一个地区政策开放的发展效果,最终表现为一个地区经济整体实力的核心指标,可能莫过于国民生产总值即 GNP 或国内生产总值即 GDP。它是指按市场价格计算的一个国家或地区所有长住单位一定时期内生产活动的最终成果。据此,可以通过不同的城市经济群体比较,观察其改革开放的发展效果。

表 8-1 2018 年全国 GDP 上万亿元城市排序及地区分布①

| 城市 | 位次 | GDP:亿元 | 经济区位 |
| --- | --- | --- | --- |
| 上海 | 1 | 32679 | 东部 |
| 北京 | 2 | 30320 | 东部 |
| 深圳 | 3 | 24691 | 东部 |
| 广州 | 4 | 23000 | 东部 |
| 重庆 | 5 | 20363 | 西部 |
| 天津 | 6 | 18809 | 东部 |
| 苏州 | 7 | 18597 | 东部 |
| 成都 | 8 | 15342 | 西部 |
| 武汉 | 9 | 14847 | 东部 |
| 杭州 | 10 | 13500 | 东部 |
| 南京 | 11 | 12820 | 东部 |
| 青岛 | 12 | 12561 | 东部 |
| 长沙 | 13 | 11527 | 中部 |
| 无锡 | 14 | 11438 | 东部 |
| 宁波 | 15 | 10745 | 东部 |
| 佛山 | 16 | 10550 | 东部 |
| 郑州 | 17 | 10200 | 中部 |

---

① 根据 2019 年《中国统计年鉴》的相关资料整理。

2018年，全国有17个城市的国内生产总值步入千亿元行列，其GDP总值合计为291989亿元。在这17个城市中，西部有2个，占比12%，其城市GDP占比12.2%；东部有13个，占比76%，其城市GNP占比在80%以上。

10000亿元是个非常的概念。1980年，当我们提出用20年左右的时间实现工农业生产总值翻两番时，中国的工农业生产总值是7000亿元。1992年，上海GNP达1054亿元，成为中国第一个"千亿元级"城市；1994年，北京的GNP达1083亿元；1995年，西安、长春、哈尔滨、济南、南京却被淘汰出"千亿元级"城市；而宁波、无锡等则成功崛起，加入"千亿元级"城市。[①] 而万亿元这个单位，相当于现如今一个城市所创造的GDP产值等于过去将近十个城市创造的总和，也相当于现国有资产总额的1/100。这种现象耐人寻味。

作为西部发展的主体，对外开放的重要性对西部地方政府自不待言，现在需要注意的是如何同时做好对内开放的工作。在对外开放的同时甚至先行对内开放，是有效发挥市场主体等和市场机制作用、提高运行效率和优化经济结构的必要条件。加入WTO后，我国必须承担的义务——开放国内市场恰恰是我国改革开放的阶段性目标，这将有效消除阻碍国内市场格局中的地区割据，有利于形成开放的、有序竞争的市场。在某种意义上甚至可以说，没有对内的开放发展，也就没有对外的开放发展，而这也正是西部地区目前最缺乏的。

对内开放主要包括以下几个方面：

其一是地区开放。一是消除地区间显性和隐性的地方保护。诸如用各种手段禁止销售外地的某些产品，或禁止本地的某些产品流向外地。这种现象在全国各地都有，但西部地区似乎更突出，西部几年的开发实践显示，此类现象在西部时有所闻。二是消除城乡壁垒。在劳动力市场上，这类现象极其突出。除了地方政府规定的身份、户口、行业等等歧视外，还有不少部门和用人单位自己规定的一些"土政策"。一方面，政府需要主动地自觉地去消除这方面的市场障碍；另一方面，政府虽然不宜干预用人单位的自主权，但对某些部门和单位明显有损劳动者合法权益的做法，必须予以制止和惩戒，否则就是失职。

---

① 根据相关年份《中国统计年鉴》数据整理。

其二是产业开放。所有可以商业化的产业、行业，都需要向所有的投资者和可能的投资者开放。随着市场经济的发展，市场范围会不断扩大，一些公共品供给和自然垄断行业完全可以实行商业化经营。至于普遍服务的义务，则完全可以通过"普遍服务税"的方式，对实施普遍服务的企业进行"转移支付"而逐步实现商业化。值得警惕的是，垄断部门既得利益者为维护其垄断地位，常常打出维护"国家安全"或"国计民生"等旗号——这只不过是它们惯用的"通常借口"。其实，没有哪一产业或行业不是关乎国计民生的——否则它就不能生存，遑论发展。粮食生产关乎国计民生，而我国的改革，恰好就是从这里出发的，并且取得了举世瞩目的成绩。今日之西部发展得以"以粮代赈"去实现"换林，换草"，盖得益于此。以此例彼，举凡电力、煤气、通信、教育、邮政、医药等，均可作如是观。

其三是投资开放。这是产业开放的必然要求。这里所谓的投资开放，即是要消除对投资者的身份歧视。一是目前仍普遍存在的所有制歧视，二是"宁赠友邦不予家奴"的民族歧视。法国学者布罗代尔（FernandBraudel）在谈到中国时曾说道："市场经济"不一定导致"资本主义"，国家的干预和阻碍使中国的"资本主义"不发达，这可以中国人的"资本主义"在南洋的蓬勃发展为反证。①西部发展本身就是一个大开放，对内开放必须消除这些身份歧视，这是形成有效竞争、发挥市场机制作用的前提。

### 二、完善政策设计、执行机制

向中央争取倾斜政策和西部自己制定相关政策，这只是谋求西部发展的一个起点，更重要的是要保证政策的有效性和具体落实。

1.加强地方立法和执法建设，这是加强基础设施建设的基础。随着市场经济的发展，加强综合营商环境建设，将越来越成为地方政府的主要可作为之处。鉴于西部有些地区的综合营商环境差强人意，一些省市区看来将不得不以短期牺牲的财政收入为代价，实施大幅度优惠的地方财税优惠政策，借鉴国外的经验，在某些特定的区域建立完全不征税的免税区。

目前，国有资本和国有企业已经开始进行战略调整，其实质是国有资本

---

① ［法］费尔南·布罗代尔：《资本主义论丛》，中央编译出版社，2005年版，第26页。

和国有企业从不适合其生存、发展的竞争领域内退出。对西部而言，这种退出的幅度要比东部更大，这意味着外资尤其是规模性投资的进入有了更广阔的空间，若以不断优化的综合投资环境加以鼓励，将能够产生明显的效果。

2. 制定对外开放和利用外资的长期规划。对外开放和利用外资的长期规划是这一工作连续、有序进行的前提条件。成立政策规划与监督机构，专门负责在西部发展和加入WTO背景下的对外开放政策研究、解释，出台落实政策的方案及相应的配套措施，使政策具有可操作性、提高政策的实施效应，负责监督、检查、督促政策的落实情况，使争取到的倾斜政策和优惠政策落到实处。

3. 加强政策环境分析。首先，在要明确中央与地方政府的政策权限范围，简化贯彻落实政策的程序。在此基础上，西部地方政府在政策权限内可主动决策、自主决策，提高政策的决策、实施速度和执行力度，加快政策的落实。其次，要加强政策环境分析和政策评估，搞清楚国家、中央和地方的政策有哪些已不再适应西部发展的需要，需要一些什么样的新政策，原有政策中哪些尚未落实及其原因，研究东部在政策落实方面的经验、当地怎样用足用好用活政策等等。

4. 吸引外资投资优势产业和特色产业。特色产业和优势产业是加入WTO以后仍然具有竞争力的产业，并不单纯是传统的优势产业和特色产业。顺应国内竞争国际化和竞争不断加剧的趋势，选择当地的优势产业和特色产业，对外资实施政策引导，以构建当地新的产业优势。在吸引外资的同时吸引高层次的人才，积极支持技术创新——吸引高层次的技术、管理人才是占有最大的资源。以技术股、管理股等形式对高层次的人才进行产权激励，是发挥他的作用的有效途径。设立产业投资基金或风险投资基金，辅之以相应的科技政策，支持技术创新及技术创新的产业化，可以构建长期的产业高地。

### 三、人才政策的改革与创新

在吸引留住和激励人才投身西部发展，中央政府与西部地方政府应当共同创造条件，这些条件至少包括：

1. 实行"来去自由""欢迎再来"的新人事政策。已有的"关卡"一定要全部清除，绝对不要再设置种种"关卡"。如果一来就不让走，人家就不敢再来了；因种种原因走了的也要坦诚地欢迎再来。这才是真正的"来去自由"。并且，这一政策也适用于"土著"人才。西部某省至今还有一"内部"规定，凡副高级及以上的专业人员，非经省委同意，一律不得调出。诸如此类的土政策，其目的本身可能是想留住人才，但实际的客观效果却是南辕北辙。①

2. 为各类专业人才提供良好的配套服务。待遇留人、事业留人、机制留人缺一不可。比如，过去一些到西部支援的科技人员有"献了青春献终身，献了终身献子孙"的说法，这就涉及如何解决好他们的子女受教育条件差、考大学难的问题。又如，对人才的甄别、选拔和任用，不能仅由领导说了算，必须创造公平、公开、公正的竞争性人才机制，包括建立有效的经理市场，一些行政领导岗位也要通过公开选拔竞聘上岗，让"英雄"有用武之地。

3. 改革投资融资体制，实施"引凤工程"。鼓励、吸引从国外归来的人才和东中部人才到西部创业；允许科技人才以专利成果和技术发明等等入股且不必硬性规定一个"比例"；在创造良好的综合投资环境方面，特别是要坚决取缔某些地方部门的"乱收费、乱罚款、乱摊派"的行为，让投资者放心、安心。甘肃省人力资源和社会保障厅于 2019 年 3 月 25 日违规出台文件，对于引进人才，将事后备案变相变分为招聘计划备案、考试体检备案、审批结果备案等三个事前备案环节，实行"变相审批"。任性用权制约了高层次人才引进工作，一年未引进一名博士人才，相关负责人受到了甘肃省委的严肃问责，此案例教训要引以为戒。②

4. 鼓励、欢迎东中部民营企业到西部创业。比较而言，这些企业真正面向市场，收入、待遇相对较好，对吸引技术才、留住人才有利；其次，这些企业也有相对完善的激励—约束机制，能够教会自己的员工如何求生存、求发展。一些大的外资企业和民营企业比较重视科技开发工作，为技术人才发挥作用提供了舞台；其治理结构也比较规范，对西部其他企业有一种示范意义，对西部经理市场的发育也有促进作用。

5. 实行区别对待的退休制。鉴于西部的人才供求状况，如何在退休的制

---

① 江涌：《警惕部门利益膨胀》，载《瞭望新闻周刊》，2006 年第 41 期，第 30 页。
② 人民网：《把"放管服"变"管卡压"甘肃省人社厅任性用权被问责处理》2019 年 11 月 17 日。

度安排上不搞"一刀切",最大限度地利用好临近或刚退休的各类经营管理人才和科技人才继续为西部发展服务,也值得重视的问题。现行男60岁、女55岁的法定退休年限(副处级和市级职称人员另行规定),对经营管理人才、教科文卫人才这类以智力劳动为主的劳动者说,明显是过早了一点,我国人口的平均预期寿命已经达到和超过了70岁;另一方面,西部的人才供给较为短缺,又饱受人才流失之苦、人才引进之难现状。时任国务委员陈至立说兰州大学累计流失的高水平人才,完全可以再办一所同样水平的大学;再者,随着经济结构的调整,社会对劳动者的综合素质要求提高,新生劳动者的就业初始年龄将会有所推迟。所以,西部各省市区政府有必要在退休的制度安排上进行"变通"用好这批人才。

**四、企业股份制改造和创建的制度完善**

为了尽快提升西部经济的实力和竞争力,西部企业改造的基本出路是股份制,其关键是资源入股的估价、外资入股及其股份比例限制问题。这类问题的关键并不在技术上,而是思想观念上,必须解放思想,以"三个有利于"的原则来指导对内对外的开放工作。在"先天"不足的西部地区"以开放促开发,以开发求发展",坚持"三个有利于"标准十分重要。解放思想似乎是老生常谈,但在改革开放工作中仍然具有重要的现实意义。譬如利用外资中"靓女先嫁"与"丑女先嫁"的问题,就需要解放思想,以发展的眼光来看待。再如近年来利用外资过程中的国有资产流失问题,成为国有企业利用外资裹足不前的重要制约因素。

当一个根本不盈利的企业或净资产为负数的企业还要以账面资产或重置价与外商合资或向客商出让时,在经济意义上是十分滑稽的。因为资产的价值是其盈利能力的倒数,或者是其市场交易价值。当一个企业没有盈利或盈利为负时,它的价值就是零或负数,这样的企业肯定没人敢要,遑论还有那么多的人需要安置,还有企业接管中的体制摩擦。但在现实生活中,我们却经常看到,如果不按评估价(参照账面资产或重置价)出让或入股,则很容易被指斥为国有资产流失。

以"三个有利于"作为指导对外开放的方针,是进一步扩大开放领域、提高开放水平的思想保障。但"三个有利于"在部门利益和局部利益前面却往往难以贯彻。西部某省的一项"合作"项目实施成功,但却遭到有关部门"国有资产定价太低"的指责。其实反过来看,如果没有这个项目,这里所涉及的所谓国有资产不仅没有任何资产意义上的经济价值,而且还要支付一笔不小的持产费用。[①]这个项目实施成功了,不仅免除出了这笔无谓的持产费用,而且还带来了新的增益。进一步说,政府在公共品供给方面的职能被市场部分替代,是市场经济发展的必然趋势,如果在服务品质没有降低的情况下又获得了新的发展资金,这一具有明显帕累托改进效果的行为,可以肯定是促进发展的理性行为。

改革开放的实质是制度创新,经济的增长和发展最终依赖于制度变革。不可否认,技术对经济生活具有决定性意义,但能够推动经济增长积极因素的,只能是制度创新和制度进步。制度变革在经济发展中具有终极意义,改革开放本身便是制度变革的过程。

改革开放就是要打破原有体制约束,引进新的制度因素。加入WTO后,我们已经发现,其积极因素在于它所带来的公平竞争的机制,迫使我国企业全力提高生产和服务,进而对经济的长期健康增长起到积极作用。经济落后所导致的政策目标往往是保护,越落后的地区越强调保护,殊不知,越是保护就越是落后。中国加入WTO,又推出了"一带一路"的战略性决策,体现了共商、共享、共建的原则,体现的是"和平、交流、理解、包容、合作、共赢"的精神,并收获了早期的成果。[②]这意味着从产业到市场、从商品市场到要素市场都须进一步开放,这会为西部带来机遇;虽然短期可能会增加企业倒闭和失业,但这同时也会催生出有竞争力的企业;而那些被淘汰的企业,正是在传统体制内因为退出成本过高或退出壁垒太高而无法退出的企业——只不过这一退出是以市场手段来实现而已。可以预见的是,从商品市场到要素市场的进一步改革开放,将加速要素的流动与重组,使得西部地区的经济结构更加富有效率,并克服非市场手段重组的非效率化,降低重组成本。"入世"还打破了原有体制内形成的利益格局,有利于制度创新的实现。

---

① 谢丽霞:《论资本市场与西部企业活力的激发》,载《广西民族学院学报》(社科版)2003年第3期,第21页。
② 冯武勇、樊宇、王宗凯:《"一带一路",当梦想照进现实》,载《人民日报》,2016年1月24日,第1版。

"入世"后,我们须按严格的时间表对外开放,必须承担的国际义务成为一种硬约束,从而使得改革开放进程带有一种明显的节奏性,并有力地加快这一进程。

对西部地区而言,"入世"使得企业的生存危机感明显强烈起来,求存的本能使其对改革的要求更加迫切,一些在原有体制内无法逾越的障碍,在生存的危机的冲击下得以冰释;消费者的权益将会得到更好的实现,他们的货币"选票"将真正成为企业生存的基础。由于地区发展的压力,政府将成为制度创新的积极推动者,并在一定程度上使其作为制度供给者的作用得到有效发挥。制度创新将有效降低经济发展的制度成本和"制度阻尼",提高经济运行的效率。

由于西部企业在"入世"后面临的压力比较东部重,从而制度创新的压力也较东部重,这有可能使西部再次成为改革的先行者和受益者,从而对本地区的经济发展产生巨大的推动力。

总之,中国加入 WTO 后的政治经济意义,在于中国的经济社会发展将更进一步地走向法治化和市场化,从而真正实现与国际惯例和世界规则的"接轨"。西部各省区市政府必须在此认识层面上把握西部发展的制度创新和政策支持,使其成为西部地区快速发展的强大动力源,但要想使创新的制度和科学切实的政策获得长效性,就必须使其上升到完整系统科学的法律规制的层面。

# 第九章 西部经济发展与法律促进的总体方略和基本制度

西部大开发战略实施以来，截至 2018 年底，我国在西部地区的基础设施以及重大项目上共投资 7.43 万亿元，[1] 有力地促进了落后地区经济发展，但在相关法律体系建设仍显滞后。实现区域经济腾飞过程中，仅靠短期的政策是不够的，而法律的推动力和保障作用已被国内外经济实践所证明。法律制度在我国西部地区经济发展中的创制、建设和完善，不仅要在思想上高度重视，要理论上充分论证，在实践中也须采取有效措施和具体行动。

## 第一节 西部经济发展与法律促进的总体目标

对西部经济发展关注和研究最多的是经济理论界，他们对西部经济发展的目标和措施提出了种种设想，但其着眼点大都集中在缩小东西部差距这个静态层面上。我们认为西部经济发展更是一个动态的、综合的长期过程，其战略目标不仅是区域的、纯经济的，而是全国性的、全社会方位的。也就是说，西部经济发展必须在法律上确立一个长远的、明确的社会目标，而不是以简单地缩小地区经济差距为满足。西部经济发展的目标确立应该以地区经济的综合、协调、持续、稳定发展为基础，以国家总体经济运行为依托，以发掘、褒扬区域自身潜力和优势为其本途径，力争实现超过国内平均增长值的较快发展。在此需要强调的是在思想上要彻底打破和清除"扶贫""福利""慈善"

---

[1]《证券时报》（2018 年 8 月 30 日）和国家发改委西部大开发进展情况新闻发布会有关数据整理。

式的老一套做法，不搞人为的"条块分割"和人格歪曲。西部经济是整个国民经济的有机组部分，其发展目标也应该是建立竞争、有序、统一、开放的市场体系和循环机制，最终实现经济的高度繁荣和社会的全面进步。

### 一、西部经济发展与法律促进的基本政策取向

第一，在全国经济及地区经济发展上，放弃"梯度推进"理论和政策略，创造全国经济发展的公平、平等、竞争的制度环境和运机制。改革开放已从20世纪80年代初的地区实验阶段进入了新世纪的全面推进时期，法律面前人人平等推演开来就是改革开放和经济发展的社会权利在地区间平等。[1] 改革在特定时期搞重点突破和经验积累是必要的，但是改革的目标一旦确定、经验一经成熟。再一味地搞地区政策倾斜将不利于整个国民经济的发展和社会稳定。当前，内陆和西部地区跨上市场经济快车道的时机已经成熟，条件业已具备，西部经济的发展模式不能再搞"吃别人剩下的"或接受他人的施舍，而必须在法律制度和政策上创造同等的竞争机会和发展条件，使西部经济能够独立自主地发展。

第二，西部经济发展与法律促进的目标必须是明确具体、统一规范的。西部经济发展的目标和任务是一个社会目标和任务，在破除"分灶吃饭"的同时，必须加强它的高度和力度。也就是说，要把地区经济发展的目标从过去那种口号式、政治宣言式转化为一种确定的国家目标——即宪法式的国家目标，[2] 也即："全面贯彻实施宪法是全面依法治国、建设社会主义法治国家的首要任务和基础性工作。"这样，地区经济的发展才不至于被政治气候和个别领导的主观意志所左右，实现长期、稳定性和连续性。

### 二、西部地区社会经济发展目标的根本要求

西部经济的发展目标应该是分层次、内部结构清晰、协调统一的。西部地区大开发，虽然已经取得了一定的成效，但许多方面有着明显问题，实绩

---

[1] 王小鲁、樊纲：《中国地区差距的变动趋势和影响因素》，载《经济研究》2004年第1期，第37页。
[2] 习近平：《为新时代坚持和发展中国特色社会主义提供宪法保障》（2018年11月19日），摘自《习近平谈治国理政》第三卷，外文出版社，2020年4月版，第279页。

相对较差,其中一个重要的原因是对西部地区经济的发展从中央到地方认识尚未完全统一。我们之所以要提出西部地区经济发展的法律促进,是基于只有通过统一的立法和相应的法律环境创制,才能真正明确西部经济发展中,各个社会主体、各级政府的权力、义务、责任的边界和范围,才能建立统一协调的发展机制。① 当前的关键问题是要确立和强化中央国家层次的地区经济发展目标和对应政策。党的十六大及十九大报告中确立的西部经济发展的精神尚未完全落实,部分还停留在计划实施的层面上,许多开发的政策和法律制度还没有真正纳入到社会发展的整体规划中,所以关于西部经济发展的目标、对象在中央一级仍需进一步规划。相反,在地方一级,西部各省区市在现在有的经济条件和制度约束下对地方经济的发展各自做出了"详细、具体"的规划,而且就单个意义上讲,取得了令人注目的成就。但是这些地区开发目标的形成和政策措施的制定仍是在地区经济封锁和中央法令不明确和不统一的前提下形成的。这种地方各自为政的局势难免导致"地区封锁""行业垄断"式的封建诸侯经济格局,不仅在总体上不利于地区经济的长远发展,而且很难与新时期国内国际市场的大经济循环系统接轨,使地区经济发展的历史包袱越来越重。西部发展的总体目标确立以及各层次之间的协调统一是地区经济发展的前提条件,用法律制度来统领和规范则显得十分迫切。

## 第二节 西部经济发展与区域法制建设

### 一、区域法制的意义

所谓区域法制,是指以促进和保障在地理上或经济上有特殊意义地区的社会经济,按照既定目标和途径持续、健康、稳定发展为目的,在维护国家法制统一的前提下所建立起来并有效运作的、有地域特点的法律制度和法律环境的总称。国家的法制是高度统一的、但在存在地区社会经济发展不平衡的国家,由于各地区社会经济状况的明显差异,为了避免国家整体法制的以点概面,忽视个别差异的弊端,区域法制的创建不仅是必要的,而且也是可

---

① 胡乃武、张可云:《统筹中国区域发展问题研究》,载《新华文摘》2004年第7期,第41页。

行的。我国解决历史上政治问题和现实的经济问题创立的"一国两制"及"经济特区"政策都是区域法制的大胆尝试和成功范例。西部经济的发展有着与全国尤其是东部沿海地区不同的社会历史背景和人文地理环境,作为全国性的统一法律制度和政策很难完全照顾到一些区域法制建设问题,创制符合西部实际的法制运行体系,才能实现长久而又艰巨的总体开发目标。

国内外区域经济开发的历史,尤其是发达国家成功的开发史例都表明,法治在促进和保障区域经济和社会发展中起了十分重要的作用。[1]一个长效稳定,而且取得预期目标的地区经济开发,其发展趋势总是从无序到有序、从局部到整体、从混乱到规则、从人治到法治、从阶段性到可持续发展的进步过程。而一个有序、整体、规则可持续的开发战略及其实施必须依赖科学完备的区域法制才能得以实现。"现代区域开发法治机制,在广义上,包括符合法治要求的立法、执法、司法与监督机制。在狭义上,主要指开发机制,包括规划法治机制、援助法治机制、市场法治机制和政府行为约束机制。"[2]概括而言,法治在促进和保障区域经济和社会发展中具有下述重要的功能:一是综合规划功能,比如通过法律的强制性调整的规制,可以优化产业结构,重组产业布局,协调发达地区与不发达地区的经济,协调国内经济的总量平衡和互补性发展,实现国内经济的一体化;二是规范和强化国家援助功能,通过立法和相应的制度建设,背靠长期有效的财政投入援助,包括国家投入大量的资金以及重大的开发项目和有关的优惠政策,促进落后地区的社会经济发展;三是鼓励引导功能,通过立法可以明确和保证各种开发政策及优惠条件,同时也可以通过相应的配套制度保证其真正落实,由此鼓励投资,引导资本的人才的合理流动;四是限制和预防功能,法律的稳定性和强制性功能可以防止开发活动和国家政策的短期性,预防开发中的混乱和无序,从而保证经济建设、生态环境建设与社会发展的持续、协调和稳定。

**二、西部区域法制的性质**

我国是一个单一制社会主义国家,不存在法律上的分权制和并行制。西

---

[1] 李昌麒:《西部大开发与重庆法治建设》,《现代法学》2000年第3期,第81页。
[2] 夏勇:《论西部大开发的法治保障》,《法学研究》2001年第2期,第119页。

部区域法制从本质上讲是社会主义法制体系的一个有机组成部分，其立法宗旨、权力来源以及执法、司法模式和机构设置都必须是在国家宪法的统领下，严格维护国家法制运行的权威性和统一性。区域法制的效力根据是国家最高权力机关——全国人民代表大会的决议和专门授权，在内容上它可以与地方立法相互相交叉、相互补充，但又不同于以行政区域划分立法权的、局限于一省一市的地方立法，具有一定经济区域内地方立法的共性或特别授权性，区域法制在形式上有一国内的区域法制，如我国的香港、澳门和海南地区，也有跨国界的区域法制，如东南亚地区的经济制度趋同和欧洲联盟内部的政治、经济一体化。本文仅探讨国内的区域法制。

区域法制的特点是，在立法、司法、执法和守法环节的内容和现实运作上突出地方特色，着重解决地区内的特殊问题，尤其是社会经济发展和自治方面的问题。区域法制的根本要求是加强和放宽地区立法和执法的自立性、灵活性和针对性，而不是地方中央的分权和制衡。比如民族问题，我国虽有《民族区域自治法》从总体上加以规定，但民族关系最复杂，问题最突出的仍属西部民族地区，关于一些具体问题，很需要有一系列不同于普通法的特别立法加以解决。另外一些少数民族的传统工艺与生产经营活动在促进地区经济发展中有着十分重要的价值和意义，但是由于缺乏相应的法律制度加以规范、组织和保护，使他们的才能、潜力没有得到应有的发挥和挖掘，这更有待于民族性、区域性、地方性的立法加以特别扶持和保护。

### 三、西部区域法制建设的价值导向

西部区域法制建设的根本宗旨有两个方面：一是法律本身的正义价值目标追求；二是用法律手段促成社会经济目标的全面实现。

首先是法律本身的正义价值目标追求。在人类社会发展史上，始终存在着两大基本价值导向——公平与效率。在经济领域，一般认为效率表达的是生产力的目标，也就是如何用有限的自然与社会资源创造出更多的产品，公平表达的是生产关系目标，[1]即产品的分配问题。沈宗灵教授认为，公平与效率在经济领域中都是表达生产关系，特别是分配关系的价值目标。"通常说

---

[1] 吕世伦：《关于法制建设的几个理论问题》，载《高校理论战线》1996年第4期，第54页。

的兼顾效率与公平也就是兼顾利益与正义，调节或缓解二者的矛盾，这种矛盾一般是指经济领域中的分配问题"。① 一个追求效率的社会，就是能够以同样的投入取得比别的社会更多的有用产品，创造出更多的财富和价值的社会，也是自然和人文资源优化配置，价值最大化的社会。公平表达的是生产关系即产品分配，也就是如何使社会分配符合人类理性和公共道德观，它要求社会成员在利益分配上体现平等化。在社会学和经济学领域，公平和效率是一对矛盾体，二者甚至是对立的，不可兼得的。效率强调社会经济非均衡的迅速发展，但却容易造成利益差别的扩大；公平强调平等化、均衡化，却容易忽视经济的高速发展。我国现行的区域经济发展战略正是在这种思想理论指导下形成的，即为了实现经济的发展，就"必然"会出现区域间经济发展的不平衡和"合理"的差距，否则，一味强调"公平"便是牺牲总体经济的快速增长。这种理论的事实根据是中华人民共和国成立初期搞地区间的经济平抑，结果导致了全国经济尤其是东部地区经济的长期停滞和缓慢发展。

与社会经济发展的价值目标紧密相关，法律作为社会稳定的平衡器和社会发展的助推器，它在自己的理论体系中也确立了独特的价值目标，即正义宗旨。法律的正义宗旨超越了简单的公平与效率的争执，树立了高于公平和效率又统领二者的价值目标。关于正义最朴素的表达是罗马法中的"给每个人应得的部分"。法律的正义宗旨内涵十分丰富，几乎包括了一个社会良性运转的所有要求，如安全、秩序、公平、效率等。法律正义中的公平与效率不是对立的，而是协调统一的。二者的统一性表现为：

1. 目的上的一致性。公平和效率都不是一个社会发展的终极目的，二者的目的都是为了体现社会正义，实现社会的"良性"运行和健康发展。单纯地为了实现经济上的个别改革而无视整个社会的公平有序或者为了静态的结果公平而不惜牺牲社会的高效率发展是有悖于法律的正义价值目标的。

2. 内容上的渗透关系。正义目标统领下的公平和效率不是独立的，更不是相互冲突的，而是在内容上有着极为密切的渗透和包容关系。如法律关于人的权利能力和行为能力的规定，一方面赋予他参加社会和进行经济活动的平等机会，体现了公平正义；同时，因为每个人的天赋、才能各有所异，每

---

① 沈宗灵：《法理学》，高等教育出版社，1994年版，第61页。

个人的行为结果肯定也是不同的，法律用所有权制度对每个人的劳动所得予以肯定和保护，充分体现了对个人劳动积极性和创造性的鼓励和张扬，这也是符合效率标准的。

3. 功能上的互补性。法律正义中的效率原则同样追求社会财富的极大丰富、生产力的巨大发展和人们生活水平的普遍提高，所以促进生产发展和人们生活的提高是法律制度的基本任务之一。法律公平则以机会均等为内容，以社会财富的合理分配和无差别对待为原则，以社会稳定、安全、有序为目的，致力于减少和防止特权、垄断的产生及收入的过度分化。一个国家、一个地区，如果没有稳定的社会秩序，没有平等进入市场、参与竞争的机会和权利保障，经济发展就缺乏良好的安全保障机制，投资者也不可能有足够的信心和大量长期、稳定的投资，社会效率也很难实现和提高。反之，一个社会要实现高水平的公平竞争、有序发展，必须以激励、调动和维护生产经营者的劳动积极性和创造性为基本思路。只有社会生产的巨大发展和社会财富的极大丰富，才能给每个劳动者创造和提供更多的投资机会，才能给人们的公平参与社会提供坚实的物质保障。在真正的法治社会，正义目标下的公平是效率的基础，效率则是公平的体现和保证，二者相辅相成，有机统一。[①]

4. 位阶上的平行关系。公平和效率是法律正义的两大支柱，按照法律正义的要求，在社会发展的价值目标选择时，既不能推崇没有或忽视公平内容的、暂时的、片面的、数字化的经济高效率，也不能将公平理解为"平均主义"、"吃大锅饭"式的低效率平等。将公平解释为"平均分配"或"劫富济贫"实质上是对公平的最大误解，西部经济发展以这种"公平"为思想基础是严重违背法律精神的，也是不利于西部经济的长远发展。应该充分认识和全面理解公平和效率是法律正义价值观的具体表现，它们在目的上一致、内容上渗透、功能性互补，在位阶上更是平行的，没有主次优劣之分。没有公平做铺垫的效率是暂时的、片面的，没有效率内容的公平是表面的、消极的。西部经济发展中的区域法制建设必须体现公平和效率的和谐统一，决不能将二者对立起来、割裂开来。

---

[①] 孙国华：《法律的效率》，见《法律社会学》，山西人民出版社，1988年版，第71页。

其次，法律的价值观在现实中有力地矫正和推动着社会经济价值观的实现。社会经济，尤其是一国地区间的经济发展不可能是绝对均衡的，这是由于各地区的资源禀赋、社会条件不同所导致的。法律的正义价值观也是肯定这种客观历史差距的，它所要求的是赋予每个人和社会组织平等的法律人格，给他们提供同等的就业机会和市场进入条件，破除因"出身""性别""民族""肤色""地域"等身份差异而造成的人为区别和人格歧视。法律的公平强调"身份平等""机会均等""权利平等"，法律的效率则要求个体和整体的双重高效益。西部经济发展中的"公平"目标要求在经济发展权利、经济活动的身份、社会发展的机会上与东部相同的待遇，实现经济发展的自主、自立和自责，而不再是一方面被限制许多发展的机会和条件，一方面又从其他地区寻求支援和扶持，处于人格上的减等和经济上的难以自立。西部人民具有优良的文化传统，他们勤劳、勇敢、富有创造精神，他们有信心有能力搞好地区经济建设和社会发展，而不愿长期处于被接济、被施舍的地位。

我国的改革开放事业已经取得了举世瞩目的伟大成就，同时也积累了丰富的实践经验。进入 21 世纪加入 WTO 后，尤其是我国推进"一带一路"和区域协调发展战略实施以来，我国的国际环境尤其是内陆与周边国家和地区的关系得到了很大的改善和迅速发展，国内的市场经济目标也已确立，市场基础业已奠定，西部发展已全面推进，对内陆及西部地区进行全面改革开放和将其纳入国内国际市场的时机已经成熟、条件已经具备。这是法律公平对社会进一步发展的根本要求，也是全国经济长期稳定、协调、调速发展的必然趋势，只有这样，才能全面实现社会的公平、效率目标，才能实现西部地区经济的全面发展。

**四、西部区域法制建设中的主体及其权限**

域内外历史经验证明，解决地区差距问题需要一个过程。在客观上就要求统一规划、部署、协调、组织这一跨世纪的系统工程，而所有的规划、方针、政策，都必须用法律的稳定性和强制力来保障，才能调动全社会通力合作和几代人不懈努力，才能保障西部大开发战略的有序推进。西部区域法制体系的建构是一个综合性的系统工程，根据我国法制建设的国家政府供给型的一般特点，西部区域法制的创建工作总体上是由中央和地方两方面共同进行的。

第一,国家及中央政府在区域法制中的角色和权限

西部区域法制建设是在全国法制统一协调的基础上,突出区域发展的要求和特点,而不是搞地方分权,所以必须强调中央在区域法制建设中的统帅作用和主导地位。中央权力机关、行政、司法机关在西部经济发展和区域法制建设中应"坚持区域经济协调发展,逐步缩小地区差距,从'九五'开始,我国已经开始重视支持内地的发展,实施有利于缓解差距扩大趋势的政策,并逐步加大工作力度,积极朝着缩小差距的方向努力"。"按市场经济规律和经济内在联系以及地理自然等特点,突破行政区域界限,在已有的经济布局的基础上,以城市和交通要道为依托,逐步形成七个跨省区市的经济区域"。[①]这就是说,中央已以区域经济发展为服务对象,明确区域经济发展的目标、方向和重点,并用立法的形式加以肯定和稳固,建立中央一级的主管区域经济的行政机构、配套政策、监督体系,做好全国总体经济布局与区域经济发展协调统一的制度规范的机构设置。从近十年的实践来看,西部经济建设的总体情况进展顺利,但相关法律体系的建设显然落后于国家在西部开发的力度和投入,这主要体现在中央国家机关在区域法制建设中的权限和任务没有充分发挥和完成。中央国家机关在法制建设中的权限和任务主要是,通过国家基本法和法律行使对区域经济发展宏观调控,也可以通过特别授权或制定特别法对区域经济发展加以调控。如制定《西部经济促进法》来确定区域经济发展的总体方略和基本制度,以及出台一些具体法律法规来促进区域经济的发展。应包括:

①区域经济发展的市场准入与经贸自主权的赋予和限定;

②区域经济开发中有关资源和人才开发利用权的范围和平等对待问题;

③创制统一合理的原材料价格体系,矫正倾斜的市场竞争条件;

④国家重点建设、重点投资,主要是生态环境保护和基础设施建设的统一规划和科学分配问题;

⑤企业改革和企业结构的合理布局和总体规制问题等。

第二,地方各部门和机关在区域经济发展和区域法制建设中的作用、

---

① 《国民经济和社会发展"九五"计划和2010年远景目标纲要》,《国务院公报》1996年第7号。

权限

区域社会经济的发展最终要实现自我壮大、自我发展，所以在中央总体发展目标和政策明确的前提下，区域经济发展和法制建设的大量具体工作应由地方权力机关和行政部门来完成。就是说，西部经济发展及法制建设的主要承担者是地方各级立法机关、政府和部门，其关键是如何用活用足中央赋予地方各级政府发展经济的权利和机会，最大限度地开创有利于经济发展的法律制度和社会环境。重点内容有：

①地区总体发展优势与发展方案的规划；

②资金引进和运用制度的建立和完善。西部经济发展中最短缺的是资金，要解决这个问题，一方面要制定有利于引进区域外国内资金和国外资金的政策、法律，另一方要积极创制资金应用的制度条件和环境，使内外资金发挥最大效益。

③技术开发和引进制度的建设和优化。西部经济发展必须是高起点、集约化、扩大技术含量的赶超式发展，所以要积极鼓励和大力支持区域内的科技开发和域外先进技术的引进和推广应用。

第三，人才的培养、开发和引进

西部地区人才稀缺，但是人才浪费和流失现象却令人震惊，所以西部地区的政府通过制定和强化优待高级人才，创造良好的生活、工作环境等办法防止人才外流，提高人才的利用率,做好"筑巢养凤""筑巢引凤"工作；同时，通过教育体制改革和加大教育投入，培养和造就大批有用人才。

第四，制定劳动力培训法规，更新人的观念，创造成良好的社会环境

西部人除了发展意识、市场意识、竞争意识、风险意识较弱外，法律知识、法律意识、法律能力也很薄弱，"有法不知法，知法不执法，执法不依法"的现象仍比较严重。所以，各级政府执法部门要切实增强依法治国的法制观念，将法制建设和精神文明建设的各项措施制度化；普及大干部群众，特别是基层干部、城乡企业管理意识、市场经营、预测与决策的能力以及经济法律知识，力求实现物质文明和精神文明的总体改观和全面发展。

## 第三节　西部地区经济发展与法律促进的重要法律制度

西部经济发展的总体思路是，首先要贯彻新发展理念，实现区域经济协调发展，以经济的自我生长、壮大发展为中心，创制有利于区域经济和社会整体协调发展的法制环境，最终使西部地区的社会经济发展与全国的健康协调发展同步前进。当前，应该着力做好以下几个方面的具体工作，以便为区域经济发展的全面推进奠定坚实的基础。

### 一、积极推动制定《西部经济促进法》

当前，西部发展已经开始，根据国外区域开发的经验和我国近年来地区经济促进的具体做法，必须用立法的形式来全面规划和统领西部发展的目标、原则和各项具体措施。法律的基本特点是严肃性、规范性、稳定性和统一性，有用法律来强化和规制现行的各项政策措施，才能消除政策的口号性、软约束性、相互抵触性以及执行过程中的失范性，确保区域经济发展的顺利进行。

1. 制定《西部经济促进法》的必要性

首先，西部经济开发的性质决定了必须要有一部综合性的法律来确立、保护和规范。我国的西部开发是在新的社会历史条件下，基于国家宏观经济和整个国家的平衡、协调和可持续发展而确立的一项经济和政治战略，不同于一般的市场行为，再加之西部开发的特殊的社会历史背景和国际国内条件，不可能简单地通过现有的政策法律和市场行为予以规范和调整。作为具有战略意义的国家政策，它的战略目标、实施方案实施主体等都必须要有一部综合性的法律来确立、规范和保护，以保证它的长效性和全局性。

其次，西部开发的任务要求一部综合性法律予以保护。西部开发的任务首先是使西部地区的经济得到迅速地发展，以缩小与东部地区的差距。其次是改进西部地区的产业结构和经济运转模式，实现经济发展的转型，其最终目标是实现全国经济社会的整体协调、稳定和可持续发展。这与历史上和国外的地区开发任务是迥然不同的，它的基本模式是在国家政府主导下的非均衡发展，包括政府及西部地区的各族人民即市场主体的任务都是阶段性且分层次的，如国家确定的当前和今后一段时期内西部开发的首要任务是"使西部地区基础设施和生态环境建设取得突破性进展"。[①] 西部开发的任务不可能单纯地依靠市场力量来实现，但也不能完全凭借政府来一意孤行，它的综合性、整体性要求要整合和协调各种社会力量，所以必须要通过法律的规划作用来确定各种力量的角色、地位和各自的权利义务。

同时，各国的地区开发实践也表明了综合性开发促进法的必要性和现实功效。区域经济发展中国家政府的主导作用集中体现为法律政策对经济活动的导向、规范和保障。20 世纪 50 年代，日本为了解决战后严峻的粮食、煤炭、木材和复员军人的安置，以及全国经济的尽快复苏的发展，于 1950 年 5 月 1 日发布实施了《北海道开发法》，对北海道发展的机构设置、经费预算和使用、产业扶持和重点投资以及各期的开发目标、重心和结果评定等作了详细、周密的计划和规定。实践证明，日本北海道地区的开发在法律的统一规划和保障下，取得了综合开发的显著成果。在发后的开发中，北海道地区跟上了日本经济发展的步伐，实现了全国经济的协调运行和总体发展，创造成了区域经济开发的成功范例。美国开发西部的成功之处也在于通过法制保障使社会经济发展规范、有序、有力地进行。为解决土地的产权和使用问题，1785 年颁布《土地条例》，低价出售土地，使西部大片荒芜的土地得到了开发利用。1787 年颁布《西北州地区条例》，实行新区设州在各方面一律平等，废除存在的重商主义观念，鼓励人们西移，保障西部居民的生命、人身、财产安全和宗教信仰自由。1841 年颁布《优先购买法令》，规定每个移民自己垦殖的土地可按最低价优先从政府手中购买。1862 年《宅地法》，规定每个移民在当地居住和从事耕种 5 年以后，即可极少的费用占有 160 英亩的公共土地。1961 年制定了《地区再开发法案》，1962 年制定了《人力发展和训练法案》和《加速公共工程法案》，1964 年制定了《经济机会法案》，1965 年制定了《公共工程与经济开发法案》和《阿巴拉契亚区域开发法案》等，有力地促进和保障了地区经济的开发和振兴。又如德国《联邦基本法》规定，联邦各地方的发展和居民生活水平应该趋于一致；《联邦空间布局法》规定，联邦领土在空间上应该得到普遍发展；《联邦改善区域结构共同任务法》规定，

---

[①]《国务院关于实施西部大开发若干政策措施的通知》(2000 年)。

联邦和各州共同出资（各50%）对落后地区的开发给予补贴。此外，前苏联、印度、加拿大等国通过法律手段来促进和保障落后地区经济发展，都取得了明显的成效。

最后，制定西部开发促进法也是建立我国社会主义法治国的基本要求。本世纪初我国政府所确立的建设社会主义法治国家的伟大战略目标要求，国家政府的一切行为，包括地区性的经济开发行为都必须纳入法律的规范和制约之下。西部开发是国家社会经济整体发展的有机组成部分，必须是在国家的宏观经济调控下进行，而国家进行宏观经济调控的主要手段和基本形式是政府经济行为。"所谓政府经济行为，是指政府为了实现其宏观经济目标，履行其经济职责，在对国民经济决策管理和监督中所实施的，对社会生活有关重要影响的各种行为的总称。"[1] 政府经济行为在现代市场经济条件下具有不可替代的重要作用，但是，政府经济行为并非具有天然的正确性和积极作用，它也有消极和破坏性的一面，所以在西部开发战略实施过程中，必须制定统一规范的法律来规范和保证政府行为，从而扬长避短。

2. 西部开发促进法的主要任务

我国《西部经济促进法》的制定和运行，应该在借鉴外国经验和总结国内外实践成果的基础上，科学论证和分析西部地区经济发展的现状和症状，重点解决好以下几个方面的问题：

（1）确立西部经济发展的总体目标和阶段性预期成果；

（2）设立中央和地方的专门开发机构，总揽经济开发中中央与各省区市之间的工作配合和协调；

（3）确立西部经济发展中国家扶持和促进的重点方面，如治山治水、基础包括邮电通讯、电力交通的改建的扩建、农业农村整备包括农田基础设施建设、新型技术的开发研究与推广应用；

（4）明确开发计划的审定、落实程序与制度；

（5）确立区域经济发展中国家扶持的途径、手段、程序以及与地方力量的配套问题等。

---

[1] 丁焕春：《政府经济行为的法律控制》，见《法制与社会经济发展国际学术研讨会论文集》，中国人民大学出版社，1996年版，第145页。

3.西部大开发是一项长期性的战略举措,是一项系统工程,必须坚持法治先行原则,加强立法。把国家关于西部地区的一系列方针政策提升为具有国家的法律形式,以促进国家宏观调控,保障西部开发的系列举措及监督机制的法治化。① 西部开发促进法的主要内容经济多年的社会实践和理论探讨,许多理论界和实务界的专家已经对西部开发促进法的主要内容提出了种种构想。② 具体而言,西部开发促进法应当包括下述内容:(1)总则部分,主要包括立法宗旨、适用范围,西部开发的基本原则,各个开发机构的设置和各自的职权职责,西部开发的基本规划程序;(2)西部开发产业布局和结构调整制度;(3)基础设施建设制度;(4)生态和自然资源保护制度;(5)教育科技与人才培养制度;(6)重大建设活动审批实施的专门法律程序;(7)税收、金融和高效的管理制度;(8)国家优惠政策的确立和实施制度;(10)地区间的合作与支援规则;(11)监督管理制度;(12)法律责任。

**二、以资源权为核心的财产权制度的建构和完善**

西部地区拥有丰富的财产资源、生物资源和大量廉价的劳动力资源,但在现实中却处于"捧着金碗讨饭吃"的境地。分析其中的原因,有西部人不善于利用这些资源的因素,但主要是因为西部人对资源没有应有的权利。产权归属的明确是有效利用自然资源的前提,人们只有获得了对资源的明确占有、使用、收益和处分的权利,物有其主,并有权依法排除他人对自己财产的非法侵犯和剥夺,财产所有者才能有信心的动力积极投入资源的合理开发与利用。③ 西部经济能否真正实现自主、自立,能否真正按照市场化的要求步入正轨并持续、健康发展,资源财产权的法律确认和明晰将是关键所在。法律只有确认、保护财产权利及其流转关系和合理利用的机制,西部经济发展才能有物质上的基础,才能有制度上的引导、规范和保证。西部经济发展中资源权利的法律规范和促进应注重以下几个问题:

1.资源所有权的归属和主体实现制度的完善

我国的资源所有权一般划分为国家所有和集体所有。这种原则性的规定

---

① 巩富文:《抓紧制定西部开发法》,载《西部法制报》2020年5月27日,第二版。
② 周友苏:《为西部开发创建良好的法制环境》,载《经济体制改革》2000年第5期,第58页。
③ 张文显:《马克思主义法理学——理论和方法论》,吉林大学出版社,1993年版,第275页。

缺乏具体详细的运作制度从而导致实际中的产权混乱不清、权利虚置和主体缺位等不正常现象。而且，长期以来，我国推行的自然资源产权制度只重视产权的公有和国有，不重视公有、国有产权的实现方式，使得我国自然资源产权制度方面存在突出的问题在，特别是产权虚置问题。[①] 就土地来说，集体所有的土地应由集体享有完整的所有权，而实际上，集体组织、农民在土地所有权的运用和实现中没有法律上的自主性和独立性。又如现行的土地承包合同，从权利义务内容到履行期限、履行方式都是不确定的，而由国家政府随量调整，这种界限不明，缺乏稳定性和可预期性的财产权利在实际运作中难免造成短期效应和掠夺式经营现象。另外土地的使用不是法定主义而是审批原则，大大削弱和限制了它的开发和利用价值。对一些矿产资源和生物资源，因当地政府和居民没有经济权利和权利不清，导致对区域内的资源要么不知所措，要么滥采滥伐。我国是世界上资源开采率最低的国家之一，同时也是资源破坏和浪费最严重的国家之一，西部的问题更为突出。这与我国资源权利不清，制度不完善，人们缺乏自律意识有着重要的联系。所以，我国的自然资源法律制度亟待更新和完善，使自然资源的开发利用与养护、再生产统一和谐、科学规范。

资源所有权制度的健全和完善要具体解决这样几个问题：①资源所有权客体的法律性质。如矿产、森林、草原、土地等，它们在法律上是一般流通物、限制流通物还是禁止流通物。②资源所有权的主体明确、具体化。即自然资源哪些由国家所有，哪些归集体所有，甚至哪些归个人所有，以及由谁来代表他们行使权利，在法律上应该有肯定的划分。③资源所有权的权利内容和相互关系。在资源的归属上，国家所有权和集体所有权的法律效力和权利内容应该是平等的，不应该再出现"集体所有的土地经国家征收后才可以有偿转让使用权"等类似的身份论调和差别待遇。

2. 资源开发利用权的明确和改革

在资源的开发利用权问题上现行政策和法律有两大障碍：一是国家资源的所有权和开发权基本上集中在国家和中央政府手中，地方政府、集体、个

---

[①] 王凤春：《试论我国自然资源立法的几个基本问题》，载《中国人口、资源与环境》1996年第4期，第56页。

人不仅不享有资源所有权，也不享有法定的开发利用权；二是资源开发利用资金筹措困难，难以开拓民间筹资渠道。资源项目的开发耗资大、周期长，本应该以现代股份制来大力吸引各种社会资金，但由于中央控制过重，不能很好地发挥地方和企业的积极性，致使西部地区的资源优势很难转化为经济优势。

鉴于此，为了使西部乃至全国的资源得到有效的开发利用，解决全国和地区经济的"瓶颈"问题，可以在立法和制度上将资源开发企业化经营和资产化管理，[①]将企业发行股票和债券等筹集资金的审批权授予地方政府或专门的地区经济发展机构，授权省级政府资源管理机构依法成立资源开发公司，行使资源开发权。如此，西部资源开发中的一些投资多、风险大、周期长、技术经济分析要求标准高，资源开发和环境治理需要同步进行的项目便可由大公司来承担。我国的三峡工程、小浪底工程的建设已经在这方面创造了成功的经验。西部资源开发中，中央政府除扩大政策性贷款的规模外，还要加大开发权的下放和市场化经营的力度；另外，地方政府资源管理机构设立企业法人性质的开发总公司，按照国家惯例签订资源开发利用的租赁合同、联营合同、产品分成合同、服务合同和承包合同，扩大资金、技术的内引外联，提高资源开发利用科学性和经济性。

3. 产品定价权和经营销售权的落实与明确

在我国，初级产品主要是一些重要的原材料和能源价格一直由国家控制，实际经营者无定价权，这样由于国家处于"全局利益"和价格改革的不彻底，使西部一直蒙受着不该蒙受的资源价格损失。以原煤为例，从 1952 年到 1988 年，平均成本 9.76 元/吨上升到 39.97 元/吨，上升了 3.1 倍，而原煤价格同期从 10.99 元/吨上升到 27.94 元/吨，只上升了 1.5 倍。价格的上升幅度远远滞后于成本上升，致使全国煤炭行业一度出现生产越多，亏损越大的严重局面。再看原油价格，首先存在着原油和成品油价格的悬殊差距。二者的比价日本为 1∶2.5，美国为 1∶1.4，英国为 1∶1.8，德国为 1∶1.3，而我国却高达 1∶4.9 至 1∶9.0。原油和成品油价格差距太大，使炼油获得了

---

[①] 钱阔等：《自然资源资产化管理——可持续发展的理想选择》，经济管理出版社，1996年版，第 40 页。

高额利润,不利于其技术改进,也极大地挫伤了原油开采者的积极性。1989年,石油、天然气开采业资金盈利率仅为0.23%,而石油加工业却高达38.72%。除2004年中石油和中石化两大集团公司的净利润均在40%以上。其次,成品油之间的价格也不合理,如汽油和柴油的生产成本之比为1∶1.3,而价格之比却是1∶0.44。[①]由于原油、重油价格偏低,致使每年有相当数量的原油、重油被作为普通燃料烧掉,国家又不得不采取烧油特别税的办法,限制这一不正常现象。再次,原油价格不反映产品的质量差别。最后,勘探费用没有计入成本。

由于初级产品的价格过低,生产经营者没有定价权,使产品的价格难以建立在生产成本和平均利润的基础之上,也难以经得起国际市场的检验,更难体现市场经济所求的公开、公平原则。2004年下半年我国成品油的多次提价和2005年8月发生在广东和上海的"油荒"就是力证。因而将资源及其产品的定价权赋予真正的生产经营者,是符合市场要求和经济规律的,也才能使资源的开采利用朝着效率、经济、科学的方向发展。

### 三、西部经济产业结构的法律调整

西部经济落后与发展潜力挖掘不够的一个重要原因是产业结构严重失调,其具体表现为:一是农业基础薄弱,工业化程度较低;二是重工业偏重,轻工业偏轻,轻重工业发展不协调;三是采掘、原材料工业比重大,产品加工层次低;四是服务业发展起点低,缺乏科学规范的管理机制。

针对西部产业结构的特点和问题,西部经济发展中的一个重要任务是进行产业结构的调和优化。法律制度和环境的创制应沿着以下思路进行。

1. 因地制宜调整产业结构。如四川、陕西以成都、西安等大城市为依托,发展新兴产业和深加工产业;新疆、云南两省区发展轻纺和农牧业;甘肃、宁夏两省区在保证国家能源、原材料基地建设的同时,加强农业和轻纺工业的推进;贵州、青海、西藏三省区在大力发展农牧业的基础上,推进工业化进程。

2. 促进轻重工业协调发展。如提高轻纺工业的增长质量,重点抓好名优

---

① 《南方都市报》,2005年8月26日,社会科学版。

土特产的加工业，积极调整轻纺工业的原料结构。

3. 以动感比较优势和主导作用原则，积极培育地区主导产业。如以石油化工、磷硫盐化工和煤炭化工为主体的化学工业，立足当地农副产品资源的食品饮料工业，以大城市和"三线"企业为依托的机电工业等。

4. 鼓励、支持名牌产品战略如云烟、新疆天山毛纺产品等。

今后，西部地区产业发展和产业制度建设的重点和方向是：

1. 加强和确保农业的基础地位

今后西部地区农业发展的重点是在稳定粮食生产、确保地区供需平衡的基础上，充分发挥经济作物的优势，大力发展特色农业、创汇农业和工业资源型农业，逐步把西部建设成为我国重要的棉花、烟草、糖果、瓜果蔬菜和畜牧基地。为此，要在法律制度上创造切实可行的、有利于吸引内外资金、人力和技术的具体措施，在信贷、税收及经营方式上提供灵活便利的制度保障，鼓励国内外大公司来西部发展农业资源，加快西部农业的产业化、贸工农科技一体化的步伐。

2. 大力发展基础设施

西部地区地广人稀，地形复杂，原有基础薄弱，其交通运输网络的密度和运输能力远低于全国平均水平和东部地区。在 20 世纪 90 年代中后期，西部的交通运输线路密度、货运周转密度和通讯密度分别仅相当于全国的 49.8%、29.2% 和 27.1%，东部沿海地区的 18.3%、8.6% 和 7%。[1] 西部地区铁路建设相对滞后，铁路网密度仅为全国平均水平的 52%。[2] 基础设施薄弱和落后形成了地区经济发展的严重制约因素。所以，今后国家及地方各级政府在投资方向和投资力度上要制定出严格的制度规范，确保西部地区基础设施改建、扩建、新建的效益和质量。[3] 党的十九大以后，党中央、国务院高度重视西部大开发新格局战略通道建设，2019 年 8 月 15 日国家发改委印发了《西部陆海通道整体规划》，明确到 2025 年将基本建成西部陆海通道，通

---

[1] 新华社 2003 年 10 月 6 日《泸汉蓉铁路，大通道建设提速》。

[2] 中国社会科学工业经济研究所：《中国工业发展报告》，经济管理出版社，1996 年版，第 129—130 页。

[3] 孙韶华、王璐、梁倩：《西部大开发新格局战略通道浮出水面》，载《经济参考报》2019 年 8 月 16 日，第二版。

道建设将涉及一大批铁路物流枢纽等，重大项目辐射西部12个省区。规划的完成，必将把西部地区的交通基础设施体系建设、提升到一个新的水平。

3. 搞好能源、原材料基地建设

西部是我国能源和原材料的富集地区，它将继中部之后成为我国重要的能源的原材料基地。西部能源工业建设的重点加强煤炭、石油资源的开发和水电建设，西部原材料工业的发展应以冶金和化工为重点。在具体战略部署上，关键是解决资金和技术革新以及产品模式问题，这就需要创制资金聚拢、投入和技术开发的新制度。在确保国家重点投资和扶持的基础上，采用对资源、能源的社会民间开发或国家与地方政府、民间联合开发的形式，解决资金和人才方面的不足。西部原材料工业的发展要积极开辟科研、生产、商贸一体化和联营的路子，使科研单位的技术成果与社会生产相结合，实现产业更新。

4. 加工工业的质量和制度更新

加工工业是西部工业发展的薄弱环节，今后加工业的发展应改变过去那种争投资、争项目、铺摊子的粗放经营方式，通过深化改革，完善法制，强化内部管理，加强技术改造，努力提高发展质量。首先，立足资源优势的现有工业基础，以市场需求为导向，确定优惠制度和倾斜政策，积极引导和扶持地区优势产业。其次，加快经济体制和企业法制步伐，通过"转轨建制""抓大放大"、股份制、合作制和兼并拍卖、破产等多种形式，依法进行产权改造和资产重组，搞活国有企业，促进个体经济和民营经济的发展。第三，建立健全各种外贸制度，扩大对外开放，高起点引进国内外先进技术，不断提高技术装备水平和产品深加工层次，增强企业的生命力和市场竞争力。

**四、西部地区市场主体制度的建构与完善**

西部经济发展落后的又一重要原因是所有制结构失衡，市场经济法律主体软弱无力，缺乏应有的独立性、平等性和竞争力。西部经济的构成中，国有企业占主体，2002年占63.9%，比东部地区高29.8个百分点。[①] 国有企业由于历史原因和体制因素，在经营机制和市场功能上存在着严重的不足和缺

---

① 胡乃武、张可云:《统筹中国区域发展问题研究》，载《新华文摘》2004年第7期，第39页。

陷。主要是生产与市场脱节，经营的信息渠道闭塞，另外国有企业又背负着计划体制下沉重和利润上交和税收负担，没有形成自我积累、自我约束的发展机制。20世纪90年代以来，国有企业又受到了三方面的挑战：一是市场经济的挑战，使国有企业的产品销售一时间失去了"天然"的国家保障，几乎陷入瘫痪；二是外资和乡镇企业在财产、用人等方面的独立性、自主性和灵活性相比；三是技术更新与产品换代的挑战。国有企业大多是在传统计划体制条件下生长起来的，没有形成市场经营制度。到20世纪80年代末期，大多数企业的设备老化、产品落后，要完成这一产业改组，资金来源没有保障，国家又将其推向市场，对国有企业发展无疑是"釜底抽薪"。国有企业是经济发展的沉重包袱，也是改革的关键，而拥有超量国有企业比重的西部经济形势就更加严峻。

同时，西部的集体企业和非公有制经济又受国家宏观政策的约束和地区观念的阻碍发展缓慢，1998年西部集体企业和其他类型的工业仅占27.7%和6.1%，分别比东部地区低17.6和10.2个百分点。[①] 与国有企业相比，西部的乡镇企业和其他经济形式的发展在政策和法律待遇上比东部地区也是低人一等。其一，长期以来国有企业优先发展的思路和策略使非国有经济受重视的程度低，生存的制度空间小；其二，西部地区自然条件差，基础薄弱，生长点少；其三，也是最重要的是国家总体发展思路上的试点、展开、整顿对东西部经济的不同影响可以概括为"东部的仅砍了尾，而西部的却断了头"。因为不同的发展水平和规模对中央政策的承受力是不同的。当然，在外资引进及经济特区创办方面，东西部地区在法律地位上的待遇就更不能同日而语了，西部地区始终处在被"忽视"和避免外资和市场"侵扰"的境地。

综上所述，西部经济发展在所有制结构调整，市场主体的培育和法律的公平待遇与机会均等方面还存在着极大的障碍，所以要花大力气去创制新的制度，彻底破除"身份""地域"的限制，以法律的公开、公正、公平为目标，大力推进市场主体的成长和壮大，其重点是：（1）依法确立和保证国有企业的独立法人资格和生产经营活动的自主性，用法律手段解决企业当前所面临的困难，切实推行企业破产还债制度，使国有企业无论在人格上还是财产、

---

[①] 1998年《中国统计年鉴》，中国统计出版社，第65页。

行为上成为真正的市场主体。（2）加快促进乡镇企业等民营经济的发展，在法律制度的规范和保障下，引导民营企业走上集中配置、优化组合、高水平的现代企业之路。（3）通过税收、外贸、信贷等制度的改革和完善，为内外资创设平等的投资发展机会和市场竞争条件。西部经济乃至整个国家经济要最终实现自我更新和自我发展，在制度和政策上不应该有"轻内资，重外资"的倾向，这是法律公平和效率的正义体现，也是市场经济的根本要求。

**五、民族地区经济转型的法律引导、规范和保护**

西部民族地区是我国少数民族的主要聚居地区，在全国8个少数民族省区中，有6个分布在西部，全国720个地、县级民族自治地方中，有463个分布在西部。总体上看，西部民族地区生产力水平低下，经济基础薄弱，地方财政入不敷出，基本缺乏自我发展能力。加快西部民族地区的经济发展，不仅是一个经济问题，也是一个关系到社会稳定和民族团结的社会政治问题。在促进西部社会经济发展中，必须要将民族地区的经济发展作为一个大问题来抓，努力做好地区经济发展的制度保障和法律引导工作。

1. 依法加强和保证国家和其他地区对民族地区的经济支援

首先，考虑到民族地区的特殊情况，中央政府在依法确定对地方的财政转移支付时，应对民族地方予以适当的照顾，采取有效措施帮助西部民族地区解决当前的财政困难。其次，依法抓好民族地区的扶贫工作。要科学、规范地规划扶贫对象、扶贫方式、扶贫成果评估等工作，采取文化扶贫、经济扶贫和制度扶贫相结合的原则和方法，使民族地区的人民在物质上"脱贫"，在精神上获得"新生"。其三，强化和规范对口支援工作，使原来国务院及其扶贫开发办公室部署的对口支援工作在法律制度的约束和保障下确实得到贯彻，取得实际效果。

2. 民族地区自我发展能力的法律培植和对民族优秀传统文化的挖掘

中华人民共和国成立以后，尤其是改革开放以来，我国民族地区的社会经济面貌发生了巨大的变化。1995年到2003年我国民族自治地方的工农业总产值平均每年增长10.5%，其中农业产值增长4.2%，工业产值增长11.6%。但西部地区是我国少数民族主要聚集区，因历史和地理环境所限，发展的条件相对较差，与东部地区差距拉大，西部大开发以来，西部地区居民人均可支配收入得到快速增长，2019年是1999年的15.48倍（1999年是3472元），但与东中部地区相比，西部地区的人均收入明显偏低，1999年不到东部地区的40%，2019年不到东部地区的61%。① 现在绝大多数民族群众解决了温饱问题，社会经济结构和状况得到了很大的改善，民族地区也正在形成走向市场经济的自我发展机制，并且积累了很多有价值的经验。所以西部民族地区的经济发展要在全国及其他省区的大力支持和帮助下，积极培植和发展民族地区的传统产业，引导区域民族工艺和经济优势向市场化、规模化和外向型的方向发展。实现发展可持续，是西部地区质量发展面临的一个长期性的难题。

首先，充分肯定和利用民族地区的地域优势，重点培植和发展民族经济、边贸经济，增强区域的市场竞争力。西部民族地区地处边疆地带，拥有一万二千多公里的国境线，与周边十二个国家接壤，具有得天独厚的对外开放和经济合作的自然条件。同时，近几年来我国采取了一系列的睦邻政策，与周边国家关系得到了进一步的巩固和加强。与我国西北和西南接壤的各内陆国家，也都纷纷在打破封锁状态，为我国西部民族地区的边境贸易、与内陆腹地各国的经济、技术合作开创了广阔的前景。另外，随着近年来世界政治、经济格局的变化，正在形成若干国际性区域市场，如东北欧经济圈、中亚经济圈、伊斯兰经济圈、中南半岛经济圈等，为我国民族地区有效地扩大对外开放提供了十分有利的外部条件。所以中央及地方各级政府要及时抓住机遇，利用有利的地域优势和民族情感纽带，积极推动和扩大民族地区的对外开放和外贸、技术引进方面的法律建设和制度完善。

其次，民族传统产业的振兴和向市场化方向转变。民族地区在畜牧业和皮毛加工业方面具有先天的优势和悠久的历史传统。现代市场经济条件下，应该积极加大民族传统产业的科学化、社会化和市场化经营和管理，使之成为民族地区的"拳头"产业，以此带动地区内其他产业的振兴和发展。法律制度的创新和供给主要是立足于组织、引导、保护民族传统产业向现代化、集约化方向转变，由分散的个体生产向集中的规模经营迈进。

其三，传统商贸活动与民族风情旅游业的振兴和法律规范。西部少数民

---

① 2004年《中国统计年鉴》，中国统计出版社，第46页。

族历来就有善于经营和从事商业活动的古老传统，但是限于自然经济及旧观念的约束，其集约化、规模化、市场化程度不高，没有形成整体区域优势。如我国西北地区的回族和维吾尔族在经商方面有独特的传统和经验，但是他们的经营方式限于个体的、滚动式发展，整体实力和辐射效应较弱，再加上不能举债经商的观念束缚，规模化程度不够，所以我们要在法律制度上创立既适合民族传统，又能将之引向现代产业化经营的新路子。甘肃省临夏回族自治州首创的合作银行制度便是解决这一问题的成功制度措施。此外，西部少数民族还有许多传统工业和民族饮食在全国乃至世界都很有影响，这些都可以采用连锁店、股份合作制以及用劳务、技术入股等方式扩大经营规模和经营范围，提高市场占有率。西部少数民族地区还有不少古老而悠久的、富有民族风情的人文和自然旅游资源，这是一笔不可忽视的财富。但是这些旅游资源目前存在着开发和管理不够、配套服务设施不健全等问题，所以要积极着手制定和推行有关的法律制度，引导、组织和规范对这些旅游资源的科学开发和合理利用，使之发挥出应有的经济价值。

**六、政府宏观调控政策的法律规制和保障**

西部经济开发的特征之一是政府主导性，因为西部经济发展的一个重点内容是扶持贫弱，改变落后，所以在一定时期内，我们不能完全运用市场经济规律来实现地区经济差距的缩小与贫弱经济的自我发展。由于先天的自然条件和既有的制度原因，完全的市场化将会使西部经济处于更加困难、更加不利的境地。西部经济要走向市场化，赶超东部地区实现自我生长和自我发展，其基本思路应该是"扶上马送一程"，所以必须依靠政府的宏观经济政策来补充市场不足，矫正市场失灵。

中华人民共和国成立以来，国家主要采用财政转移支付政策、国家重点投资地区分配政策、重点地区扶贫等具体措施来完成地区和行业经济平衡发展的宏观调控，并取得了一定的成绩。但是这些政策没能像预期的那样取得应有的成效，突出的问题主要有：一是政策的变动性和应时性使西部地区扶持缺乏长远的后备力量；二是宏观政策因缺少法律保障而实际到位率低，如国家财政支付和重点扶贫基金因没有严格的申报使用和结果考评制度，被各级政府和其他部门层层盘剥和挪作他用的现象严重；三是政策的贯彻执行缺乏应有的制度和组织保障,科学性、计划性、系统性和连贯性差。就扶贫而言,"开发式""造血式""产业式"等扶贫理论和策略早已被实践所接受,但其实施的组织和规范程度却令人担忧。《扶贫法》的制定和推行已不是一个理论问题,而是实际操作问题,但至今仍是"千呼万唤不出来"。当前,在中央实施精准扶贫,精准脱贫的形势下,加大扶贫投入,创新扶贫方式,扶贫开发工作呈现新局面。扶贫工作的难度和力度不仅要求有像"八七'扶贫'攻坚计划"那样的全面规划的具体设计,还需要强有力的制度规范加以推进和保障。因此,今后政府宏观调控区域经济协调发展的法律保障和制度规范主要强化以下几个方面:

1. 财政转移支付数额、规模法定化,贯彻执行制度化。要将西部经济真正提高到国民经济发展战略位置,就必须强对其内外支持的力度,不能因各种原因的借口而使这项工作的稳定性、连贯性有所动摇。其重点是要依法划分和确定中央与地方政府之间的经济管理权和宏观调控权,如中央与地方在税收、利率方面的决定权、比例分成及返还制度的调整和法律确定,中央财政支付的途径和专项测评制度的建立和健全。

2. 国家重点投资区域分配的合理规划和科学运用。国家重点投资的区域分配对区域经济的启动和促进具有非常重要的意义。西部基础设施的改善和生态环境的治理在很大程度上依赖于国家重点投资的支持。20世纪70年代以来国家重点投资布局的向东部转移和过度倾斜,导致中西部地区资源投资开发不足,能源、原材料和基础产业以展滞后,加剧了我国资源供应不足与加工能力过剩的矛盾。今后国家重点投资的地区布局应逐步加以调整。首先,国家重点投资应向基础产业倾斜,投资重点是保证事关国计民生、跨地区的重大基础设施、重大基础工业项目、重大农业水利工程以及那些重大的社会公益性项目。其次,进一步提高国家在西部地区投资的比重,在西部地区落后地区实行投资优惠,吸引和鼓励国内外资金对西部基础设施改善和生态环境治理的推进。

3. 扶贫政策的法制化、规范化、科学化。我国的扶贫工作在短短的三十多年间取得了举世瞩目的成就,全国贫困人口已从20世纪70年代的两亿多减少到2003年底的4000多万,2019年西部地区农村贫困人口为323万人,比2018年减少593万人,扶贫工作的力度、深度和精准度都达到了新水平。

但是眼下扶贫工作已进入全面攻坚阶段,为实现 2020 年如期打赢脱贫攻坚战,全面建成小康社会的战略目标打下了坚实的基础。所以要建立和健全扶贫法律制度,保证继续增加各种扶贫资金以及科技和政策的投入;强化扶贫资金的运用率和政策的执行力度;建立扶贫工程的计划、实施的责任评估制度;实行企业扶贫投资补贴制度。

**七、可持续发展战略和人力资源开发的法律促进**

1. 可持续发展战略的法律保障。可持续发展战略是 20 世纪 80 年代初人类在总结传统模式的经验与教训基础上提出来的有关人类社会和自然环境和谐、统一、持续、健康发展的新型理论。1992 年联合国环境与发展大会可持续发展理论作为指导方针,制定了可持续发展 21 世纪议程,受到人们的广泛重视,"十三五"期间,我国也不断践行"创新、协调、绿色、开放、共享"的发展理念,强调人类命运共同体的构建,世界各国都将可持续发展作为国家和地区社会经济发展战略的一个重要选择。可持续发展战略强调经济、社会与自然环境的协调发展,追求人与自然的和谐,其核心是健康的经济发展必须建立在生态可持续能力、社会正义和人民积极参与自身和社会发展决策的基础上,[①] 既要使人类的各种需求得最大限度地满足,个人得到全面充分发展,又要保护生态环境,保证子孙后代的生存和发展不受危害。

西部经济发展的资源开发型特征对可持续发展战略提出了更为迫切的要求。所以,西部经济发展中,必须使可持续战略法制化,必须突出创新、协调、绿色、开放、共享"五位一体"的发展理念才能确保西部大开发总体战略的贯彻落实,为此,首先要加大资源法的执法力度,不断完善和统一各种现行资源法、环境法的协调配套。同时,要贯彻落实"绿水青山就是金山银山"的发展理念。依法治理西部的生态环境,保护生物资源,实现资源的合理有序开发,形成生态与社会经济的良好循环,从而改变全国的生态系统,增强全国的自然生态与社会生态系统,增强全国的自然生态与社会生态的可持续力。

2. 西部人力资源的科学开发和再生产的法律促进。西部经济社会的落后

---

① 李见良:《论环境保护与人权保障之关系》,载《东吴法律学报》2000 年第 2 期,第 58 页。

的表现是经济发展和人类发展方面,其根本性的原因是人力资源和知识发展的落后,西部的一些地区,一些人群,尤其是少数民族地区和人群面临着知识隔离的危险。西部地区是中国知识资源最贫乏的地区,也是知识发展差距最大的地区,西部地区知识资源的严重不足,已经成为制约西部经济发展的最大瓶颈。[1] 西部经济发展的内在动力在于人力资源的科学开发,合理利用,实现社会资源的可持续发展。西部社会经济落后的首要原因是西部人的落后,西部社会经济发展的根本出路也在于西部人素质的提高和社会的全面进步。

为了确保西部发展的顺利进行,实现西部经济的长期稳定、协调发展,必须对西部的人才培养机制、人才引进机制和人才利用机制进行全面改革和制度创新。首先,西部的人才培养机制即教育制度应面向市场和现代化,应在专业设置、人才结构等方面突出和强调地区性、应用性,在确保基础教育、巩固高等教育的前提下大力发展中等专业教育和实用技术教育,以及在岗职工的再教育。其次,在人才的使用上要保证创造有利于人才生活和事业发展的条件和待遇,确保人才能够安心工作,改变过去那种消极地限制人才流动的做法,建立健全人才合理流动机制,确保人才潜能的发挥。其三,要大力促进人才的引进的地区交流工作,以适应和推动地区间和国内外经济技术交流,借助内外市场的扩散和辐射效力加速区域经济的可持续发展和全面振兴。

实施西部开发,推动西部地区经济的快速发展,是一个巨大的综合性社会系统工程,需要各方面的大力支持和通力合作。我们相信,只要我们用求实的态度、科学的方法,辅之以切实的政策和强有力法律制度的引导、规制与保障,并紧紧依靠西部地区各族人民,同心同德,奋发图强,西部地区的经济一定能够同全国经济一样实现全面振兴和腾飞。

---

[1] 胡鞍钢:《地区发展:西部开发新战略》,中国计划出版社,2001年版,第167页。

# 第十章 新形势下西部地区经济发展的展望

西部地区的经济发展，在我国区域协调发展战略中具有重要的战略地位，2017年10月18日，习近平同志在党的十九大报告中指出实施区域协调发展战略，加大力度支持革命老区、地区、边疆地区、贫困地区加快发展，强化举措推进西部大开发形成新格局。进一步推动西部地区经济发展，一方面要依托于农业农村经济发展，同时要紧跟时代。随着我国经济上述"四化"的转变，由过去实现工业现代化、农业现代化、军队现代化、科技现代化，逐渐调整为工业现代化、信息现代化、城镇现代化、农业现代化，这充分说明新时期我国推进经济总体发展的战略更加贴近于人民，这与中国共产党的历史任务更加匹配。统筹四化的发展，就必须平衡好各方的利益关系。推动农村城镇化，核心问题是人的城镇化，关键是提升农村城镇化品质，目的是造福百姓和致富于农村，这也是全面实现小康社会的本质内涵。推动西部经济社会发展的新路径，就必须进一步走集约、高效、生态化的新路子，着力增强自身承载力，不能简单认为是"造城"，要努力做到将工业发展与城镇化工程融合，使农村经济社会逐步融入城镇化进程中来，为农村现代化工程建设提供必要条件、提供市场，从而实现新型城镇化建设与传统农业现代化发展相互促进。新形势下底部地区经济发展，应当将发展思路进一步融入"四化"的逻辑中，与具体实际相结合，与时代发展相结合。

## 第一节 构建农业农村经济发展新思路

西部地区在农业资源方面有着其独特的地域优势，其分布地区大多为我国主要的农牧区。我国自提出西部大开发战略以来，为中国中西部农业生产和农村经济社会发展带来了难得的机会，同时，借助国家政策，西部地区在发展农业和农村经济中不断提升自身认识和发展水平，同时也对二者发展的深度和广度提出了更高的要求。当前，中国中西部地区农业生产与农村经济社会仍存在着良好的发展机会。中共中央、国务院一直高度重视中国西部地区农村发展问题，此外，西部少数地区在农业和农村经济社会发展的广度和深度层面上仍然具有很大的潜在优势。"十一五"期间，我国综合国力进一步加强，以先进科技水平支持农村产业发展的进程进一步加快，基本上实现了农产品供需总量平衡的总体目标，"十二五"时期国民经济的内部结构战略性调整更加深入，"十二五"规划提出加快转变经济发展方式，全面建设小康社会，"十三五"规划提出精准扶贫和开发贫困地区结合起来，坚持创新驱动，开放引领。所有这些措施，为中国中西部地区农业和农村经济社会发展，奠定了物质基础和新的发展空间。面对新形势，应当进一步改革发展思路，以更加优化合理的政策发展方式推进农业农村经济发展更上一台阶。

### 一、明确发展的基本思路

西部地区独特的自然区域地理条件使得该地区区域经济发展具其他它地区所不具备的优势条件。以四百毫米等降水量线为界，可将中国西部区域界定为东西二大区域。这条线以西以北区域，包括了陕北、甘、宁、青、新、藏北和内蒙古中西部，均处于干旱和半干旱地区，为温带、寒温带天气，光热资源充沛，天然植物中以牧草居多。在蓬勃发展草原和草地畜牧业、旱作节水种植业，以及进一步蓬勃发展地区特色农产品方面具备资源优势。该线以东以南区域，包括陕西省南部、川、渝、云、贵、藏东南部，属湿润或半湿润地区，为亚热带、副热带气候，水热资源充沛，适合植物的生长。在蓬勃发展节水灌溉农业、农区畜牧业和热带、亚热带地区特色农作物以及水产畜牧业方面有一定资源优势。因此加快发展中国西部农业和农村经济，应当充分重视这一自然经济规律。

进一步推动西部区域农业和农村经济与社会发展的新思路，就必须紧紧遵循中央落实西部大开发战略和促进农村农业经济结构战略性调整的指导方针，在不损害自然的前提下，尊崇自然规律，尊崇西部区域经济社会发展规律，以进一步提高农业和农村经济社会发展的品质和效率为主要发展目标。其中最为关键的是，要进一步提高农民的收入水平。促进中国西部少数地区农业与农村经济社会发展，要以生态文明为重要依托。不断提高农业收入，同样还要着力推进维护和建设好农村自然环境。应该认真吸取农业历史的成功经验教训，既要改变过去农民为生活而损害自然环境的局势，也要避免过去一味注重生态而漠视农村生计的问题。在发展重点上，应当针对大西部特色地区，除搞好农村统筹部署的工作以外，下大力气做好草原生态建设、发展特色农畜牧业、农村基础设施等重点建设工作。在发展模式上，对中国传统的农村生产管理与经营方式作出更深层次改革，走完全依靠科学技术进步和农业产业化经营的新发展道路，逐步实行农业集约化经营，取得高起点和跨越式的发展。

进一步推进西部地区农村经济发展，也应当进一步促进农村"输血"跟"造血"功能相结合。农业经济社会的发展历程是"输血"和"造血"结合的动态发展过程。大致上来讲，经济发展前以外部"输血"为先，开发中以自我"造血"为先。经济发展薄弱的贫困乡村产业架构的进一步优化和调节，田地水利工程等基础建设的转型提升，乡村就医、社保系统的不断健全完备，都离不开当地政府及开发区域的优惠政策倾斜，资金投入扶贫，技术等多方位的扶持，这属于"输血"的范围内。但在新条件下，进一步发展优良、高效的现代农产品，一定要依靠现代技术。这就要求企业在"输血"的基础上，建立和规范"造血"的机制，进一步加强对农业科技文化教育、专业技能训练，更加注重新科技的就地转移和对乡土技术实用人才的培训，提升农业劳动者的技术素质，能更有效克服农业在结构调整中出现的农业科技问题，并使其形成了懂科技、善管理、会经营的现代农村新型业主，明显提高了广大农村种植和养殖的技术水平，更有力地推动了农业效益的提升。

另外，在经济发展农村的农业经营中，要蓬勃发展就需要从"小而全"向专业性、特点化转型。经济发展要求下的大规模工业生产根本不同于集体时期的大工业生产，未来发展大农产品正是要实行农产品与工业的联姻，以社会市场需求杠杆调整农产品，以工业生产的宗旨进一步发展农产品。所以，在贫困地区农村进一步发展农业规模经营，需要冲破过去的"小而全"思维禁锢，用自身的资源优势找市场发展，以市场需求定产品。要跳出狭窄的区域传统观念，着眼整个区域甚至更大的区域，统筹规划，兼顾当地实际情况，有差别地、有侧重地快速发展一至二类主导产业，这样便于企业运营的集中、管理的集中、科技的集中，企业易于做大，产生优势，从而培植形成地方特色产业，凸现效益。

农村经济在社会发展过程中，要分清主次关系，重视并凸显农村的市场主体战略地位。分清主次关系，也就是要处理好在发达贫困地区发展的农村经济主体是为谁，依托谁、以谁为主的问题。而广大农户作为发展全过程的组织实施者和最后受益人，其主体性和自主性战略地位是不容置疑的，政府部门尤其是涉农行政部门要做好在农村发展过程中的主要服务提供者。这就提出把政府部门职责管理工作从过去单纯的政府主导转化到既主导又服务上来，将管理工作重点转化到发展壮大农村集体经济、引导广大农户脱贫致富上来：深入农村生产生活第一线，知道他们期盼什么样，急切需要了解什么样；搞好服务"三农"的政府后勤保障工作，为农户化解生产过程中出现的困难；搞好促进农村创新环境建设和农村劳务输出组织发展各项日常工作，处理好农村生产富余劳动力的就地安排与分流等问题。给农户提供更好一个展现的舞台。抓好农事村民办，凸显农村的主力军作用，凸显农户的市场主体战略地位，重视他们的经济选择，在农村产业结构调整上做篇章，着力发展绿色生态食物、特色畜牧、优良果品、错季果蔬等特色农业产业，逐步走上了一条适合当地实际的农村发展道路。

**二、突出发展的重点**

加速发展中西部地区农业与农村经济，应当突出把握下列六大要点：

（一）认真做好草原保护管理与生态化构建工作，积极稳妥推动退耕还林还草

由于西部地区降水量本来就不如中国中东部地区，而且，随着过去的大规模开垦草原和过量放牧，造成了草原退缩问题日趋严重，沙漠化问题也越来越突出，严重威胁着当地农牧民的正常生活与发展。推进草地保护与生态建设，已成为中国西部地区地方经济社会发展与生态环境改善的重要关键。在当前，要切实加强草地工程建设与整治，首先是要抓好草料养殖、草原生态环境预警等支持保障体系建设，其次，大力推进草原自然保护区建设。发挥集体资源优势实施草场承包经营责任制，充分调动农牧民修建和维护草场的积极作用。再次，治理荒漠化问题，减少荒漠化对操场的侵蚀。强化《草

原法》的实施，依法保障草场。争取在"十三五"期间基本控制西部区域草场的生态污染。退耕还林还草既是中西部地区生态工程建设的一个重大举措，又是一个复杂的战略工程，须整体规划，统筹兼顾，先试验，再逐步推广。进行退耕还林还草，首先应该因地制宜，宜草则草，宜林则林，宜灌则灌，有的地区则要原始封育。同时还应该遵守社会主义市场经济法则，注重维护或开拓新的农牧产品门路，使得全体农牧民在退耕后生活不降低，经济收入又有了源泉，可以安身乐业，并充分调动了他们退耕还林还草运动与环境保护和建立良好生态的积极作用。

(二)大力发展符合本区域特点农村生产和农产品加工业

西部地区特色农产品生产历史源远流长，农产品资源优势得天独厚。从近年来的发展实际情况来看，依托于我国西部大开发战略，西部地区因地制宜，如前所述，甘肃定西等地以土豆等为主打产品，重点发展了"阳光农业""绿色生态农产品""旱作农产品""生态农业"等各种形式的产业政策。从产业产生的经济效益来看，具有潜力大，效益高的特征。进一步发展壮大适合本区域的特色农业和农产品加工业，首先就要充分发挥东西部区域的光热资源和风能资源优势。在保证传统优势产品生产质量的同时，面向东中部地区和国外市场，加速发展优质高效农业产品，着重建设优质棉、糖、果蔬、花木等。果蔬、中药材等特色农村生产基地。同时，要转变中国西部区域过去仅供应低廉初始农产品的生产方式，发展特色农产品加工业，积极开展农业产业化经营，把特色初级产品转变为特殊的加工商品，进行多元转换与增值。发展特色农村，形成地方经济的支柱产业。

(三)发展旱作节能农业和生态农业

干旱缺水问题和自然资源开发与利用的不科学，是制约中西部区域农村生产发展和造成自然污染的主要原因。西北地区自然资源总量不够，而缓解自然资源短缺问题的最基本出路，就是大力发展经济生产成本相对较低、自然资源利用率较高的旱作节能种植业。西南地区尽管水源相对丰富，但由于特殊地形地势导致山丘平原、山地偏多，缺少有效灌溉条件，也往往遭受旱灾的危险，应积极有效地推行旱作节水农业技术开发，适度发展节能浇灌农业生产。同样，还应当大力开展绿色生态农业工程建设，进一步发展无公害农产品、绿色生态食品生产。观光农产资源。

(四)加速发展畜牧业和畜产品加工业

中西部区域虽然是中国发展畜牧的优势区域,但也应当转变发展观念,调整畜群种类结构,改造传统的饲养方法,以提升畜牧发展水平。牧区牲畜的发展也应当实现草畜平衡,采取舍饲和半舍饲相结合,建立基本牧场,并实施划区轮牧。农区畜牧养殖业的快速发展应在稳固生产量的基础上,运用农区丰厚的秸秆资源利用,发挥秸秆利用技术养牛、养羊。在有条件的农村地区,重点发展地方特色家禽养殖。继续加强家畜良种体系建设和建立全面系统设备完善的动物疾病防控体系。鼓励畜产品加工业发展,以提升牲畜经济效益。

(五)切实加强以基础农田水利工程建设为首的农村基础设施建设

粮食生产是西部经济发展的重要基石,也是进一步抓好农村生态环境建设的重要前提和保证。西部地区大力发展粮油生产的首要目标,是确保口粮自给。而解决口粮自给的关键问题,是在中国部分粮油生产条件较好的地区,如成都平原、河西走廊、我国的新疆西部地带、陕西关中地区、宁夏河套灌区建设中等地区,建成稳产高产的基础田地,进一步快速发展为"吨粮田",从而形成粮油区域的平衡生产基地。同时,将继续加强农村优质种子繁育系统、先进农业技术推广系统等现代农村服务体系建设,进一步提升农村技术服务。促进全国农产品产地批发市场系统和农产品流通市场信息系统建设,建立健全的农产品品质检测系统和农产品流通技术标准体系。

(六)进一步规整农村资源优势,发挥集体优势,充分调动社会参与能力

一是政府要支持社会资金和乡村集体机构的深度协作。放松社会资金自由流入农业的束缚,建立社会资金下乡市场准入负面清单,对清单目录以外领域的行业实现停止许可和严谨审核,真正做到"承诺即入制"。同时引导乡镇集体经济机构以资源资产作价入股、固定资产委托管理、土地出租、发包业务等多种经营模式和与社会资金的协作,共建了农业园区、农村科技创业园、农业科技园和农村文化旅游示范园。财政投入、农村扶贫资金投入、涉农财税专项资金均可用作项目资金,由入股运营主体获得分配利润。二是要创新地进行村镇规划编制工作。支持已投入村庄建设资金的民营企业参与村镇建设管理工作,并探索规划、施工、经营的一体化。对村镇建设,可保留不高于国家规定比例的建设用地或机动指标,并重点用于农村农户住房、

村庄公共设施、社会公益事业的建设和农村景观游览、现代服务业、现代农业高新技术等的蓬勃发展。集体项目年收入超过国家规定指标的乡镇，由直辖市县全面安排并予以相应地增加城乡建设用地指标奖金，主要用作集体发展，但不得进行房产开发。三是要将农民闲置宅基地和闲置农民住房加以合理使用。引导农民主动通过协商，将农民闲置宅基地或闲置农民住房依法流转给经营户，并将闲置宅基地整体统一依法流转给村民小组，由村民小组自主运营或对外招商运营。用于发展入驻中小企业的住房租金业务。在严格遵循农业宅基地管理法规和政府有关规划规定的前提下，允许返乡或下乡创业人士与本地农户联合建自住宅。四是逐步合理使用农村闲置公益设备。把没有教学用途的闲置学校，以"零租金"形式交给农村企业集体独立运营，或与其他市场主体合作经营。可依法将已放弃的集体所有公益工程建设土地转化为集体经营性工程建设土地，采取入市或合作经营等方式利用。乡下所属的农场、林场、畜牧场等可依法委托乡集体所有运营。

## 第二节　加快推动西部地区金融体制机制改革

推进西部地区的经济发展，离不开长期稳定的西部开发融资渠道。加快建立这一渠道，既需要加大政策扶持和财政转移支付力度，也需要西部地区进一步加快金融体制改革步伐，促进西部金融环境的优化。目前，与东部地区相比，西部地区金融环境尚不完善，金融机构的层次较少、金融机构的自我发展能力相对较弱，要充分发挥现代金融对西部地区经济社会发展的支持作用，必须进一步推进西部地区的金融体制机制改革。

### 一、完善农村金融服务体系
（一）强化银行业金融机构支农责任

农业银行和农业农商银行等要进一步加快"一体两翼"改造，积极拓展对粮棉产业链条的政策性贷款支持，进一步拓宽业务领域，积极开展商业化涉农贷款金融服务，把政府服务对象扩展到符合地方产业发展的农工龙头企业、粮棉油加工生产公司、乡村小企业、乡村基础设施、乡村科技项目等支农应用领域。国家商业化银行（金融机构）特别是农行，要贯彻农业发展银行金融机构为农金融服务的方针，科学合理调节农产品经营网点格局，进一步稳定和发展乡村农业服务网络。中国邮政储蓄商业银行要把握发展机遇，充分发挥乡村邮政网点辐射农产品的优势，加大发展以农民小额贷款、乡村中小企业贷款等为首的信贷业务，进一步拓宽乡村涉农范围，进一步增强在乡村农业金融服务中的覆盖率。

继续推进新型农村信用社公司改制，以及开展信用互助的农民专业合作社建设，确保其支农助农战略地位不撼动，继续完善企业管理架构，继续明确所有权关系，继续明晰功能定位，全面推行总经理聘任制和职业化，真正做到业主、经营户、监督者的分开管理和制衡。根据政企分开原则，处理好农村信用社省联社和企业基层企业法人社之间的合作关系，避免利用行政手段促进农村信用社的合并、重整。以人为本地把农村信用社规模搞大或法人企业级别搞高，除在个别地区可进行农民股份制商业银行试点以外，要维持平衡并确保各县（市）社法人地位的平衡。

（二）创新发展形式多样新型农村金融机构

在充分考虑农业金融市场容量范围和金融可持续发展因素基本上，进一步放宽对农业金融机构行业准入规定，积极培植具有竞争力的农业金融市场。进一步促进乡镇金融创新发展，在确保新型乡镇金融机构规范、健康、可持续发展，健全监督管理手段和风险预警制度的前提下，逐步取消行业准入限制。比如，将乡镇商业银行改革从试点到全部推开；发展壮大乡村小额贷款组织，设立主要由自然人、公司等组织的乡村小额信贷机构，并引导重组、新设立的诸如信贷公司、农户融资互助社等乡村新兴机构发展；引导和扶持各种非银行金融机构在乡村地区建立组织、开展经营；规范和指导了民间贷款的合理发展，将高利贷和一般民间贷款机构区别开，而对于具备相当规模的民间金融机构，经央地金融监管部门审批成首案后转入合法化，从而形成了相对规范的小额信用机构。

## 二、推进农村金融产品和服务创新发展

（一）依据政策，有针对地创新信贷产品

一是根据宏观农业产业发展对资金的需求，积极探索大额农贷发放管理办法，大力扶持农村种植、养殖、加工类大户，加大对特色农业、高效农业、

农产品精加工投入力度。二是根据农业具体产业对资金的需求,积极探索金融机构支农贷款发放管理办法,在支持农业产业化进程、拉长产业链条中寻求新突破,共同培植当地大型农业产业集群,扶持农业产业经济,有重点支持农村产业结构调整。三是探索农用生产资料贷款和农民工打工创业贷款,发放大型农业机械贷款、农民经纪人流动资金贷款、私营企业贷款等,促进农民脱贫致富,进入小康生活。四是探索农村学生低息助学贷款、农户建房贷款、经商贷款等灵活便利、易于被农村消费者接受的新的消费贷款种类,满足农民多层次的信贷需求。

(二)依据农村实际和具体的产业政策,有针对地创新信贷方式

针对农民和农村实际,扩大有效担保品范围。原则上,凡不违反现行法律规定、财产权益归属清晰、风险能够有效控制、可用于贷款担保的各类动产和不动产,都可尝试用于贷款担保。根据优质农业、生态农业对资金的需求,配合国家退耕还林、粮食生产直补等政策,探索完善林权质押、仓单质押、权益质押、动产质押等贷款种类,重点支持优质农业、生态农业规模经营,促进农业生产良性发展。探索基于订单与保单的金融工具,提高农村信贷资源配置效率,分散农业信贷风险。

(三)根据农民需求,有针对地创新和调整农村金融服务方式

农村金融机构要充分利用农村社会转型的契机,发挥农村金融面向基层的优势,提高服务水平,逐步扩大委托、信息咨询等业务市场份额,扩大代收水电费、电话费、养老金、代缴保险、税款等代理业务范围。加强与农技等部门的合作,给农民提供信息咨询,面向农村开展多种形式的宣传活动,尽可能为农村经济发展提供全方位的金融服务。根据农民需求现状,探索农户养老储蓄、医疗保险储蓄、子女教育和婚典储蓄等新型理财产品,加快存款服务多样化建设,提升金融服务水平。

### 三、大力培育农村保险市场

(一)要继续做好向农民普及保险知识的工作

近年来,由于中国农业保险普及率提高,中国在比较长的历史阶段里,农民仍将是最主要的商品生产和消费单位。但由于中国农村居民居住地区比较分散,所以农民对农业保险知识的传播困难较大,而农民对赡养、就医、

失业、教育等方面的经济赔偿要求，危机共济的功能对农民的安身乐业也是一个长效机制，而现在中国许多的小农户并不能意识到这一点。所以通过向中国几亿农户普及农业保险常识，以逐步提高他们的农业投保意识，对彻底消除其影响小农经济发展的思想定式，将具有积极的意义。最可行的措施就是，首先组织广大农村基层党员干部认真地学习农业保险常识，然后动员他们率先投入一些年限比较短、费用较少的险种，让他们及时地获得了经济赔偿的经济实惠。其次由乡村的各种知识带动，如农村夜校、教育培训机构等都可以把农村保险当作基础教材，同时也可专门制定乡村保险简易课本。在农村农户已经接受了相应的保险知识教育的基础上，再通过榜样先行、典型引路的方式，以促进各种乡村保险业务的蓬勃发展。

（二）坚持发展农村股份合作制保险和其他所有制保险形式并存

中国乡村地区聚居了九亿多人，几亿个家庭，在乡村地区发生的自然灾害量多面宽，但仅靠目前几家全国性保险公司的承保、索赔、给付都只是杯水车薪，且覆盖面也很窄。农村地区落实计生优惠政策后，中国传统的"养儿防老"的家庭保障方法也面临了挑战。随着中国传统农业向现代农业的发展，农村义务教育和教师终生培训都必须积累丰富的后备基金，而农业保障方法也需要更加多元化。一方面，要继续依靠我国财力支持一些国家的政策性保险和由我国实际控制的商业性保险，并承担对全国性或区域性的大灾巨损的经济赔偿。另一方面，要最大限度地挖掘农民的社会保障资本，积极发展农村股份合作制保险公司。通过多个轮子的同时运转，各展所长，互为补充，逐步构建起遍布于乡村各行业和城镇居民之间的农村保险业务网。一是继续引导国家和地方控股大型商业保险入村进户开展业务，充分发挥地方国资保险在农业领域经营规模较大、展业历史较长、富有丰富从业经验的优点，继续发展农业营销服务站点和代理商团队，以稳固农业现有的市场，并继续发展适合农户需求的险种，积极开拓农业新的市场。要允许当地人民政府、社会各种所有制公司、个人共同出资，建立农业财产险、人寿险和二次保险，进一步健全农业保险领域主体地位，以利于进一步引进市场竞争机制，完善农业保障服务。二是成立了政策性农业保险，以担负对大灾巨损的经济赔偿。由于中国幅员辽阔，有些天灾爆发后，影响是全球性的甚至是地区性的，所以成灾面很宽，损失巨大。对这种农业大灾巨损的赔偿靠一些资本实力比较有限的,并且是主要服务于农业社会成员的农民合作保险服务社是力所不能及的,在有必要时由中央政府出钱成立若干家政策性农业保险。它不以营利为主要目的,但又要区别于民政救助组织,以争取实现保本微利,独立核算。有的是可批准经营各种财产险业务以及个人寿险业务,有的则是可能只批准经营某一险种,如办理洪水灾害保险、地震灾害保险、台风灾害保险、蝗虫灾害保险业务等。

（三）根据农民需求有针对性地设计保险产品,逐步培育壮大农村保险市场

开展农业保险业务时,既要顺应农业市场发展规律的特点,使经营具有弹性和灵活性,以提高经营决策的科学化水平,也要充分考虑农业的实际经营状况和农户的经济承受能力,原则上要优先开展少投保、低保障、社会责任宽,农户较容易接受的险种。为了彻底改变过去险种结构简单,针对性不强,风险责任较小,产品与农户要求差异很大的现实问题,除对原来险种实施必要的技术创新措施之外,应着重研究设计一种收费少、保额低、责任广、保大病的适销对路的新型险种,以适应广大农户在各个消费阶段的需求,以缓解过去一个人得了大病,一家人又致贫、返贫的问题。如针对农村儿童更多地关注孩子的家庭教育和婚姻大事,将投入重心转向在孩子身边的社会实际,并积极研究更适合于少年儿童群体的新险种;根据农户家庭为主要劳动者人群中,最需要健康风险保护的特殊需要,政府发展了农户家庭发生意外受伤及附属住院医疗保险、康复险等新险种。险种设定上要坚持从农民的购买能力和心理需要等方面来考量,以实现登记简单,缴费灵活。在发展模式上,公司主动寻求新切入点,将产品按照医药、教学、健康等的顺序原则推广,走以短险为突破口,以短带长、以长促短,大力发展农村个人代理经营,实现以直售带销售,以营销促直售的发展之道。

（四）加强保障性监管推进农村地区社会保障事业的发展

首先,要扩大农村保险领域的市场主体,逐步引进社会主义市场机制,以实现共同监管、共同促进发展的目的。其次,形成企业内部合理的市场监督机制和国家保险监督机制。大力发展农村股份合作制和股份制保险,逐步建立适应农村现代公司体制特点的企业内部管理架构。对从业者采取合理的奖励与约束制度,以切实规范企业道德风险问题。在现阶段,要支持市场主

体行为监督和偿付能力监督管理并重。在市场主体和从业者较多的县市，应当设有国有保险监督部门的派出机构，同时还应当注意充分发挥地方保险领域协会在维持农村保险领域内同业间公平竞争秩序中的重要功能。还可在当地保险领域协会中设立农村保险公司的专门理事会。其三，要强化政府对农村网点的监督管理。农村网点建立时也应该本着"发展有市场、客户有需求、管理跟得上、经营有效益"的原则，并按照全国各地的农村经营收入情况和市场发展趋势来设置服务机构。

### 四、加强农村金融政策与其他政策的配合

（一）金融政策方面

建立了农村合作发展基金或农业专项债券后，由各银行业金融机构按照存款的一定比率有偿集中统筹投资，确定了资本投向范围和信贷标准后，由有一定实力投放支农信贷的农业金融机构自主进行投资使用。对涉农比重较高的农业金融机构，采取适当倾斜的信贷政策和市场监管政策。通过采取差异化的存款储备金政策，对同一区域内将相当比重存款投向"三农"经济发展的农业机构存款准备金率相应降低；通过适度下浮支农再信贷的利息，扩大了支农再信贷支农范围，使支农再信贷扶持的对象从农村农民拓展至涉农中小企业；对具有吸收存款资质的农业金融机构，在其与资本金一定比率相对应的区域内，赋予相应幅度存款利息上涨的幅度权限；在风险控制区域内，对不同类型机构实施有区别的金融监管规定。

（二）财政政策方面

合理利用乡村财务杠杆，以引导和促进更多的国际社会发展融资投向乡村。透过采取财务补助、担保或税费减免等举措，引导农村金融机构进一步加大对农产品和乡村发展的信贷支持。透过完善乡村信贷风险赔偿激励机制，还有涉农项目贷款资金赔偿激励机制等。拓宽乡村银行业对现行的扶贫资金贴息贷款范围，把乡村发展重点贫困区域全部信用项目纳入乡村补助范畴，合理增加乡村补助比重，以降低涉农项目企业发展和农民负担；延长了农村信用社改制中税收优惠期限；长年减免了新成立各种农村信用机构、村镇商业银行、乡村小额贷款企业、农村信用专业合作社的各项税收；长年减免涉农保险等涉农费用，并增加了涉农投保补偿；运用财政资金，牵头设立了农

村信用担保机构。

(三) 其他方面

制定有利于优化农村金融发展环境的政策措施。进一步健全我国农产品名牌竞争力最低保护价机制,以减少现代农产品营销的市场经济经营风险。进一步拓宽保护价购买范畴,把生猪、牛羊以及小麦等产品列入保护价购买系统,同时各地方人民政府也可以按照地方的实际状况和财力,将地方某些大宗农产品名牌竞争力列入自己保护价范畴。科学计算生产成本,构建土地收购价格与生产成本相匹配的动态调节制度;着力突破农村土地贷款抵押障碍,从立法上进一步明晰农民农村土地融资权利,保障农村农户利用农民土地抵押权获取农业生产发展项目融资。作为对该项政策措施的有效配合,尽快建设新型农村养老和医疗保险系统,进一步降低农村农户对土地的依赖性,并同步完善农村土地经营权登记管理制度,进一步完善农民农村土地抵押权行使的有关立法程序。

## 第三节 调整西部地区经济发展的政策思路

随着西部大开发工作的不断深化,增强防范化解各类风险能力,促进区域协调发展,推进全面建成小康社会,已成为全面建设社会主义现代化国家的新的起点和征程。为加快形成西部大开发新格局,推动西部地区高质量发展,就必须调整与地区经济发展相适应的政策和工作思路。

### 一、调整西部经济扶持政策的思路

(一) 从单方面的政府扶持向带动整个区域产业结构高度化、促进西部地区区域经济主业产业化进程过渡

结构的发展和经济成长之间有着密不可分的关联,在这种意义上来说,我国政策支持的重心应该放到有利于推动西部区域结构提升方面。另外,一方面由于现阶段中国西部区域产业结构仍普遍保持较低下的经济发展水平,受结构性原因制约,西部经济发展无法维持较快增长速度,经济社会整体发展水平也相应较低;但是,因为受资源特点影响以及我国经济发展的布局政策影响,重工业发展阶段超越了轻加工产业最发达的资金积累阶段,而直接

走向了初级重化产业阶段，而地区本身建设与发展也没有积累主源，因此缺乏充足资金来推进地区产业结构的迅速高度化。这都是造成西部地区与国内平均水平，尤其是与沿海地区。经济社会发展差异还在继续扩大的主要因素。我国政府对西部地区采取鼓励产业结构进步的政策措施，对于推动西部地区经济社会迅速发展，进而从根本上帮助西部地区脱离贫穷缩小差距，至关重要。所以，今后对我国的各项优惠政策支持应重点向推动西部地方工业结构高度化工作方面偏斜。

（二）从体制内的优惠政策支持，向体制外优惠政策支持过渡

而我国对西部地区地方经济的优惠政策支持，更多地反映了在体制内的国有经济部门，而非国有经济部门很少受到国家的政策性优待。目前，西部的非国有化程度和对国家经济社会成长的贡献还大不如中国国内平均水平。所以，不管从哪一种视角出发，今后我国政府对西部地区的优惠政策扶持措施，都应该有利于促进这样一种新兴的经济成长因素的产生，为西部地区非国有经济的发展，创造比沿海地区更加包容和开明的经济政策环境，从而推动西部地区非国有经济的快速发展。

（三）由强调生产性政府支持的方面，向强调给西部地区经济营造更加优越的投资环境方面过渡

资本、人力、科技等要素的严重匮乏体现在中国西部地区经济与社会发展的方方面面。中国社会经济发展要素资源严重匮乏的特点，对于西部地区经济的高速发展，是一项重要的制约。西部地区由于处于边陲，交通、通信等设施发展滞后，是制约国内经济发展要素资源的有效流通和整合以及社会主义市场生长发育的问题。在国内，任何一个领域、任何一个部门、任何一个政策的政府支持，对地方经济发展都是非常的需要。但从国家长期战略和总体发展考虑，我国如果能从西部地区的实际出发，给西部地区政府提供一个能够将国家经济社会上的重要要素资源向西部地区流转，整合的优惠政策，包括了较为宽泛的改革开放政策，引导人力资源、科技等进入的财税优惠政策以及政府贷款扶持，帮助地方发展基础设施，推动社会主义市场经济健康发育等，将相对比较积极和重要。

（四）转变拼盘式的财政支持方法

在建设融资方面，由于我国政府对中西部地区的某些发展布局性的重大

建设项目扶持多实行拼盘政策，并且此类重大建设项目大多是能源、原料基地发展建设项目等，2016年开始，国家赋予832个贫困县统筹整合使用财政治农资金项目配置使用自主权，由贫困县根据一线脱贫攻坚需求，因地制宜地自主安排资金项目，聚焦脱贫攻坚短板弱项精准发力。①仅2016年至2019年间，四川省就累计整合资金292.8亿元。但是，有的地区财政上十分困难，为了获得国家更多的政府扶持，常因"拼盘资金"，而扰乱地方整体经济。要么舍弃了本区域的重点经济发展项目，将政府有限投资资金匹配在建设国家能源、原料基地等投入资金大、周期长、效果慢的重大建设项目上；要么又由于政府投资资金配套问题无法落实，延误了工期，而难以出成效。

## 二、推进西部地区经济发展的政策建议

（一）健全宏观体系，扩大融资途径，促进资源转化

一是"十三五"期间，中央对地方的转移支付，特别是一般性转移支付规模有较大幅度的增加，继续向西部地区和欠发达地区倾斜，取得了较好的成效，但在推行中央财政移动支出体制时，首先要考虑按照全国平均GNP水平排序有差别地分配中央地方财政资金，同时也要充分考虑地方的经济特点，强化以"一般性税费补贴""特别重要因素补贴""专门补贴"等三个方面的移动支出举措对西部地区地方的财政支持力量，以提高地区财力对促进资源转化的影响力。二是为支持西部地区企业形成更多渠道的投资渠道，在鼓励发展全国性的金融机构、证券机构，允许国外金融机构投资落户以及发展西部区域企业债券、股票扩容等方面，予以特别支持政策；适度放松对地区地方性金融的批准要求，尽快组建区域资源发展银行、城市联合商业银行以及支持建设投资基金，允许多发展几个城镇信贷组织，提高西部地区的融资实力，推动资本市场的建立和发育。三是继续优先考虑将中国西部作为我国主要的农畜产品生产培训基地、主要的燃料培训基地、主要的原料基地，加快建设。在建设项目资金投入的安排方面根据我国新投资体制，进一步明晰了我国部门与地方政府的相互权责，并完善了"资金拼盘"的方法，我国的项

---

① 国务院办公厅：《关于支持贫困县开展统筹整合使用财政涉农资金试点意见》（国办发[2016]22号），2016年4月22日。

目基地工程建设及相关的基建由我国部门来投入，西部地区配合我国的项目基地工程建设搞好社会统筹、公共服务，以及其产业链条上需要的加工生产转移，我国的项目基地工程建设采用"项目基地研发工程建设—就地初次资源转换—道路运输"(项目基地建设—机械加工—高速公路)的统一管理模式。如"煤—电—路"的一体化。环保和生态环境保护问题同样也必须引起高度重视。

（二）发展城市基础设施和工业基础条件，以推动产业结构进步，加快社会经济发展

一是要推进城市基础设施建设。希望我国政府可以运用国家债券设立西部地区基础设施发展专项基金，以扶持和帮助西部地方政府优先发展铁路、国道、通讯、口岸、航空等设施，并允许投资以租让等多种形式的由私营企业投资或外商独资兴建和运营的轨道交通系统(包括地方铁路)等建设项目；加快开发兴建和运营新城区，以对地方公用设施建设形成扩散、拉动的效应，以带动中国西部地区公用设施的快速发展。二是推动人才发展。我国在西部实行中央人才开发计划，扶持和帮助西部地区普及教育、发展人才，为西部地区人才脱颖而出提供比较良好的体制性、体制性的政策环境，缩短与先进区域的"优势"差异。三是积极推广科技进步。在进一步增加中央对地方的资金支持和科技投资的同时，制定了对西部地区的中央生产力提升规划，以促进西部地区整体工业科技的提升。将一些高新技术行业发展政策适当向西部地区倾斜，有利于中西部地区经济发展的投资项目，也应当尽量放到中西部地区发展。国家重要技术开发专项、重要的国家科学技术基金项目，在同等条件下优先进行选择。对具备国际垄断地位资源优势的产业，在追踪世界科技、设备、工艺技术等方面，予以优惠和优先信贷的政策，以促进世界名牌产品科技、设备工艺技术创新方面的融资需要。四是主动调整产业结构，以推动产业化进程。加大西部地区发展加工生产制造业领域相关方面的信贷额度，不限制规模。鉴于中国西部地区能源、原料产业链等条件的延伸、现有重加工业基础和国际市场情况，在重加工制造业领域方面赋予必要的行业分工地位，以作为我国重化加工制造生产基地。以此支持中国西部地区进一步加大工业结构调整步伐，并通过结构进步带动中国中西部地区经济的快速增长。

（三）扩大对外开放，积极建设区域开放型经济

一是进一步拓宽利用外资权限。对世界金融机构和境外政府机构向中国企业进行全面的优惠授信和扶持，并优先兼顾中国中西部地区的投资需求，其中企业按照从境外信贷方式向中国投资的利息和年限转贷；进一步落实使用境外授信方式（包含境外信用和国际金融组织贷款）对进口中国的机械设备、特殊车辆、重大工程项目施工所需材料减免税的政策；进一步采取出让权益、让利市场、让收益，以资源和市场价值换取境外资本和技术的相关优惠政策，并以不动产向境外金融机构质押贷款，从而更多地引导利用外资；扩大了外商进入领域，积极使用国际金融组织和外国政府贷款，包括外商的直接投入，优先发展基础产业和进行基础设施建设，对使用外商投资在西部地区的交通运输、能源、原材料和农产品等开发建设项目的企业所得税，实行了先征后出口退税等政策的扶持优惠政策。[①] 二是通过促进出口技术。产品生产，发展壮大出口产业，进一步扩大外贸出口。实施出口优惠税收政策，对于出口销售数量较多的企业，减征出口所得税；对出口生产所需中间商品的进口数量不加限制，实施降低关税优惠政策，同时对出口生产国产率高的中间商品采取奖励优惠政策。对直接出口公司或出口制造公司，及为出口公司供应中间商品的间接出口生产者所需资金予以优先贷款，保障资本供应。并实施风险补偿机制和直接出口保障制度。三是进一步扩大了国际经贸政策范围。对有一定经营能力、符合对外经营对外贸易要求和素质的大中型民营企业，不分国营企业或者民营私营企业，无论是生产、经营或者技术单位，都及时赋予自己的经营出口权，并增加了拥有自营出口权的技术单位数量。对已承担外经权的公司视其能力，适时调整相关的外经权，并增加经营区域和国别。有关部门下放了部分西部地区主产的进出口商品配额管理权限，对具备西部地区地方资源优势的商品取消价格指标控制，对其余商品配额指标按照同等条件下优先的原则，照顾西部地区。四是进一步拓展沿边开放。对中国中西部地区逐步完善扩大沿边开放，给予特殊政策。

---

① 曹志恒、王军等：《对外开放新试点—2013年民族地区经济发展述评》，新华社北京，2013年12月10日。

### 三、优化城乡二元经济结构

**（一）改善西部地区投资环境，优化工业发展结构**

工业化是非农产业发展的主导，是现阶段西部地区促进二元经济结构转换最重要的拉动机制，发挥其积极作用的关键在于提高就业增长率、提高城市化水平并促进其协调作用；通过公共政策改善农业环境，促进农业全要素生产率的提高。优化城乡二元经济结构，提升农业全要素生产率，主要是改进西部地区的投资环境，提高西部地区对企业区位选择上的吸引力。重点内容包括：增强地方政府部门的社会服务意识和公共管理服务能力，精简审批程序，依法行政，保障企业投资人的合法权益，尽量减少政府对中小企业的投资限制；进一步完善基础设施工程，尤其是物流基础设施工程，以减少中小企业的运输成本；丰富城市公共服务供给，缩短与其他区域城市服务条件的差距，提升了城市居民生存环境；加强对本地劳动者的专业技能训练，为企业承接工业转移项目提供熟练劳动者；进一步完备了产业园内相关生产生活设施工程，减少中小企业的劳动用工生产成本。由于中西部地区一直将发展资本密集型和科技密集型产业视为产业提升的重要手段，其产业发展战略已偏离了中西部区域的相对优势，易与东部地区形成过度竞争。中央将采取优惠政策，指导和激励中西部地区立足低廉劳动力成本和农产品资源丰富的资源优势，进一步发展壮大劳动密集型工业。针对具备一定资源优势的劳动密集型行业，当地人民政府可围绕产业价值链引入相关公司，对生产性服务业企业予以优惠政策支持，提升行业公共信息服务能力和服务管理水平，培养与中小企业的分工协作服务网络，促进行业集群化发展。对区域的农副产品加工业等轻工业企业采取政策性倾斜措施，统筹农村产品基地建设、农副产品的生产加工与农业产业化的互动作用，有效促进区域经济产业蓬勃发展，为吸纳农村剩余劳动力向县城乡镇转移，创造大量就业支持。

**（二）提高新型城镇化质量，加快重点城市群的培育**

西部区域是中国经济社会发展水平比较滞后的地区，要与其经济社会发展水平相适应，西部地区城市群发展的重心就应该是培植优势产业、增强综合经济能力。但由于中西部区域城区化受到小城镇规模构成的制约，一方面，虽然这些省区市的省会城市的首位度较高，但中小城镇发展速度滞慢，小城镇体制并不健全；但是，首位城镇经济集聚能力的提高却遭到了工业化发展滞缓的抑制。东西部区域城镇化发展滞缓和农村经济发展水平相对低下的相互约束效应在互相强化，形成低水平恶性循环。

突破上述困难的基本思路是：改革经济发展模式，推进大中型都市和小城镇的协调快速发展；将承接产业转移、产业集群培育与西部地区重点城市群集聚效应提升这三大战略统筹推进。西部各区域城市群要立足优势，在与全国各区域城市群竞争中明晰各自的主要功能位置，在西部区域内逐步"建立按照价值链体系分配的主导产业群和城市群经济耦合相互促进的多城市群体系"，并主动加入全国区域城市群的主要功能分配和发展协同系统，以减少区域城市群内部的社会竞争，提高西部区域都市群的经济集聚效能。通过有效促进区域城镇集群化，逐步建立以区域性中心城市为内核的经济增长极、大中型城市和小城镇统筹发展、规模结构合理协调的新城乡系统，进一步发展成具有优势产业集群基础和具有巨大人口集聚潜力，并可统筹新城乡发展的都市群经济。以此打破西部地区工业化、城市化双重落后的低水平陷阱，培育内生发展能力，加快城乡二元经济结构的转换。

（三）适度调控城市化成本，促进公共服务均等化

"当前城市化高成本的最直接原因是多层次的政府管理体制，导致土地、基础设施和福利制度的不规模运营。"[①] 城市化成本上升使得劳工薪资增加，对工业保持低成本竞争力形成较大压力。因此，西部地区既要改革政府管理体制减轻财政的压力，又要提高城市化过程中基础设施的财政支出效率，建设集约型城市。中央有必要进一步在战略层面对西部地区的土地规划、城镇过度膨胀进行规范与整治，对土地城镇化超前于人口城市化的地区，加强土地管理，提高土地集约利用，防止城区过快蔓延；对房价过快上涨的省份，合理调控房价，避免因城镇居住成本过快上升引起用地成本和劳动力成本的过快上升。

提高公共服务均等化包括两方面内容：其一，提高西部地区城市与全国其他地区城市公共服务均等化的程度。针对居民迫切需要改善的公共服务，

---

① 中国经济增长与宏观课题组：《城市化、产业效率与经济增长》，载《经济研究》2009年第10期，第4-20页。

适度增加财政投入，缩小与其他地区城市的供给差距，增强城市吸引力。其二，西部地区城市应提高城镇居民与流动人口之间的公共服务均等化程度，缩小在城市有稳定就业的农村流动人口与城镇居民之间的公共服务差距，促进人口城市化与劳动力非农化的协调发展。

因为中国西部区域的经济社会发展水平较低，政府财政实力有限，其公共服务均等化的推进，可以根据城市居民或流动人口对公共服务需求次序，有重点分步骤地推进，以缓解地方财政压力。同时，各地人民政府在明晰政府、市场、非营利机构在公共服务供应中的责任分工的前提下，将积极探索公共服务的多样化供应制度，以减少西部区域城市和其他区域城市之间的服务差异。

（四）培育农业发展新动能，提高农业全要素生产率

加大乡村振兴政策制度性供给，缩短都市公共服务差距，完善乡村社区经济管理能力建设，加强乡村特色产业保障，避免陷于都市贫穷与乡村衰败并存、经济社会问题突出的"陷阱"局面。

为了改变农业生产和乡村经济发展的落后条件，政府应当加强对农业公共财政的支持力度，将财政投入适当地向农村急需提高的领域倾斜：增加政府对乡村教育事业的投资；加强农业劳动力技能培训的网络化和信息化建设；增加对基层农业推广机构的投入与考核，完善农业技术推广服务体系；完善农村交通基础设施，改善生产条件；对农业生产技术研发的投入进行倾斜，尤其是结合西部地区自然环境保护、农业生产设备、农业种养和农产品加工等方面的重大技术攻关，给予重点支持；加强农村社区卫生机构和乡镇医院的建设，重点加强医务人员的技能培训。西部地区农村公共服务的供给，在很大程度上面临地方财政能力的约束，不能完全依靠地方财政投入。在进一步健全省直管镇的财力体制改革、提高基层政府财务实力的同时，在进一步明确地方公共财政对农村基本公共服务主体投入责任的前提下，促进全国各地积极探索发展新型的农村服务多元化主体联合供给模式，逐步建立各具特色适宜当地产业发展的新型农村社会，改善农村人居环境，增强农村社区聚集能力，提高农业生产要素的质量。加快推进乡村治理体系和治理能力现代化建设。探索社区营造型内生式、项目主导型参与式、外部嵌入型等社区治理模式，加强乡土文化挖掘，振兴乡村文化，培育社区发展新动能。

加强乡村振兴产业规划与空间布局,优化村镇建设格局,加强产业支撑。针对不同类型的村庄,明确村镇资源优势、区域优势和区域定位,进一步加强地方特色产业培植,进一步加强工业中心乡镇、农业中心社区的产业基础和资源优势培植,进一步培养"三产"融合新业态,推动形成"城镇—中心社区—村庄"的等级结构合理、空间(生产、生活和自然环境)协调健康发展、宜居宜业的新乡镇村体制,夯实振兴乡村的产业基础。

(五)健全城乡融合发展的体制机制,提高城乡融合质量

通过建立健全城市融合发展的体制机制和政策制度,积极推进政治体制变革、推动经济结构优化和产品要素提升,促进城市新旧动能转化,在变革、转型、再创造等方面努力促进城市地位平等、城市要素交流和城市空间融通,切实提高城乡融合发展的质量。① 人口的完全城市化与土地向劳动能手手中集中是改善农业规模效率的重要环节。二元体制改造的重心应该放到户籍制度变革和征地制度变革上来,鼓励生产要素的自主流转。西部地区城市的人口压力小,具备放松户籍限制的条件,其公共服务供给水平低于东部地区,对财政的压力相对较小。中西部区域的有些省和城市在农村户口改革方面已有所积极探索,如取消了城乡镇农业和非农业户口的区分,将具有合法固定居住地作为户籍迁移城市(乡镇)的基础要求,这些探索将有助于已进城城市打工和经商了几年的老农民工群体和新生代农民工群体能够实现进城市镇落户,从而推动城市人口更合理有序地流动。不过,在中国实行户籍制度改革之后,西部地区城市和城镇的财政供给公共服务的压力增大,中央政府在新一轮西部大开发中,可考虑对西部地区放开户籍限制的城市(城镇),在公共服务供给上给予有重点的财政倾斜,增强西部地区改革创新的积极性,向以人为本的新型城镇化转型,不断提高城市化质量。

关于农村土地制度改革,政府的首要责任是完善制度,规范土地产权,加强对耕地和对农民合法权益的保护。人民政府应当逐步稳定耕地承包权,为农村剩余劳动力的非农化以及双向流转提供合理用地保证,解除了人口流转的后顾之忧;在不变更农用地功能的前提条件下,以农民自主为原则,提

---

① 中国金融信息网:《中国推进"一带一路"绿色金融发展的理念与实践》报告,2019年4月25日。

倡农民以租赁土地、转包、转让股份合作等各种方法流转耕地承包经营权，以提高农村土地的适度规模经营，为提高农业规模效率和土地利用效率创造条件。

## 第四节 以信息化助推西部地区农业农村经济现代化

农村信息化建设的核心体系大体包括三个方面：一是构建"信息系统"以提供经济社会发展的决策依据；二是利用信息系统处理信息数据以提供更加高效的信息服务；三是利用信息技术提升改造传统农业并推进农村社会的现代化进程。以信息化助推农业农村经济实现现代化主要有以下几个作用和对策：

### 一、信息化对于推进西部地区农业农村现代化的重要作用

（一）推进农牧业发展实现现代化

农业信息化是中国国民经济发展与社会信息化的主要内容，是中国改革传统农业，发展现代农业的主要组成部分，也是中国当前加快实现农村现代化的必然选择。在西部做好农业信息化建设，以信息化带动农村现代化、农民现代化、农业现代化，对推进西部地区现代农牧业具有特殊的意义。

西部地区面积广阔，土地文化资源丰厚，这也是其资源优势所在，要将其农业资源优势转变为国民经济资源优势，首先就一定要处理好以下三个问题：一是在进入 WTO 以后，将面临着国内市场经济的激烈竞争，务必要生产出质高价优满足市场需求的新优势资源商品；二是改变传统的农业生产运营方式和管理手段，务必要在农业生产运营中全面运用现代化科学技术手段和现代技术装备设施，实行现代信息化的组织制度和管理体系，提升农民生产运营的决策水平和组织管理水平，以满足农业市场国际化的发展需要；三是由于西部地区自然界地理构造的复杂性多样，天然灾难多发，环境脆弱，从长远的经济社会利益考虑，在开发资源的时候一定要重视对大自然的维护，以达到生态建设社会效益与经济性相协调统一，从而确保经济社会的发展。

农业信息化建设即运用现代信息技术建设高效的完整的现代农产品信息公共服务制度，广泛宣传和运用现代大宗农产品公共信息公共服务体系，合

理开发利用农村涉农大学生的公共信息资源，并有效地向各级农村部门和广大的农村群众传播和交换市场信息，以引导信息资源的合理开发利用；适时传播现代农业科技信息，介绍应用最发达的农业产物与科技装置（机器科学技术）和农业生物科学技术，大力促进现代农产品规模化、集约化生产方式，减少农产品流通成本，提升农民劳动产出效益；积极运用现代信息技术对产品实行精深加工，提升产品的服务质量和农村科学知识的含量，增加产品的市场经济增加值，逐步走上农业产业化经营的道路；进行现代农产品流通信息化、国家标准的建设，以推进农业市场体制、现代农产品质量安全管理体制的建设，以进一步提高农产品规范化生产水平；通过综合分析资源开发利用和保护方面的信息并提供给决策者借鉴，使其所做出的决定更有利于农村生态效益与经济效益相统一。可见，农村信息化工程可以给我国西部农牧业的蓬勃发展带来全新的生命力，将现代信息技术优势资源更有效地渗入并运用到传统农业生产中，由资源开发型市场经济向精深加工型市场经济快速健康发展，通过加速转换我国传统农业生产经济发展方式，积极推动农村科学技术与创新，通过提升农村的物质技术设备管理水平，增加耕地生产力、各种优势资源使用率、劳务生产力，增强我国农业产业化抵御经营风险力量、国际市场竞争力量、农村可持续发展力量等，推动了我国传统农业向现代农业的转变，进而推动高产、优良、有效、生态化、安全性的现代农牧的高效发展。

（二）以信息化促进产业结构升级，内化生成知识经济

首先，表现在产业结构的升级方面。中国西部地区由于其独特的地理条件和气候特点，往往产生出部分相对稀少的特产资源，并且由于中国西部地区交通运输闭塞，消息不通，消息金融市场也不易开发，商品的加工程度和附加值低，商业化程度也较低，且产业链条短，因此阻滞和抑制着中国西部地区经济的发展。不过随着中国西部大开发的逐步深入，中国西部地区的路面交通运输、给排水、供电、邮政联络、商品物流交易市场、配套服务设施，以及相关的生产设施都已逐渐建立并形成体系，为中国西部地区经济的蓬勃发展，奠定了良好的物质基础。在此基础上，对农业产业信息化的高度重视并充分运用计算机技术，有效推动了农业产品的科技知识与市场营销讯息在西部地区乡村和边远地区的广泛传递，有效促进了农村产品的科技进步，提

高了农业流通的市场化，并促进了西部地区企业积极培植适应本地农村生产特点的主导产业与拳头产品，发展农业加工业。尤其是地方特色优质农业产业化，加速实现农业产业化经营方式，将产、加、销、贸、工、农等有机地联系起来，采取农工贸一体、产加工销的一条龙经营方式，加快发展具有地方特点的农副产品加工业，重点抓好地方农副特产的精深加工生产、转化增值，通过扩大市场占有率、扩大产品出口，支持地方龙头企业和乡镇企业的发展壮大，进一步增加地方特色产业生产经营规模，将地方特产资源优势转变为生产运营优势，促进地方特点生产经营方式的发展壮大，促进地方现代加工生产制造业、建筑业、旅游观光、贸易业、金融、交通运输部门、信息技术服务领域等二、三产的发展壮大，进一步拉长产业链条，推动地方产业结构提升。

农业信息化的另一项特殊贡献，是其通过把信息技术与科学知识，全面渗入中国西部的农村经济建设、文化建设、政治建设、社区建设等各个领域，让信息技术与科学知识变成经济社会发展的重要内生因素，并以此带动西部地区经济社会的成长。传统的经济增长理论，主张经济发展必须依靠可使用物、资金和劳动力等基本要素，但由于科技因素的影响日渐扩大，传统的经济发展理论已经无法解释许多经济活动现象，相反内生经济发展理论主张影响经济成长的主要因素是：人力资本、可供使用的物力资源、管理效能和技术，其中，人力资本（以受教育程度衡量）和管理技术实质上是指科学技术，并强调劳动知识和科学技术是现代经济成长的主要驱动力，并能使经济递增收益。

众所周知，科技是人类第一生产力，而信息又是人类知识的源泉，科学知识是由信息技术中提炼出来的，而农业信息化也推动了"信息"向"知识"的升华。在生产力要素结构上，由于农村信息化导致知识和科技的投入，已成为农村生产关系各要素中最关键的要素，对农村经济社会的成长的"内生作用"也越来越明显，借助农村信息化的使用，就能够促使农村信息资源与知识的自由流动，增加农村信息资源与科技的有效利用率，从而提高农村生产力技术水平，提高劳动人员素质，推动信息物质和能量的合理有效地开发和使用，推动农村经济发展方式由粗放型向集约式的转化，从主要依赖资源和资本投入向主要依赖科学技术和改善农村劳动力素质转化，并由此推动区域经济社会发展方式的转换，进一步推动西部地区经济社会的发展。

（三）以信息化促进现代科技和知识的广泛传播和普及

农业现代信息化是在中国农业实现以信息技术资源的有效利用为核心，以计算机技术的普遍运用为基础，通过大力促进农村经济和社会发展的不断进步，逐渐完成从中国传统农业向现代农业转化的过程。信息技术作为农村信息化的支撑技术，作为现代科技的主要内容之一，在西部地区农村信息化建设的过程中必然得到了广泛的普及和应用，并带动其他现代科技和知识的广泛传播和普及。

农业信息化首先是要对乡村、农业生产实施数字化、智能化和网络化的综合改革。所以首先建立农村现代化的农业信息基础设施是农业信息化工程建设的重要要点所在，是国家现代化和农村现代化建设都需要实现的基础性任务之中。所以充分重视并广泛使用农村现代化的信息化，并大力推进乡村农业信息基础设施的建立，尽快达到乡村"家家通手机电话""村村通网络广播电视节目""村村能互联网"是完成中国西部地区农业信息化工程建设的基础性前提条件之中。在此基础上，将大力推广普及农业信息智能化、自动化、互联网等新技术，在现代农产品选育、种植、配制施肥管理、节约用水浇灌、科学栽培，以及种植业和农副业生产管理中的使用，通过建立乡村产销互联网和开发各种现代农产品信息系统数据库，将促进农产品发展生产所必需的专业知识，以及涵盖本地农产品生产整个生命周期中现代化农业发展生产科技知识和经营管理常识，以最快、最准的方法或者以农民喜闻乐见、容易接受的形式提供给广大农户，以进一步提升农民农业生产的科学管理知识与技术，以便促进现代科技在农村生产经营与管理工作中的普及与使用。

另外农村信息化可以加快现代科技在农村教育的普及应用，不断提高农村教育的信息化水平。西部地区由于交通闭塞、农村经济条件落后，农户的信息综合素养整体水平不高，涉农的信息系统或门户网站有很多，让每一位农民都自己有效地去寻找、发现和使用这种信息和知识，在目前农村仍然具有相当的难度，不过通过乡村信息服务网络和远程的网上教学，乡村信息技术服务员们可以将收集和利用农村信息资源的能力，通过运用现代信息化技术手段将掌握知识的能力传递给农村农户群众，让他们可以平等自主地获得与城里人相同的农村信息技术资源，这样不但可以大大提高农村农户的现代信息化知识水平和操作技能，也同时促进了现代科技和农业知识技术在农村农户群众中的传播和广泛应用，对开启农村民智，缩短数字鸿沟，推进农村现代化建设意义重大。

（四）多举措培育新时代的农牧民

推进中国西部地区信息化建设，特别是其中的农业信息化教育工作，能彻底改变当前广大农牧区农牧民中存在着的思想文明建设水平较低、科学知识技能偏差、社会主义法治理念不高问题，并直接影响着我国社会主义新农村建设。通过掌握先进科技知识、掌握外界资讯，拓宽了广大农牧民眼界，培养不同于以往任何时期的社会主义新农牧民。体现在如下几个方面：

1. 增强广大农牧民的文化素质，培养和乡村振兴战略文明型农牧民，有利于继承和推广中国各民族的先进文化。

2. 增强农牧民的科学技术水平，培养技术型农牧民，进一步提高了农牧业的科学技术含量水平，大大增加农牧民人均收入。充分利用各种农村信息化教育方式，通过多种多样的技术培训培养一大批懂科技的新型劳动者，为新农村建设提供强大的人力资源优势，使广大农牧民逐步开始从"体力型"向"技能型"转变。

3. 加强道德教育，培育文明型农牧民。充分运用现代农业信息化的先进技术，在广大农牧民群体中深入开展社会主义移风易俗、社会文明发展的新风思想教育工作，引领他们认识并实践"爱国主义、遵纪守法、明礼守信、痛苦友善、勤俭自强不息、爱岗敬业无私奉献"的社会主义公民群众基础道德，提高自我监督管理、自身服务水平、自身约束力量，积极提倡科学合理、社会文明发展、身心健康的生存方法，积极反驳和抵御封建迷信思想以及邪教活动。坚持以人为本，用丰富多彩的教育活动形式引导广大农牧民群众积极参与素质教育实践活动，着力于建立团结互助、和平友善、民族文明和睦、共同进步的合作关系。

4. 加强法制宣传，提升农牧民法律素养。增强农牧民群众的社会民主与法治意识，提高村民自治的能力与水平。完善农村村务公开制度和社会政治民主议事机制，进一步提高农牧民群众反映民主选举权、民主政治决定、民主政治管理工作、民主监督的基本意识。并通过组织全体贫困农牧民群众认真地学习同自身的生产生活有关的法律法规，认真分析发生在他们周围的典型案件，通过家庭教育促使他们知法懂法、遵法守矩、依法做事，并自觉使用法律武器捍卫自身的权益，做到学法、懂法、用法、守法，推动乡村社会的和谐安定。

5. 加强创业训练，培养创业型农牧民。以构建农业生产信息化的基础设施为依托，结合农牧业科技部门，通过定期举办农业技术培训，深入广大农牧区对农牧民群众开展农业技术培训，让他们掌握一技之长，从而提高脱贫致富的造血能力，并充分调动他们在推动社会主义新农村建设中的积极性、主动性和创造性。

## 二、全面构建信息化与政策法律相融合的协调发展体系

### （一）推进实施宏观经济发展的"七化"战略

从中国西部地区发展的现实来看，为了尽早实现国民经济社会发展目标，就需要适应国际知识经济发展主潮，从当前的历史背景入手，更加重视对信息资源的战略性利用，并通过信息化发展，使其成为推动中国西部地区经济社会快速发展的主导性资源，为社会经济的健康稳定发展提供了必要的条件。因此，中国西部各地政府必须把目前的宏观经济发展策略调整更加完整，以形成工业发展、信息化、城镇化、农村产业化、市场化、法治化、国际性的"七化"经济社会发展战略。把中国信息化工作和法治化工作由目前的工业发展具体内容之一，提高至同其他"五化"工程一样层次的、关乎国家全局发展战略的高度。为使这一战略性措施更加贯彻深入，我国将结合中国西部区域的经济深度发展，依照国家西部大开发、"十三五"规划，贯彻新发展理念，以供给侧结构性改革为主线，适度扩大总需求，持续实施好西部大开发战略，推动西部经济社会持续健康发展。[①] 为西部地区的经济全面信息化快速发展制定更加科学合理的政策引导纲领。根据确定的信息化与工业发展、城市化、农村产业化、经济市场化、企业国际化互动蓬勃发展的基本策略、原则、策略，进一步明确了现代信息化建设和知识经济蓬勃发展的总体目标、重大任务、重要工程等，健全相关的社会组织制度、产业政策、企业经营机制等，将现代信息化建设有机地纳入西部地区地方宏观经济发展策略当中，为实现"后

---

① 国务院：《西部大开发"十三五"规划》，2016年12月23日。

发优势"提供科学决策保障。

（二）确定宏观经济信息网络技术基础建设工作的主要方向

西部地区现阶段对总体的互联网技术基础工程建设应当实行"中央开花，全面辐射"的策略，即要充分保证"非均衡"的经济发展效果，也要全面兼顾公共信息与普遍服务的需要，通过以点带面的方法为信息化工程建设与知识经济蓬勃发展，完善必要的基本信息服务设施。贯彻这一主导策略，应该注意以下三个原则：

1. 中央城市信息化建设的数字化、国际化。各省的首府城市应当以国际性数字化都市为标准，着力打造成中国中西部区域内信息网络设施较为完善的都市之一。同时各地市级城市也应当在统一标准的前提下，着重建立完善的宽带高速传输网、无线移动网络，和与经济发展息息相关的网络信息交换中枢、网络商业银行、网上文献信息管理中枢、网上教育信息管理中枢等网络及公共信息主干网，为将来的国际数字化都市建设夯实基础。

2. 乡村城镇、村庄道路的普及化、通畅化。在全力做好中心城市网络基础建设工作的同时，尽力完成农村城镇、村庄之间的基础信息网络的建设工作，以保证公共信息资料流通渠道的通畅，以实现中心城市信息化辐射效果。

3. 区域建设和国家建设工程的有机融合。应当把西部地区的信息网络基础建设放在我国经济信息化建设的重要子系统当中，做到"统筹规划，国家主导"，充分利用国家的系列"金"字形信息系统工程，在决策、计划、技术、设施、管理规范等的确定选择方面的优越性，根据西部地区的实际，重点抓好行业的信息网络基础工程建设，以纵带为横向，逐步达到城乡合一的信息物流网络基础设施现代化。

（三）构建信息资源共建共享体系

应当迅速建立以中央城市信息技术港建设为基础，以农村网络数据库研究开发为龙头，以西部地区的农村主导产业发展为重点领域，以政府联动协调管理为主要手段，有效服务于中国西部地区农村经济和社会发展的资源共建共享系统。应当注重以下四个方面的战略性措施：

1. 广泛普及信息技术和网络技术的知识和技能，加强信息技术教育和培训工作，拓展互联网技术发展面的广度，高校和企业单位可以利用自己的技术优势，到西部人民中去提供技术服务和支持。①

2.尽快将各省区的首府城市建设开放式、高效率、智能的数字化城市，使之形成西部最主要的信息技术港之中，作为西部最主要的资源聚集中枢所在。

3.迅速研究建立系列化的、富有中国西部地区地方特点的农村互联网在线数据库系统，为中国西部地区农村经济和社会的全面发展，不断创造宽、快、精、准、新的农村公共信息资料。

4.以西部地区的农业主导产业发展为重点领域，以加强有关信息资料研究和运用，来促进西部地区农业主导产业的发展规模扩大和运行质量的持续改善。

（四）联合公司重组，将规模扩大，以提高信息服务业能力

目前，西部地区的信息服务业从总体上来说仍处在散、小、弱的状况下，尚无法担当起促进农业信息化发展的"龙头"角色。因此，以互联网信息技术、网络系统和网络信息研究和应用为业的信息技术服务企业，应当把握社会主义新农村建设和乡村振兴战略实施的历史机遇，积极研制与之相应的信息化产品和信息化服务技术，并在这一进程中不失时机地，将散乱、薄弱的中小民营企业采取市场化运作方式进行联合重组，建立具备一定实力和市场竞争能力的信息技术服务业产业集群，以形成中国中西部地区信息化建设的"龙头"企业产品，从而为我国西部地区乡村振兴提供良好的信息技术服务。

---

① 姜旭平：《西部如何发展网络经济》，截西部e网，2010年08月25日。

# 后 记

光阴似箭,岁月如流。五年的博士阶段已过去多年,艰辛的求学历程也告一段落。在整理修改本文以期出版之际,首先想在此表达自己的崇敬与感激之情:衷心感谢我的导师王希隆教授,在五年的学习生涯中,求学之路上给予我的传道、授业与解惑,谆谆教诲和启迪,为我的学习探索指明了方向。在论文写作方面,从选题到大纲的拟订以及资料的收集和整个写作过程,王希隆教授始终予以关注并进行了具体、悉心的指导。唯本人在经济学、民族社会学领域基础薄弱,学习能力浅薄,茅塞未开。对于导师的感谢,无以言表。"桃李不言,下自成蹊"。

导师组成员杨建新先生严谨的治学、渊博的学识,在耄耋之年仍笔耕不辍,提出民族区域稳定发展建议,受到中央领导同志的批示采纳。令我充分感受到前辈学者的魅力,将是我一生中学习的楷模。杨先生对本书提纲中存在的问题提出了指导意见,在此深表感谢。同时,对马曼丽教授、徐黎丽教授、王洲塔教授的关心与鼓励,以及所有为本文的完成提供过帮助的各位老师一并谨表谢忱。

此外,甘肃省委党校校务委员陈永胜教授、西北师范大学齐建辉副教授对本书的写作也提供了帮助和有益的法学思路,在此深表谢意。

本书所探讨的西部地区经济发展的法律与政策促进的问题,因是一项涉及经济学、民族学、社会学、法学等跨学科交叉攻关的题目,增加了本课题研究的难度,也使自己在写作过程中难免出现知识储备上捉襟见肘的困境。因此,本书是在不断学习和探索的艰苦历程中完成的。实际上,无论是法学中经济法、比较法、民商法等宏观理论问题,还是区域经济学中关于区域之间经济发展的详尽探讨,都有前辈时贤、海内外学者的明确论述或充分阐释,其中不乏明晰的思路、扎实的论证、深刻的洞见。相关的论著汗牛充栋,这些成果,使自己在学习与领会中不断受到鞭策,深感学海无涯,而不敢有所懈怠。回顾本书的写作,实际上是运用不同学科间的交叉互补性,力图将有关问题在实证性论述的基础上，整合到西部地区经济发展的政策和法律的促进这一研究领域。为此，我虽已尽到最大努力，但题目的理论难度和论证难度，尤其受自己水平和能力的限制，肤浅、疏误之处定会不少，敬请专家前辈批评指正，提出宝贵意见。

学然后知不足。从当年比较经济法专业硕士研究生已然成为经济学副研究员，研究的方向亦由经济法理论探索，转轨融入现在的经济学、社会学，在知识的结构、宽度和深度等方面，均有较大的提升空间。持之以恒，勿稍松懈，充实自己，学有所成，是我一生追求的目标。

田洪昌<br>
2022 年 3 月